DÉMOSTHÈNE

PROLOGUES

COLLECTION DES UNIVERSITÉS DE FRANCE
publiée sous le patronage de l'ASSOCIATION GUILLAUME BUDÉ

DÉMOSTHÈNE

PROLOGUES

TEXTE ÉTABLI ET TRADUIT
PAR
ROBERT CLAVAUD
Chargé d'enseignement à l'Université de Limoges

Deuxième tirage

PARIS
LES BELLES LETTRES
2002

Conformément aux statuts de l'Association Guillaume Budé, ce volume a été soumis à l'approbation de la commission technique, qui, après le décès de l'auteur, a chargé M. Robert Klaerr d'en faire la révision et d'en surveiller la correction en collaboration avec M. Robert Clavaud.

95 boulevard Raspail, 75006 Paris
www.lesbelleslettres.com

Première édition 1974

ISBN : 2-251-00091-7
ISSN : 0184-7155

NOTICE

I. NOTICE HISTORIQUE

Un grand nombre de manuscrits, « complets » ou non, de Démosthène, nous ont transmis sous son nom un recueil de cinquante-cinq morceaux [1], longs d'une page en moyenne, et intitulés, soit **προοίμια,** soit **προοίμια δημηγορικά** [2] : titres fort justifiés, en apparence, puisque six de ces « prologues » se retrouvent, à peine modifiés, en tête de certaines *Philippiques* et qu'on relève mainte autre ressemblance entre notre collection et les *Harangues*. Toutefois il ne faut pas se laisser abuser par ces titres ni par les analogies. Certains de ces textes, au premier regard, ne ressemblent guère à des prologues, mais plutôt à des extraits de discours perdus; tel autre texte n'a rien de commun avec l'éloquence politique; enfin, le nombre

1. C'est Wolf le premier qui a numéroté les prologues (éd. de 1572). Seulement il les a découpés sans esprit critique, supprimant des particules de liaison au mépris de la suite des idées. Bekker y a mis bon ordre (éd. de 1824); il a distingué 56 prologues que l'on retrouvera ici, sauf un : il a coupé notre prologue 3 en deux, ce qui fait chez lui un prologue de plus. Toutefois, comme sa numérotation s'est imposée, nous avons mis à partir du prologue 3 son numéro entre parenthèses à la suite du nôtre, même dans les renvois.

2. Voir déjà, avec une légère variante, Pollux, *Onom.*, VI, 143 : ἐν... τοῖς συμβουλευτικοῖς προοιμίοις Δημοσθένους τὸ ἀπαρασκευαστότερον... (= prol. 44 (45), 4) Voir aussi Harpocration s. v. ἀρχή : ἀρχὴ ἄνδρα δείκνυσι· Δημοσθένης προοιμίοις δημηγορικοῖς (= prol. 47 (48), 2); *id.*, s.v. ὀρρωδεῖν : ὀρρωδία δὲ τὸ δέος· Δημοσθένης ἐν δημηγορικοῖς προοιμίοις (voir prol. 52 (53), 4). — Stobée, enfin, cite dans son *Florilège* (III, 17, 20 W. H.), une phrase du prol. 27 (28), sous le simple nom de Démosthène.

même de tous ces « prologues » est incertain dans les manuscrits : les éditeurs hésitent encore pour deux ou trois d'entre eux à couper ici ou là le texte transmis. Avant donc d'étudier la valeur historique et l'intérêt littéraire de la collection, il est opportun d'en dresser un inventaire exact, en fixant autant que possible la nature et le nombre des morceaux qui nous sont parvenus.

Nature des morceaux.

On passera sans insister sur trente prologues indubitables. Ils forment le noyau du recueil. Que l'orateur s'adresse directement à son auditoire [1], ou qu'il prenne à partie des adversaires politiques dont il prévient les objections ou vitupère la conduite [2], il s'exprime comme ferait Démosthène dans ses prologues, et de fait il n'y a pas lieu de contester que ces morceaux ne soient de vrais *prologues :* tout indique que l'orateur inaugure une discussion et commence un discours.

On portera le même jugement sur les prologues où l'auteur prend la parole après d'autres orateurs auxquels il oppose ses propres vues [3]; le débat étant déjà engagé, il use de précautions oratoires moins appuyées, il va plus vite au fait, sans omettre toutefois les formules initiales qui annoncent une entrée en matière.

Restent six cas plus embarrassants [4] : ce sont des morceaux qui, tout autant qu'un début *ex abrupto*, pourraient être des développements jadis placés dans le corps même d'un discours, soit qu'un inconnu les en ait extraits après

1. Voir les prologues 1; 9 (10); 13 (14); 14 (15); 15 (16); 22 (23); 24 (25); 32 (33); 36 (37); 42 (43); 47 (48); 49 (50); 55 (56); en tout 13 prologues.

2. Voir les prologues 2; 3 (4); 6 (7); 10 (11); 11 (12); 16 (17); 17 (18); 18 (19); 19 (20); 20 (21); 23 (24); 25 (26); 30 (31); 31 (32); 35 (36); 46 (47); 48 (49); en tout 17 prologues.

3. Voir les prologues 4 (5); 5 (6); 7 (8); 8 (9); 12 (13); 21 (22); 26 (27); 27 (28); 28 (29); 33 (34); 34 (35); 37 (38); 39 (40); 40 (41); 41 (42); 43 (44); 44 (45); 45 (46); en tout 18 prologues.

4. Ce sont les prologues 29 (30); 38 (39); 50 (51); 51 (52); 52 (53); 54 (55).

coup, soit que l'auteur ait jugé bon de n'écrire que ces passages et d'improviser le reste.

Pour mieux se prononcer sur ces pages, on gagnerait à les rapprocher des *deutérologies* ou des *épilogues*, dont l'œuvre de Lysias nous offre plus d'un exemple [1] : lorsque dans les plaidoyers publics ou privés le synégore prenait la parole après son client [2], il pouvait, si l'affaire était simple, la condenser dans un *épilogue* et, si elle était plus compliquée, la développer dans une *deutérologie*, en entrant souvent d'emblée dans le vif du sujet [3], parce qu'il ne disposait pas d'un « temps de parole » spécial [4].

Toute proportion gardée, il en allait de même dans les débats politiques, et ce sont précisément nos prologues qui nous en donnent la preuve : si une nouvelle subite était apportée [5], si une discussion était ouverte, l'orateur qui succédait à d'autres collègues, n'avait aucun scrupule à se jeter *in medias res* [6]; d'autre part, l'académisme était moins impérieux qu'on ne le pense dans la démocratie athénienne et les orateurs pouvaient très bien faire des

1. Voir les discours 5, 14, 15, 18, 20 (inauthentique, mais réellement prononcé), 21, 32. Pour d'autres exemples, voir M. Lavency, *Aspects de la logographie judiciaire attique*, Louvain, 1964, p. 89, n. 1; et O. Navarre (dans Démosthène, *Plaidoyers politiques*, Paris, Les Belles Lettres, 1954, t. I, p. XXXIII).

2. Sur ce point, voir M. Lavency, *op. cit.*, p. 89.

3. Ces débuts *ex abrupto* déconcertent parfois à tort les éditeurs. C'est le cas du discours 21 de Lysias : « Il est possible, comme le croit Thalheim, que la première partie s'en soit perdue; mais il paraît plus probable que nous avons affaire à un *épilogos* » (L. Gernet, dans Lysias, *Discours*, Les Belles Lettres, t. II, p. 71).

4. Voir M. Lavency, *op. cit.*, p. 87, n. 7.

5. Voir Démosthène, *Prologue* 38 (39). Il s'agit sans doute de la défaite de Chéronée : voir *infra*, p. 20.

6. Voir les prologues 29 (30), 50 (51), 51 (52), 52 (53). On peut comparer avec les sept dialogues d'Eschine appelés ἀκέφαλοι à propos desquels J. Humbert écrit : « S'agissait-il de dialogues simplement esquissés... ou qui entraient dans le vif du sujet sans préambule? » (*Socrate et les petits socratiques*, p. 222).

« sorties »[1] subites contre un adversaire déplaisant. Nos six morceaux sont donc bien des prologues et il n'y a pas lieu dès lors de les considérer comme égarés dans notre collection : simplement ils rentrent dans une catégorie qui est moins représentée pour les débats politiques[2] que pour les plaidoyers privés. Ce n'est pas le moindre mérite de notre recueil de nous éclairer sur ce point.

Quant à l'étrange morceau[3] qui rapporte les résultats favorables d'un sacrifice offert par les prytanes avant les débats de l'Assemblée, par sa nature même, il n'est pas aussi déplacé qu'on le dit parmi des prologues; sans doute, pour le suspecter, l'a-t-on opposé[4] au formulaire utilisé, pour de semblables occasions[5], dans maintes inscriptions : le prologue, en effet, au lieu de reproduire littéralement des expressions fixées, les allège des épithètes rituelles qui accompagnent ordinairement le nom des dieux[6]. Il

1. C'est le cas du prologue 54 (55). Il est légitime d'y voir « une intervention » qui se suffit à elle-même. Le texte débute comme un conte : « Il fut un temps... »; comparer avec le début du mythe du Protagoras (Platon, *Prot.*, 320b : « Il fu jadis un temps... »). Voir aussi la dernière note des prol. 27 (28), 47 (48), 52 (53).

2. Toutefois, voir le début *ex abrupto* du discours 13 de Démosthène, *Sur l'Organisation financière*, à comparer avec le début du prologue 14 (15). Ne pas oublier non plus la scholie qu'on trouve au § 30 de la *Première Philippique*, là où des critiques anciens voulaient faire commencer un deuxième discours : Ἐντεῦθέν φησι ὁ Διονύσιος Ἁλικαρνασσεὺς ἑτέρου λόγου εἶναι ἀρχήν. Προοίμιον δέ, φησίν, οὐκ ἔχει, ἐπειδὴ δευτερολογία ἐστίν, ἐν αἷς ὡς ἐπὶ τὸ πλεῖστον οὐκ εἰσὶ προοίμια (*Oratores attici* de Müller-Hunziker, II, p. 558, 48, 16).

3. C'est le *prologue* 53 (54).

4. Voir Wilamowitz, *Aristoteles und Athen*, II, p. 400.

5. Il faut toujours renvoyer au recueil de S. Dow, *Prytaneis* (*Hesperia*, Suppl. I, 1937), qui rassemble les documents nouveaux découverts à cette date à l'Agora et y ajoute la référence des documents antérieurement publiés, avec des remarques, des compléments, parfois une réédition. L'*Introduction* présente des observations utiles sur le formulaire religieux (p. 8), comme aussi le commentaire de l'inscription n° 55, p. 111-112 (= *I G* II², 902).

6. Comparer le formulaire courant τῷ Ἀπόλλωνι τῷ προ-

est vrai. Mais le prytane qui annonçait en public le résultat du sacrifice, était libre de s'exprimer autrement que le lapicide [1]. Il pouvait répudier le style « de pratique » afin de parler avec une ampleur oratoire [2]. Un passage parallèle de Théophraste en fait foi [3], qui débute, comme le nôtre, par l'apostrophe caractéristique : **ὦ ἄνδρες Ἀθηναῖοι**; aussi bien s'agit-il dans les deux cas d'une manière de prologue. Démosthène aura prononcé son « allocution » comme prytane.

Rien donc ne nous oblige à conclure qu'aucun des morceaux qui forment notre collection soit autre chose qu'un prologue, défini comme le début d'un discours adressé au peuple, ou une brève allocution sans autre suite.

Le nombre des Prologues.

Comme on le verra plus loin [4], les manuscrits ne s'accordent guère en ce qui regarde le découpage et le numérotage des prologues. Il est sans doute aisé, en comparant leurs données ou en consultant le texte lui-même, d'arriver à une solution certaine dans la plupart des cas. Il reste toutefois deux prologues, **B** et **ΚΓ**, que maint

στατηρίῳ καὶ τῇ Ἀρτέμιδι τῇ βουλαίᾳ (Dow, *op. cit.*, p. 8) avec τῇ Πειθοῖ... καὶ τῷ Ἀπόλλωνι du prologue.

1. Il ne « résumait » pas une inscription honorifique, mais présentait aux membres de l'Assemblée les « attendus » d'un éloge à venir. D'où ce mélange de style formulaire et de style oratoire. Le τὰ μὲν ἀγαθὰ δέχεσθαι des inscriptions (ex. *IG* II² 674, 9 = *Syll.* 400), devient tout naturellement un impératif dans le prologue (δέχεσθε οὖν (l. 10) 29) : cf. Théophraste, *Caract.*, 21, 5.

2. Le vocabulaire se retrouve à peine modifié dans les inscriptions et en général dans le vocabulaire des sacrifices; par ex. ἐπιμέλεια (l. 4) et ἐπιμελεῖσθαι *IG* II² 674, 13; σωτήριος (l. 10) et σωτηρία (*IG* II² 674, 9); εὐσεβῶς (l. 3) et εὐσεβῶς (*IG* II² 354, 15)... Mais on trouve, en revanche, dans le prologue, des subordonnées, des incises, et surtout « le nombre oratoire » : comparer καλῶς καὶ εὐσεβῶς (*IG* II² 354, 15; II² 1079, 4) expression toute faite, avec ἀσφαλῆ καὶ βέβαια καὶ καλὰ καὶ σωτήρια (l. 9-10).

3. *Caractères*, 21, 5. On voit par ce passage qu'un compte rendu de ce type, très bref, flattait d'aise un orateur novice.

4. Voir *infra*, p. 74.

éditeur subdivise en deux parties [1], usant respectivement des doublets B et β d'une part, ΚΓ et κγ de l'autre, afin de ne pas modifier pour les autres prologues les chiffres traditionnels [2]. En outre, les éditeurs s'accordent depuis Feliciano, malgré le témoignage contraire de la plupart de nos manuscrits, à couper le prologue Γ à γενέσθαι et à placer juste après le prologue Δ qui débute par Ἔστιν, ὦ ἄνδρες Ἀθηναῖοι...

Le mieux, si l'on veut résoudre ces trois difficultés, est encore de voir comment, dans les *Harangues* de Démosthène, les prologues se raccordent au texte même des discours. Il est remarquable qu'à la réserve du discours sur l'*Halonnèse*, qui n'est pas de Démosthène, aucun prologue ne fournit, dès les premiers mots, le plan qui sera suivi : l'orateur se saisit de son auditoire, pique sa curiosité par des appels à l'attention, par des paradoxes qui ne sont pas en rapport direct avec la situation, et, brusquement, attaque son discours, en usant d'ordinaire d'une particule composée, μὲν οὖν, qui résume ce qui précède et annonce ce qui suit : on peut la rendre par *cela dit*. D'autre part, l'apostrophe ὦ ἄνδρες Ἀθηναῖοι, figure toujours dans la première phrase, quelquefois en tête du discours; il n'est pas rare qu'elle soit reprise quelques lignes plus loin, notamment après la particule de transition. Notre collection offre plus d'une illustration de ce schéma. On y voit, en effet, d'après de nombreux exemples, et en particulier celui du prologue 6 (7) reproduit en tête du discours *pour les Mégalopolitains* [3], que la phrase qui suit μὲν οὖν et qui amorce le discours, reste souvent rattachée au προοίμιον proprement dit [4]. Ces renseignements suffisent pour juger des trois prologues en litige.

1. Voir *infra*, p. 11, n. 4 et p. 12, n. 1.
2. Sur ce chiffre voir la note 1 p. 5.
3. On peut ajouter le prologue 26 (27) qu'on retrouve en tête du discours *pour la liberté des Rhodiens*.
4. C'est le cas entre autres des prologues 1, § 2 (cf. *Première Philippique*, 2); 5 (6), § 2; 7 (8), § 3; 8 (9), § 2; 26 (27), § 2. Cette particule μὲν οὖν a souvent induit les copistes médiévaux et les premiers éditeurs à couper à tort certains prologues. Voir *infra*, p. 74.

Commençons par le prologue **B** : l'orateur y critique ceux qui préfèrent le régime oligarchique au régime démocratique. Dans le prologue **β**, il commence par attribuer à la malchance le mauvais état des affaires et il déplore ensuite que le peuple ne soit pas appelé à délibérer : rien de commun apparemment entre ces deux prologues; on comprend la décision de les séparer. Seulement, il faut supprimer **οὖν** au début de **β** [1]. Tout prend du relief, en revanche, si l'on garde **οὖν** et ne fait qu'un prologue de **B** et **β**. « Vous êtes démocrates de nom, dit l'orateur. Mais vous écoutez de préférence les ennemis du peuple, pour votre plus grand dommage. Cela dit (**μὲν οὖν**) [2], on peut attribuer les malheurs actuels à la Fortune; mais enfin, le plus grave de tout, c'est encore que le peuple n'ait pas voix au chapitre. Tel est mon préambule ». On le voit, l'orateur finit par où il a commencé, en déplorant l'esprit démocratique qui se dégrade. Il ne faut donc pas couper le prologue **B** [3].

Prenons maintenant le prologue **Γ** : l'orateur montre aux Athéniens qu'ils ont un grand nombre de conseillers capables d'élaborer un bon programme. Dans le prologue **Δ**, il les invite à écouter tous les orateurs et à éconduire les médiocres. Là encore, la progression d'un prologue à l'autre n'éclate pas. Mais, si l'on tient à les séparer, on est contraint de supprimer le **δέ** qui rattache à tort le second au premier [4]. Voyons, au contraire, la suite des idées si

1. C'est ce qu'a fait Wolf le premier (1572); il n'a été suivi que par Blass, Rennie, N. W. et N. J. De Witt, mais non point par Reiske, Schaefer, Bekker, ni le pénétrant Voemel.

2. Voir une semblable transition dans la *Première Philippique*, 2 : Démosthène a commencé comme ici par des déclarations pessimistes; il poursuit « Eh bien ! (μὲν οὖν), en premier lieu, Athéniens, il ne faut pas perdre courage... »

3. Au reste, la dernière phrase du prologue 2 : « Tel est le début de l'ensemble de mon discours », se conçoit beaucoup mieux après un exorde de 26 lignes qu'après un exorde de 8 lignes. Voir aussi la note 1 du prologue 2, où l'on trouvera des arguments historiques en faveur de l'unité de ce prologue.

4. Paradoxalement, les éditeurs de l'Aldine laissaient un blanc, mais n'osaient supprimer le δέ, ni marquer un nouveau

l'on conserve cette particule : « Vous seriez désireux, dit l'orateur, d'entendre quelqu'un vous exposer un programme utile. Vous devez donc écouter vos orateurs dont le grand nombre vous laisse la liberté de choisir. Or (**δέ**), puisqu'il vous est possible de choisir les avis qui vous agréent, il est normal que vous les entendiez tous, quittes à repousser les orateurs médiocres. Quant à moi, je serai bref. » La progression est nette : vous avez beaucoup de conseillers ; écoutez-les tous et moi en particulier. Elle satisfait l'esprit. Il faut donc garder la particule **δέ** et ne faire qu'un prologue de **Γ** et **Δ**.

Prenons enfin les prologues **ΚΓ** et **κγ**. Dans le premier, l'orateur remarque que ses compatriotes sont inconséquents : ils seraient fâchés d'être outragés par les étrangers, mais, dans leur pays, ils se conduisent sans souci de l'honneur. Malgré leur désir d'être flattés, ils entendront à la tribune la vérité toute nue. Dans le second prologue, l'orateur remarque encore que le bon sens manque à ses auditeurs ; sans quoi, ils ne déploreraient pas dans la rue les malheurs publics, pour applaudir ensuite à l'Assemblée les responsables de ces malheurs. En dépit de l'envie, l'orateur dira ce qu'il pense de la situation. A vrai dire, on pourrait voir dans ces deux prologues une manière de doublet ; mais si l'on veut les distinguer, il faut ici aussi supprimer un mot, **οὖν**, au début de **κγ** [1]. Combien vif, au contraire, est le mouvement, combien large la progression des idées, si l'on n'obéit pas à Blass et que l'on conserve la numérotation traditionnelle. « Vous craignez les railleries de l'étranger, mais chez vous, vous vous conduisez sans logique. Je sais bien que vous recherchez les flatteries : je m'y refuse et je vous rappellerai à votre devoir. Ah ! si (**μὲν οὖν**) vous étiez prompts à le comprendre, vous ne

prologue par un alinéa et une lettrine marginale. Le premier, Feliciano, suivi par Wolf, a distingué deux prologues et supprimé δέ. Bekker a marqué un quatrième prologue à Ἔστιν et a supprimé δέ. Sa numérotation s'est imposée à tous les éditeurs postérieurs, même si, comme Voemel, ils ne partageaient pas ses vues sur la distinction entre Γ et Δ (voir l'édition Didot de Voemel).

1. C'est ce qu'a fait Blass, suivi par le seul Rennie.

déploreriez pas dans la rue les conséquences fâcheuses des mesures que vous êtes les premiers à prendre à l'Assemblée. Cela dit, est-il utile pour moi de vous parler tout franc? J'ai peur que non; néanmoins je le ferai.» Il n'y a pas là une répétition, mais l'enrichissement d'une idée. Rien ne nous contraint donc à distinguer ici deux prologues. Au reste, le ferait-on, qu'on serait bien embarrassé de ne pas trouver l'indispensable apostrophe aux Athéniens en tête de **κγ** : en effet, il s'agit bien là d'un passage tiré d'un prologue, comme l'indiquent les derniers mots du morceau.

La suppression des chiffres **β** et **κγ** n'entraîne aucun changement dans la numérotation reçue; en revanche la suppression du numéro **Δ** là où on le place traditionnellement, et le report de ce chiffre au prologue suivant, ramènent à cinquante cinq, au lieu de cinquante six, les prologues dont il nous reste à parler.

Chronologie des Prologues. Au premier regard, la collection est composée de lieux communs, auxquels les rhétoriciens se sont en effet intéressés bien plus que les historiens. Toutefois, il est logique, sans tomber dans l'excès inverse, de la juger d'abord pour sa valeur historique, comme on fait pour les *Harangues*, et d'étudier la date des prologues et les rapports qu'on y découvre, soit avec les discours de Démosthène, soit avec la politique de son temps.

Tous les prologues ne se prêtent pas à ce genre d'analyse. Pour certains d'entre eux on a des indices assez clairs; pour d'autres, la parenté avec les harangues conservées peut mettre sur la voie : dans ces deux cas, une ébauche de chronologie reste possible. C'est par là qu'on commencera, réservant pour la fin les prologues qui offrent des allusions trop fugitives pour être utilisées [1].

1. On aura occasion de citer deux études récentes, l'une de A. Rupprecht, *Die demosthenische Prooemiensammlung*, (*Philologus*, 1927, p. 365-432), et l'autre, qui la corrige en partie, non sans sévérité, de Fr. Focke, *Demosthenesstudien* (*Tübinger Beiträge zur Altertumswissenschaft*, Heft 5, *Gene-*

Un des plus anciens est assurément le prologue **12** (13), où l'orateur dit qu'il monte le dernier à la tribune, comme un inconnu qui tient à se faire entendre [1]. Même observation pour le prologue **6** (7), dont l'auteur se présente, par tactique, comme un homme tiré de la foule : et de fait ce prologue se retrouve, avec quelques variantes, en tête de la première harangue datée, celle des *Symmories* (automne 354). De la même époque est le prologue **49** (50) : l'orateur y réprime, comme dans le discours *sur les Symmories* [2], l'ardeur belliqueuse des Athéniens; il ne dit pas quel est l'ennemi. Ce ne saurait être Philippe, que Démosthène n'a jamais eu à protéger contre la combativité des Athéniens ! Il s'agit du Grand Roi, comme nous l'apprend le discours cité : ici comme là, Démosthène vante la bravoure des Athéniens, mais se montre réservé sur l'issue de la guerre [3]. Or, cette animosité contre le Grand Roi n'a duré qu'un temps : quatre ans après ce débat, dans le discours *pour la liberté des Rhodiens*, Démosthène parle de cette aventure comme d'une chose ancienne [4]. Notre prologue est donc contemporain du discours *sur les Sym-*

thliakon Wilhelm Schmid) p. 30-68. — Voir aussi R. Sealey, *Dionysius of Halicarnassus and some Demosthenic dates* (*R.E.G.*, 1955, p. 77-116), qui défend les dates proposées par Denys pour les discours de Démosthène et donne en appendice une précieuse chronologie (p. 117-120); ajouter les précisions de J. R. Ellis, *The date of Demosthenes' first Philippic* (*R.E.G.*, 1966, p. 636-639) : il la rabaisse jusqu'au printemps de 350, ce qui est peut-être excessif.

1. On ne saurait guère le placer avant le discours *Contre Androtion* qui inaugure la collection des plaidoyers politiques de Démosthène, et se situe sous l'archontat de Callistratos en 355-354 (voir Denys d'Halicarnasse, *1re Lettre à Ammée*, 4). C'est aussi, d'après le même Denys, l'année du discours des *Symmories*.

2. Voir *Sur les Symmories*, 8.

3. Voir *ibid.*, 9. A cause de la « prospérité actuelle » dont il est question à la fin du prologue 49 (50), on ne peut absolument pas le rattacher aux négociations de la paix de Philocrate, comme le fait A. Rupprecht (*op. cit.*, p. 14).

4. Voir *Pour la liberté des Rhodiens*, 6.

mories. Il faut en conclure que la mention d'Iphicrate [1] dans le prologue a été faite de son vivant : la manière toute semblable dont Démosthène parle de lui en 355-354 dans la *Riposte à Leptine* [2], n'interdit pas de le croire. De quelques mois plus tard est le prologue **7** (8) qui, à peu de variantes près, se retrouve en tête du discours *pour les Mégalopolitains* (354-353). — Dans le prologue **42** (43), le danger évoqué reste encore assez lointain pour que la vigilance des Athéniens suffise à le parer; il n'est question d'aucune catastrophe, d'aucune défaite fâcheuse. On peut rapprocher ces lignes du conseil donné à la fin de la *Première Philippique* (de 351) : « Si nous ne voulons pas combattre Philippe là-bas, c'est ici peut-être que nous serons contraints de le faire ». La situation qui ressort de ces deux textes est assez voisine, plus optimiste toutefois dans le prologue que dans le discours [3].

L'activité brouillonne des Athéniens qui est flétrie dans le prologue **20** (21) peut être datée grâce à la mention de l'incursion de Philippe à Marathon dont Démosthène parle aussi dans la *Première Philippique* (34); le cas remonte sans doute au printemps de 352 [4], il est le dernier d'une suite d'exemples donnés dans ce prologue, qui par suite ne saurait être de beaucoup postérieur à cet événement.

Les conséquences de la guerre sociale, la défection des

1. La date précise de la mort d'Iphicrate est inconnue : voir A. Schaefer, *Demosthenes und seine Zeit*, I², p. 178, n. 2. On remarque que Démosthène parle de lui comme d'un mort dans le discours *contre Aristocrate*, 129, qui est de 352 (Denys d'Halicarnasse, *op. cit.*, 4), et qu'il ne le mentionne plus après le discours *contre Midias*, 62, qui est de 347.

2. Voir *Riposte à Leptine*, 84. On sait qu'en 354 Iphicrate vivait encore et qu'il dut soutenir un procès (Kirchner, *Prosopographia attica*, I, *Iphicrates*, p. 514).

3. Nous sommes loin des objurgations de la *Deuxième Philippique*, 33, à propos du danger grandissant de Philippe. De celles-ci on peut rapprocher le prologue 13 (14).

4. Voir A. Schaefer, *Demosthenes...*, II², p. 29, n. 1; ajouter l'article *Delia* par Homolle dans le tome II du *Dictionnaire DS* (spécialement p. 57), en ce qui concerne la trière sacrée dont il est parlé dans la *Première Philippique* à propos de ce coup de main.

alliés, les velléités de retour vers Athènes manifestées par les partis démocrates, sont évoquées dans quatre prologues à peu près contemporains du discours *pour la liberté des Rhodiens* (351-350). Le prologue **36** (37) se rapporte aux affaires de Mytilène et précédait un discours, aujourd'hui perdu, relatif aux démocrates de cette ville opprimés par Mausole aussi bien que ceux de Chios et de Rhodes [1]. Il y a toute apparence que la démarche des Mytiléniens à Athènes soit contemporaine de celle des Rhodiens : en effet, cette dernière ne se borna pas à la requête dont fait état le discours *pour la liberté des Rhodiens*, mais elle s'accompagna de réclamations réitérées qui durent faire beaucoup de bruit dans les autres cités opprimées. Comme preuve de cette insistance, on peut alléguer, non pas le prologue **26** (27), simple variante du prologue *pour la liberté des Rhodiens*, mais le prologue **21** (22) [2], où se retrouve débattue la question, si épineuse dans ces circonstances, des rapports entre la justice et l'intérêt, et surtout le prologue **23** (24) qui apporte sur l'aventure des Rhodiens des précisions auxquelles les éditeurs des harangues n'ont pas assez prêté attention [3]. En effet dans le discours sur les Rhodiens Démosthène répond seulement à une requête de certains démocrates qui, tout d'abord favorables au gouvernement oligarchique soutenu par Mausole puis par Artémise, ont renoncé ensuite à cette collaboration et sont venus solliciter l'aide des Athéniens. Or, ce sont des exilés, comme nous l'apprend Démosthène [4].

1. Voir *Pour la liberté des Rhodiens*, 19.

2. Le prologue 21 rappelle un passage du discours *pour la liberté des Rhodiens*, 21, concernant la solidarité des démocraties. On peut rapprocher aussi le prologue 15 (16), et le prologue 2 (voir p. 140, n. 3).

3. A. Schaefer (*Demosthenes...*, I², p. 480, n. 5). se borne à citer ce prologue sans en voir l'intérêt, que pourtant avait démêlé le vieux G.H. Schaefer (*Apparatus ad Demosthenem*, Londres 1827, t. V, p. 681) lorsqu'il dit de ces Rhodiens dans une note rapide : « *Rhodiorum, iique de factione aristocratica*, quod arguunt extrema hujus Prooemii ». On trouve une simple mention de ce prologue dans Glotz et Cohen, *Histoire grecque*, t. III, p. 254, n. 116.

4. Voir *Pour la liberté des Rhodiens*, 14.

Il est dès lors tout naturel que le gouvernement « régulier » des Rhodiens ait riposté à cette intervention par l'envoi d'une ambassade rivale de l'autre : c'est précisément le prologue **23** qui nous confirme qu'il en fut bien ainsi; Démosthène y ajoute certains détails aux indications du discours : ces exilés n'ont pas été frappés d'une sentence collective; ils sont partis isolément. Athènes les a accueillis.

Démosthène ne les aime pas de cœur; il les associe aux oligarques dans une commune réprobation [1]. Toutefois la morgue et l'aveuglement des oligarques lui arrachent dans le prologue des protestations qui montrent que, à tout prendre, il incline plutôt vers les démocrates. Rarement la prudence et l'intérêt ont été aussi mêlés dans l'esprit de Démosthène. Nul ne s'avisera en effet de lui contester la paternité de ce prologue.

La guerre d'Olynthe, dans les prologues qui semblent se rapporter à elle, est moins clairement désignée. Le prologue **3** (4) qui se retrouve en partie en tête de la *Première Olynthienne*, est formé de lieux communs qui ont pu être utilisés pour d'autres circonstances. Même remarque, tant pour le prologue **14** (15) qui combine librement deux passages de la *Troisième* et de la *Première Olynthienne* que pour le prologue **22** (23) qui adapte deux passages de la *Première Olynthienne* et de la *Première Philippique* [2]. Ce dernier exemple montre que deux morceaux qui ne sont pas strictement contemporains ont été en partie rassemblés pour former un prologue très ferme : l'orateur « cousait » les lieux communs comme Homère permutait les formules. Il ne faut donc pas, dès qu'une simple analogie d'expression apparaît entre un prologue et un discours, rapporter le prologue à l'époque même du discours [3], à moins qu'un fait historique ne nous y contraigne.

C'est justement le cas des deux prologues **29** (30) et **40** (41), qui se placent à deux étapes assez rapprochées de la guerre d'Olynthe. Le prologue **29** expose, en des

1. Voir *ibid.*, 15.

2. Voir les notes de ces prologues. Voir aussi ce qui est dit du prologue 52 (53), p. 166, n. 8 (fin).

3. Comparer le prologue 14 (15), § 1 et la *Trois. Olynth.*, 3.

termes analogues à ceux de la *Troisième Olynthienne*, la longue hésitation des Athéniens à déclarer la guerre; il déplore les malheureux résultats de la première campagne, où Charès commanda des troupes mercenaires [1] avant d'être destitué et mis en accusation [2] : bien que son nom ne soit pas prononcé, c'est lui qu'il faut reconnaître dans « celui qui dirige les opérations ». D'autre part, l'exhortation pressante faite aux Athéniens d'accomplir leur devoir (dans une phrase d'allure paradoxale prise à la *Première Philippique*), est conforme au programme des *Olynthiennes*, qui préconisent une armée de citoyens soumis à l'obligation de servir par eux-mêmes, comme ils le feront du reste quelques mois plus tard sous la direction de Charès « réhabilité » [3]. Pour le moment, nous n'en sommes pas là : le prologue doit se situer avant les succès passagers que remporta le remplaçant de Charès, Charidémos [4], et qui sont rapportés dans la *Troisième Olynthienne* (aut. 349) [5].

Le prologue **40** se situe après le précédent : la situation n'est sans doute pas très bonne; l'évocation des pertes subies rappelle, mot pour mot, un passage de la *Première Olynthienne* [6]; mais il est question d'un répit qui doit se rapporter aux succès de Charidémos, déjà mentionnés plus haut, et surtout de l'obligation pour les Athéniens de « coopérer » avec leurs conseillers en faisant eux-mêmes la guerre. On placera ce prologue avant la campagne de 348, dans le même temps que Démosthène composait la *Troisième Olynthienne* [7].

Quant au prologue **1**, en dépit de sa ressemblance avec le début de la *Première Philippique*, il y a tout lieu de croire qu'il a été prononcé une fois achevée la guerre

1. Voir E. Focke, *op. cit.*, p. 55, n. 42.
2. Voir A. Schaefer (*Demosthenes...*, II², p. 143, n. 2) qui cite un passage d'Aristote, *Rhétorique* III, 1411a, relatif à ce procès.
3. Voir la note très claire d'A. Schaefer (*ibid.*, p. 151, n. 1) sur les campagnes de Charès et de Charidémos.
4. Voir A. Schaefer, *ibid.*, p. 143.
5. Voir G. Mathieu, *Démosthène*, Paris, 1948, p. 58, n. 1.
6. *Prem. Olynth.*, 10.
7. Voir G. Mathieu, *op. cit.*, p. 58, n. 1.

d'Olynthe [1] : si grave que fût la défaite, elle n'était pas irrémédiable et elle pouvait encore donner l'occasion de réconforter les Athéniens sans les effrayer à l'excès.

Faut-il voir dans le prologue **41** (42) une allusion aux excès des régimes oligarchiques soutenus par Mausole? Non, car l'appréhension que témoigne Démosthène dans ce prologue n'a rien à voir avec la haine vigoureuse qu'il a toujours manifestée aux oligarques rhodiens; elle rappelle bien plutôt la crainte qu'il éprouve de voir Athènes encerclée à la suite des attentats commis par les partisans de Philippe en Eubée et dans le Péloponnèse, tous procédés dont le discours *sur l'Ambassade* [2], la *Deuxième* [3] et la *Troisième Philippique* [4] mentionnent le souvenir; vu le vague des allusions du prologue, aucune date précise ne peut être avancée dans l'intervalle de 349 et 341 où de pareilles violences sont attestées.

L'hésitation dont fait preuve Démosthène dans le prologue **44** (45) à déclarer la guerre aux Thébains doit se rapporter aux événements de l'année 346 où les Athéniens furent conviés par les Phocidiens à se rapprocher d'eux en vue de contrarier l'alliance de Thèbes et de Philippe [5]. La fatigue des Athéniens à cette date explique sans doute la réserve de Démosthène dans ce prologue, mais il faut

1. On ne saurait comprendre ce prologue si l'on oubliait qu'il est question d'une guerre récemment achevée d'où l'on doit tirer une grande leçon (§ 2). Aucune des campagnes de Philippe antérieures aux *Olynthiennes* n'est qualifiée de « guerre » longue par Démosthène. Sur l'importance des guerres d'Olynthe et d'Eubée dans l'opinion des contemporains, voir [Dém.], *Contre Néère*, 9-10.

2. *Sur l'Amb.*, 259-260 (à propos des affaires de Thessalie en 344 et du Péloponnèse en 343).

3. *Deux. Phil.*, 21-22, à propos des mêmes régions.

4. *Trois. Phil.*, 57, à propos de la campagne d'Eubée de 349 (voir aussi *Sur la Paix*, 5, et P. Cloché, *Démosthènes*, p. 96). *La Troisième Philippique*, qui est de 341 (voir les *Harangues*, éd. Croiset II, p. 86, n. 1) insiste au § 62 sur les conséquences, qui persistent encore à cette date, de la politique de Philippe en Eubée.

5. Voir Paul Cloché, *Démosthènes*, p. 95 et 111.

tenir compte aussi de certaines de ses arrière-pensées, que, par diplomatie, il n'expose pas au grand jour : il veut à tout prix éviter une intervention de Philippe en Béotie et maintenir l'équilibre entre les Phocidiens et les Thébains, seule garantie de la sécurité athénienne. Il suffit pour s'en convaincre de lire, dans Eschine [1], la sortie qu'il fit, la même année, durant l'ambassade de Pella, à la nouvelle que Philippe descendait aux Thermopyles. Eschine était d'avis qu'il fallait humilier les Thébains en aidant les Béotiens. Démosthène l'interrompit en ces termes : « Philippe marche vers les Thermopyles, et moi je me voile la face [2]. Personne ne me traduira en justice à cause des faits d'armes de Philippe »; il alléguait, pour se justifier, son « refus de troubler les relations des cités » béotiennes. Cette prudence, déguisée en tolérance, était assurément plus diplomatique [3] que les rodomontades d'Eschine à l'égard de Thèbes. Cette même prudence inspire notre prologue.

Il ne faut pas hésiter, je crois [4], à dater le prologue **38** (39) du lendemain même de « Chéronée » : on y sent nettement que la ville est atteinte dans ses forces vives [5]; ni la prise d'Olynthe [6], ni la défaite d'Eubée (348) ne pouvaient à ce point atteindre le moral des Athéniens. Quant à la prise d'Élatée [7], elle fut une victoire foudroyante

1. *Sur l'Ambassade*, 107.

2. Il faut entendre, non pas « je ne veux pas le savoir », mais « je me cache de honte », à cause du mauvais augure attaché à cette expédition. C'est le seul sens possible du verbe ἐγκαλύπτομαι.

3. Bien vu par P. Cloché, *op. cit.*, p. 112.

4. Malgré Blass, *Die attische Beredsamkeit*², III, 1, p. 323.

5. Il apparaît que cette défaite a frappé les citoyens et non des mercenaires.

6. Les secours étaient arrivés trop tard à Olynthe (voir A. Schaefer, *Demosthenes* II², p. 152). Aucune faute de ce genre n'est déplorée ici.

7. On connaît le passage classique de Démosthène (*Sur la Couronne*, 169-175). L'émotion causée par cette défaite a été justifiée par G. Glotz qui compare cette nouvelle à un coup de tonnerre dans un ciel serein (*Philippe et la surprise d'Elatée*, *BCH*, 1909, p. 526-546, spécialement la première page).

de Philippe, que personne à Athènes ne chercha à contester, ni à réparer par une autre bataille. Il en fut tout autrement pour « Chéronée »: la bataille ne régla rien dans l'instant même; Athènes eut le temps de se recueillir; on sait le rôle que Démosthène joua pour reprendre la situation en mains, comme aussi l'hésitation de Philippe à recommencer la lutte devant Athènes dont la marine était intacte. Il y eut un moment dans la ville où l'on raisonna de sang-froid avant de s'avouer vaincu [1]: ce prologue en porte sans doute témoignage. On y reconnaît au passage cette allusion à la destinée que Démosthène se plaît à faire pour expliquer, comme dans l'*Oraison funèbre* [2] et le discours *sur la Couronne*, une défaite que ne justifiait pas la bravoure des soldats [3].

Tels sont les prologues qu'on peut, sans pousser trop loin les hypothèses, introduire dans la carrière de Démosthène [4]. Mais il en est beaucoup d'autres, derrière lesquels

1. Voir Démosthène, *Discours d'apparat*, Les Belles Lettres, p. 12.

2. Voir *ibid*, p. 32.

3. Dans l'*Oraison funèbre* aussi, il reconnaît que l'on s'est vaillamment battu dans les deux camps (21-22; voir *Discours d'apparat*, p. 59, n. 7).

4. Aucun prologue ne se rapporte à des affaires privées plaidées pour autrui. Toutefois, le prologue 47 (48) qui concerne des démêlés entre plusieurs triérarques, est cité comme une affaire privée par A. Rupprecht (*loc. cit.*, p. 396) et aussi, non sans quelque hésitation, par Fr. Focke (*loc. cit.*, p. 45, n. 31). Il est vrai que nous ne connaissons que trois cas de triérarchie de Démosthène, l'un de 363 (*Contre Midias*, 80), l'autre de 359 (Eschine, *Contre Ctésiphon*, 51), le troisième, de 357 (*Sur la Couronne*, 99; consulter A. Schaefer, *Demosthenes*, I², p. 453). Or, aucun de ces trois cas, où Démosthène était associé à un seul collègue, ne peut s'adapter à notre prologue, où il apparaît que l'intéressé est solidaire de plusieurs personnes, organisation qui nous reporte après la réforme de Périandre de 357. Mais rien n'empêche de penser que Démosthène en personne ait été triérarque après 357 : le peu de gloire qui résultait dès lors pour les triérarques du grand nombre de leurs associés a pu laisser dans l'ombre cette liturgie de Démosthène : voir *D S*, *Dictionnaire des antiquités*, V, p. 448, art. *Trierarchia* par M. Brillant).

on devine une réalité très proche [1]. Seulement, comme les préoccupations dont ils témoignent se retrouvent à divers moments de cette carrière, on ne peut, si un détail ne les date pas, les insérer ici plutôt que là.

C'est le cas du prologue **39** (40) violemment dirigé contre les stratèges qui s'arrogent des pouvoirs exorbitants à l'extérieur d'Athènes. La mention des alliés au début du prologue ne saurait inviter à le placer pendant la guerre sociale, c'est-à-dire à un moment où Isocrate, dans le discours *sur la Paix* [2], se livrait à de semblables récriminations : ce serait trop tôt dans la carrière de Démosthène. On songera plutôt aux premières années qui ont suivi la guerre sociale et où Athènes se montra circonspecte à l'égard des chefs de mercenaires : dès le discours *contre Aristocrate* [3] (353/352), puis dans le discours *sur l'Organisation financière* [4] (350) et dans la *Deuxième Olynthienne* [5] (349), Démosthène lance contre eux des critiques qui faisaient partie des lieux communs de l'éloquence politique. On ne peut préciser davantage [6].

Même incertitude en ce qui regarde les stratèges « oisifs », que Démosthène tance dans le prologue **54** (55). Dès le discours *sur l'Organisation financière* (19), il critique au passage les gens qui s'évertuent à « être *sacrés* stratèges, sans rien exécuter qui soit digne d'un homme ». C'est le même mot, c'est la même ironie, peut-être plus acerbe, que l'on retrouve dans le prologue 54; mais cela ne suffit

1. Voir notamment p. 155, n. 3 et p. 163, n. 3.

2. Isocrate, *Sur la Paix*, 134 (le discours est de 356; voir Isocrate, éd. Mathieu, Paris, Les Belles Lettres, t. III, p. 5-6).

3. *Contre Aristocrate*, 139. Voir *Première Philippique*, 19 et 24.

4. *Sur l'Organisation financière*, 6.

5. *Deux. Ol.*, 28.

6. Sans doute un peu plus tard en 341 dans le discours *sur la Chersonèse* (21-26) Démosthène, pour des raisons d'opportunité, sera plus indulgent pour eux. Mais dès le prologue 20 (21) que l'on peut dater de 352 (voir *supra*, p. 15), il tient sur eux le même langage conciliant. On ne peut donc parler d'évolution de Démosthène à leur égard, mais bien d'oscillation.

pas pour rapprocher dans le temps le discours [1] et le prologue. Il faut avoir l'esprit non moins prévenu pour voir dans le souci de rabaisser les stratèges une preuve que notre prologue a été écrit au IIIe siècle [2], à un moment où, par manque d'illustration, ces dignitaires pouvaient, comme ici, être ravalés au même rang qu'un astynome. En fait, le grossissement qui est le propre de l'ironie impose que l'on ramène tout à la véritable échelle si l'on veut voir les choses sous leur vrai jour : Démosthène, dans le prologue, réprouve tout simplement les sinécures à vie, comme les stratèges de son temps pouvaient en donner des exemples.

Le prologue **45** (46) où l'orateur critique les discours injurieux de certains députés venus à Athènes, peut aussi bien prendre place au moment des affaires de Rhodes (351-350) qu'à l'occasion du discours *pour les Mégalopolitains* (354-353); sans compter d'autres circonstances obscures qui peuvent nous échapper. On n'en peut dire plus.

Le parallélisme des oligarchies et des démocraties, tel qu'on le trouve dans le prologue **34** (35) et, en partie, dans le prologue **41** (42) ne se prête pas davantage à être rattaché étroitement à tel ou tel discours où Démosthène, tantôt dénonce l'incompatibilité des deux régimes [3], tantôt, pour les besoins de sa cause, confronte avec modération les deux types de gouvernement [4]. Ce sont là des arguments courants de tactique oratoire. Tout au plus peut-on dire que l'âpreté du prologue 34, l'expérience qui y éclate de la guerre et de la paix, la maîtrise absolue de l'auditoire, inclinent à placer ce morceau assez tard. Encore ne faut-il pas abuser de ce genre d'explication : que de prologues [5] on serait tenté d'attribuer à la maturité de l'orateur, si

1. Il est de 350-349 probablement (voir *Harangues*, éd. Croiset, t. I, p. 71).

2. C'est ce que soutient U. von Wilamowitz-Moellendorff, *Aristoteles und Athen*, II, p. 400.

3. Voir *Sur la Chersonèse*, 40-41.

4. *Riposte à Leptine*, 108. Cf. Eschine, *Contre Tim.*, 180-182.

5. Voir par exemple les prologues 15 (16); 16 (17); 17 (18); 18 (19); 28 (29); 35 (36).

l'on oubliait l'autorité dont il fait preuve dès le discours *sur les Symmories* et dans toute la *Première Philippique* [1] ! C'était sans doute la revanche du timide. On ne peut nier toutefois qu'en deux ou trois prologues Démosthène parle en orateur arrivé, c'est-à-dire comme ferait de nos jours un président, dénonce des manœuvres [2], ordonne le silence [3], tranche [4].

C'est à tort que pour dater d'autres prologues on s'est fondé qur le prétendu ralliement du jeune Démosthène à la politique d'Eubule [5]. Outre que cette collaboration, dès les premiers discours conservés, apparaît assez lâche [6], elle n'a jamais été, par la suite, qu'un pis-aller imposé à Démosthène par les circonstances, notamment lors de la paix de Philocrate [7]. Les prologues où l'orateur fait appel à l'esprit de parti sont plutôt d'un homme qui rallie à lui un public hésitant, que d'un zélateur qui regroupe des forces au service d'un autre collègue. Au reste, très souvent Démosthène cherche moins la victoire d'un parti, ou même la sienne propre, que celle de l'intérêt national [8] et montre plus souvent la voie de « l'austérité » ou de l'effort financier ou militaire [9], que celle de la facilité. Et on le voit, à la fin de maint prologue, isolé au milieu de ceux qu'il apostrophe [10].

1. Et ce, en dépit de ses propres allégations (voir par ex. *Contre Aristocrate*, 4).

2. Voir pr. 27 (28), § 2.

3. Voir pr. 28 (29), § 3.

4. Voir pr. 30 (31).

5. C'est à quoi incline trop souvent A. Rupprecht (*loc. cit.*, p. 387, 388-390).

6. Voir les remarques judicieuses de P. Cloché, *Démosthènes*, p. 44; et de G. Mathieu, *Démosthène*, p. 38.

7. Voir P. Cloché, *op. cit.*, p. 95.

8. Voir les prologues 4 (5), fin; 8 (9).

9. Voir les prologues 25 (26); 29 (30); 38 (39); 44 (45); 52 (53), § 3...

10. Voir les prologues 2, § 2; 3 fin; 5 (6), fin; 6 (7), fin; 10 (11); 13 (14); 17 (18); 27 (28), fin; 32 (33), exemple remarquable; 37 (38), § 3. Nombreux exemples de prologues dirigés contre les « flatteurs » (pr. 48 (49), 51 (52)...). — Les curieux des « petits faits » vrais trouveront dans les *Prologues* mainte peinture de l'Assemblée vue de la tribune par un professionnel

Ainsi, rien dans cette collection ne nous fait sortir de la carrière de Démosthène; tout au contraire nous y ramène, et plus continûment que ne le voulait Blass : ce n'est pas seulement le débutant que nous entendons parler, mais aussi l'homme de Chéronée : de la guerre sociale jusqu'à la défaite de 338, aucune des grandes étapes de la vie de Démosthène qui ne soit au moins représentée de manière allusive. Si l'on ne peut découvrir avec certitude de prologue postérieur à 338, c'est moins parce que Démosthène était dès lors maître de ses moyens — il l'était depuis très longtemps — que parce que, désormais, il jugea plus prudent d'agir par personne interposée [1] et eut moins à se multiplier. Après tout, ce n'est pas un hasard si la collection de ses harangues ne nous donne rien non plus après Chéronée.

Les Prologues et les mœurs politiques du IVe siècle.

Tout autant que l'écho des grandes affaires du temps, les prologues sont un témoignage important sur la dégradation des mœurs démocratiques du IVe siècle et par cela seul auraient dû échapper au soupçon d'avoir été composés assez tard par quelque rhéteur habile. On y sent l'expérience directe, non pas seulement des habitudes de la tribune, telles qu'elles apparaissent chez tous les orateurs, mais aussi des transformations du régime athénien, qui, après 350, se détériorait moins dans la lettre que selon l'esprit. Au fond, c'était toujours la même constitution qui fonctionnait depuis la restauration démocratique de

qui dialogue avec ses adversaires (v. p. 137, n. 4), les apostrophe (v. p. 163, n. 4; p. 153, n. 6), les dénombre (v. p. 125, n. 1).

1. Eschine (*Contre Ctésiphon*, 159), dit qu'après Chéronée on ne « laissait même pas inscrire le nom de Démosthène sur les décrets, mais qu'on priait Nausiclès de le faire pour lui »; Plutarque, de son côté (*Vie de Dém.*, 21), dit qu'« au lieu de mettre son nom aux décrets, il y fit inscrire successivement celui de ses amis, pour conjurer son propre démon et la mauvaise fortune ». Voir A. Schaefer, *Demosthenes*²..., III, p. 79 et G. Mathieu, *Démosthène*, p. 121.

404; mais il s'était introduit dans les mœurs des pratiques qui en dénaturaient l'application [1]. Il vaut la peine d'étudier les prologues de ce point de vue.

L'esprit de parti et l'obstruction de l'Assemblée y sont illustrés par des exemples très nombreux. Dans les cas les moins graves [2], Démosthène déplore que la fidélité professée pour un orateur l'emporte, chez un groupe d'auditeurs, sur l'esprit critique; il y a là des observations toutes nouvelles sur les clans politiques : le choix décidé qu'ils font d'un orateur [3], la honte d'un désaveu public, l'entêtement qui permet de prévoir le vote des partisans, tous ces travers qui rendent difficile la tâche de persuader, sont autant d'illustrations du passage célèbre de la *Deuxième Olynthienne* (29) : « Autrefois, Athéniens, vous payiez vos contributions par symmories, mais à présent vous faites de la politique par symmories; chez les deux partis [4], il y a un orateur en chef, un stratège sous ses ordres, et des brailleurs bénévoles, les Trois Cents; et vous autres, vous êtes répartis d'avance [5], les uns du côté de ceux-ci, les autres du côté de ceux-là ».

Dans les cas les plus graves, c'est la notion même de démocratie qui s'évanouit. Ici, il faut alléguer quelques

1. Voir G. Glotz, *La cité grecque*, Paris, A. Michel, 1968, p. 335-348.

2. Exemples très nombreux (pr. 46 (47); 55 (56)...).

3. Voir pr. 11 (12); 20 (21), § 1, pr. 43 (44), § 2.

4. Proprement « un orateur est chef de chacun des deux groupes »: entendre non pas « des deux symmories » (elles étaient sans doute vingt), mais « des deux partis » politiques, c'est-à-dire, les partisans d'Eubule et les patriotes irréductibles. Démosthène dans tout ce morceau passe sans avertissement de l'organisation interne des symmories à la conduite des partis politiques.

5. Προσνενέμησθε. Il ne faut oublier ni le préfixe ni la valeur du parfait, qui indique que les jeux sont faits d'avance. Le verbe est d'une ironie sanglante. On rapprochera Platon, *République* 564 d : « Ce sont les plus violents de ces meneurs qui parlent et qui agissent; le reste, assis autour des tribunes, bourdonne et ferme la bouche à tout contradicteur. » (Trad. Chambry).

exemples de prologues qui visiblement ont été écrits pour une situation donnée : ils sont fort embrouillés si on les lit comme une page de style sans tenir compte des circonstances; ils étaient fort clairs pour les habitués de l'Assemblée. Il s'agit toujours de manœuvres à la suite desquelles une décision qui a été prise à l'Assemblée est remise en question à une autre séance.

Voyons l'exemple le plus banal, celui qui, de l'aveu de Démosthène, « n'est pas du tout nouveau » [1] : à la suite d'une obstruction, des orateurs éconduits demandent la parole à une autre séance : le piquant, c'est que leurs critiques sont pertinentes et que les Athéniens, cette fois, les écoutent et approuvent leurs dires.

Voici maintenant une situation beaucoup plus compliquée [2] : des orateurs ont été éconduits et des mesures prises sans leur concours; lors d'une autre séance, ils réussissent à se faire entendre et à couvrir la voix de leurs adversaires; il est à prévoir que ces derniers, la prochaine fois, incrimineront à leur tour les décisions contraires qu'on aura prises sans les consulter. Dès lors le jeu « parlementaire » est troublé : on n'arrive plus à prendre une décision irrévocable.

Voici enfin un dernier cas qui suppose un plan plus machiavélique [3] : dans une séance antérieure, les orateurs qui protestent à présent contre les décisions prises, se sont tus volontairement au moment des délibérations. Ils cultivent moins le trouble pour le trouble, qu'ils ne cherchent à renverser l'opinion en leur faveur et à attacher leur nom à une décision nouvelle : au fond, tout se passe comme si un seul parti pouvait se faire entendre à chaque séance [4]. Nous sommes fort loin des habitudes courantes du ve siècle : il fallait en effet en ce temps-là un cas très grave, comme l'exécution des habitants de Mytilène, pour que l'Assemblée se réunît de nouveau afin de revenir

1. Voir pr. 28 (29); rapprocher du pr. 25 (26), § 2.
2. Voir pr. 33 (34).
3. Voir pr. 34 (35).
4. Voir le pr. 28 (29), § 2.

sur une décision prise [1]. Ici, au contraire, rien n'indique qu'il s'agisse de questions importantes d'où dépendait le salut de l'État.

Il est clair dans tous ces prologues que deux partis s'affrontent [2] : certes on ne voit pas toujours très bien le contenu de la discussion, mais on comprend en général que l'opinion est divisée entre des patriotes minoritaires, partisans d'une lutte à outrance, et des gens attachés à leur intérêt immédiat [3] et fort désireux d'être ménagés : or, les plus zélés ne sont pas préférés aux autres par Démosthène. Tout au contraire, il s'oppose aux deux partis, pour défendre non pas une politique de juste milieu, mais les droits élémentaires de la discussion [4], ce qui témoigne d'une grande indépendance d'esprit [5]. Aussi, le recours à l'exemple des ancêtres [6], le souci de la légalité, l'affirmation que les lois opposent un ultime rempart [7] aux hommes politiques, tous ces lieux communs de l'éloquence redeviennent des vérités et, loin d'être, comme chez Isocrate, le signe d'un retour nostalgique vers un

1. Voir Thucydide III, 36, 5; III, 38, 2; III, 42, 1. De tous ces textes ressort le caractère exceptionnel de ce revirement. Sur l'illégalité de la seconde délibération, voir G. Mathieu, *Notes sur Thucydide*, dans les *Mélanges Radet*, p. 246, n. 4. On rapprochera Thuc. VI, 14, où l'on voit Nicias solliciter vainement une deuxième délibération : « Que si tu trembles, dit-il au prytane, de revenir sur un vote acquis, dis-toi que violer la loi *avec tant de témoins pour soi* ne saurait être incriminé » (trad. Bodin-Romilly). Il fallait donc tout un mouvement d'opinion pour procéder à une nouvelle mise aux voix. Et encore cette dernière demeurait-elle en son fond illégale. Lire le curieux prologue 48 (49) où l'on voit Démosthène souhaiter, pour la bonne cause, que l'on puisse remettre en question un avis qui a été falsifié. Pour cela, il compte sur la hardiesse d'un orateur et non pas sur la loi.

2. Voir *supra*, p. 26, n. 4.

3. Voir pr. 43 (44).

4. Voir pr. 25 (26), où Démosthène déclare qu'il s'inclinera devant une majorité qui lui déplaît. Voir aussi pr. 30 (31), 1.

5. Voir le pr. 27 (28), où Démosthène s'accroche à la tribune sans renoncer à dire son avis.

6. Voir pr. 7 (8).

7. Voir le pr. 11 (12) d'une rare énergie.

passé chimérique, ils expriment le désir de sauver ce qui ne doit pas périr si l'on veut vivre en démocratie.

Tous ces travers, tous ces abus sont l'illustration vivante d'une page trop peu citée où Eschine [1] déplore cette décadence de l'esprit démocratique dans l'Athènes de son temps : ni le Conseil ni l'Assemblée, dit-il, ne sont dirigés suivant le règlement ; les orateurs ne parlent plus par rang d'âge ; on peut sans difficulté proposer des motions illégales ; des présidents improvisés s'installent, non point après un tirage au sort, mais à la suite de manœuvres [2] ; et si un bouleute désigné normalement par le sort pour assurer la présidence proclame correctement les votes, « ceux qui ne considèrent plus l'État comme la chose publique, mais bien comme leur propriété personnelle, le menacent d'une dénonciation [3], asservissant ainsi les simples citoyens et s'environnant d'un pouvoir despotique » ; quant à « l'indiscipline des orateurs, elle ne peut désormais être dominée ni par les lois, ni par les prytanes, ni par les proèdres, ni par la tribu dirigeante, la dixième partie de la Cité. »

Si l'on fait la part de l'exagération oratoire, on retrouve dans ces lignes la même peinture de l'Assemblée que dans les *Prologues*, et faite dans le même temps. Eschine décrit les séances en observateur objectif et détaché ; Démosthène, qui ne donne pas autant d'explications que son adversaire sur la tactique des politiciens, parle en homme qui doit triompher de tous leurs obstacles.

Tous les deux, on le voit, reconnaissent la grande responsabilité des orateurs dans la vie politique : on sait de reste qu'au IVe siècle ils se substituent aux stratèges

1. *Contre Ctésiphon*, 1-4.

2. Il ne s'agit pas là des hétéries dont on ne trouve, dans la vie politique, que des traces bien fugitives du temps de Démosthène. F. Sartori (*Le eterie nella vita politica ateniese*, Rome, 1957) malgré tout le soin qu'il a mis à les dépister, n'a recueilli qu'un maigre butin, et encore grossi à l'excès, pour le IVe siècle (p. 147-152).

3. Voir dans Démosthène, *Ambassade*, 23, le récit très vivant d'une obstruction violente !

comme *leaders* de l'Assemblée [1]; les harangues de Démosthène en sont un bon exemple. Mais les prologues nous donnent encore plus de détails, non pas sur leur indignité, sur leur vénalité [2], sur leur désir de gagner une gloire passagère, mais sur le souci qui anime les meilleurs d'entre eux d'assurer la continuité d'une politique. Il est un prologue fort net [3] où Démosthène oppose à l'orateur « demi-habile » qui cite ses exemples au petit bonheur et se gausse des contradictions qu'il relève entre les décrets inspirés par ses collègues, celui qui possède un « dossier complet » et, seul, se montre capable de comprendre l'unité de pensée qui ressort de ces décrets et la nécessité qui a pu à tel moment détourner la politique dans une direction dont les ignorants ne peuvent comprendre la cause [4].

Ainsi, la collection des prologues, qui précise certains points de la carrière de Démosthène, est encore plus utile pour juger les mœurs démocratiques du IVe siècle. Au reste, il ne faut pas exagérer la transformation de ces mœurs : lorsque Démosthène se met en garde contre les deux partis ligués contre lui, il ne diffère pas beaucoup de

1. Toutefois les stratèges gardent encore un grand pouvoir occulte; ils sont souvent d'intelligence avec les orateurs. Voir le passage cité plus haut de la *Deux. Olynthienne*, 29 (« il y a un orateur en chef, un stratège sous ses ordres »), et les indications de Plutarque, *De l'Amour fraternel*, 486 D, à propos de l'entraide amicale : « Ainsi faisaient Démosthène et Charès, Eschine et Eubule, Hypéride et Léosthène : les uns à la tribune et en proposant des décrets, les autres à la tête des armées et en agissant. » (Trad. Bétolaud). Démosthène, comme orateur, ne pouvait guère s'étendre sur cette collaboration, qu'on devine.

2. Nombreux exemples : pr. 2, 31 (32)...

3. Prol., 8 (9).

4. Comparer avec le discours *sur la Couronne* 172, où Démosthène se définit comme celui qui « avait suivi les événements dès l'origine » et, seul, avait réfléchi comme il se devait « aux mobiles et aux intentions de Philippe ». Il suit de là que l'orateur ne renie pas les conséquences, même fâcheuses, de sa politique, si elle a été loyale; c'est tout le sens du discours *sur la Couronne* (208 et suiv.) et du prologue 24 (25).

Solon qui se représente comme « un loup au milieu d'une meute de chiennes »[1] : même indépendance à l'égard des partis, même désir de jouer un rôle d'arbitre. On ne poussera pas plus loin le parallèle : la bonhomie engageante de Solon n'a rien à voir avec l'esprit caustique de Démosthène dont l'auditoire lui-même fait souvent les frais, ni avec cet isolement amer où le plonge son franc-parler.

Rhétorique et sincérité.

La tradition rhétorique.

Il est naturel qu'on retrouve ici les traits ordinaires de Démosthène et il n'y aurait pas lieu d'y insister si les prologues n'obéissaient à un code un peu spécial et si certains critiques n'avaient suspecté l'authenticité de ce recueil.

On ne s'attend pas que Démosthène oublie ici plus que dans ses discours les habitudes de la tribune ; on relève dans les prologues l'application des préceptes que la rhétorique hellénistique, fidèle sans doute à une tradition antérieure[2], recommandait d'utiliser pour entamer un discours et en « ouvrir la voie »[3]. Le prologue, comme on sait, doit rendre les auditeurs dociles, attentifs, bienveillants[4].

Dociles et attentifs, ils le deviennent si on leur dit que l'affaire dont il s'agit est importante[5], si l'on pique leur attention par quelque paradoxe[6], si enfin on leur promet d'être bref et d'en venir vite au sujet[7].

Leur bienveillance sera acquise si l'on flatte leur esprit critique[8], si l'on réprouve la malhonnêteté des autres

1. Voir Aristote, *Const. d'Ath.*, 12, 4 (fin).

2. Voir O. Navarre, *Essai sur la Rhétorique grecque avant Aristote*, p. 213.

3. Le mot est d'Aristote (*Rhétorique*, 3, 14, 1414 b, 19-21). Le grec porte ὁδοποίησις.

4. *Ibid.*, 1415 a, 32 et suiv.

5. Voir par ex. les prologues 1 ; 3 ; 5 (6) ; 10 (11) ; 13 (14) ; 14 (15) ; 26 (27)...

6. Voir prologue 3 ; 18 (19) ; 35 (36).

7. Voir prologues 3 (4) ; 4 (5) ; 6 (7) ; 21 (22) ; 35 (36) ; 36 (37).

8. Voir prologues 15 (16) ; 44 (45).

orateurs [1], si l'on affecte le mépris de la rhétorique et du pédantisme [2]. Des formules familières au public et des questions « oratoires » souvent entendues donnent le ton [3]. Dans les discours politiques, les protestations de patriotisme servent peut-être moins les orateurs que les sentiments démocratiques, et que la soumission à la règle des Assemblées, qui impose de ne pas sortir du sujet [4] et de respecter le protocole de la tribune, à laquelle on ne pouvait accéder qu'après avoir donné le pas aux anciens [5]. On trouve ainsi dans les prologues tout un rituel des gestes et du langage, qui, de très bonne heure, a été codifié dans des recueils de prologues [6], et, chez un peuple frondeur, est vite devenu matière de parodie [7].

1. Voir prologues 1, § 3; 2; 4 (5); 5 (6); 24 (25); 27 (28); 28 (29); 30 (31); 33 (34); 34 (35); 39 (40); 50 (51); 51 (52); 52 (53); 54 (55).

2. Voir prologues 6 (7); 8 (9); 31 (32); 32 (33). Les orateurs ne citent jamais d'après un livre, mais d'après la tradition orale ou des souvenirs personnels; voir par ex. prol. 49 (50); et la n. 6 du prol. 34 (35).

3. Elles valent aussi bien pour les plaidoyers privés, par ex. la promesse d'être bref : voir P. Lavency, *La logographie judiciaire attique*, Louvain, 1964, p. 160, n. 7.

4. Voir l'article *Ekklesia* de Glotz dans le dictionnaire de *D S* (II, 1, p. 523a). Le souvenir de ce règlement, assez relâché au IVe siècle, apparaît dans les prologues 10 (11); 14 (15); 16 (17); 51 (52); 55 (56).

5. Autre règlement assez relâché, comme il apparaît chez Isocrate, *Archidamos*, 11 (discours des environs de 365) et chez Démosthène, *Prem. Phil.*, 1 (repris dans le prologue 1, § 1). Sur la formule utilisée par le héraut, voir Eschine, *Contre Timarque*, 23.

6. On cite des recueils de prologues de Thrasymaque (Ath., 10, 416 a); d'Antiphon (Suidas, s. v. αἴσθεσθαι, ἅμα, μοχθηρός) ; on cite même des recueils de prologues de harangues de Critias (Hermogène, Περὶ ἰδεῶν, II, p. 401-402, éd. Rabe, mais la phrase n'est pas claire); de Képhalos (voir Suidas, s.v. Κέφαλος).

7. On consultera avec profit sur la parodie des prologues dans Aristophane, A. Burckhardt, *Spuren der athenischen Volksrede in der alten Komödie*, Diss. Bâle, 1924. Sur l'imitation habile des prologues par Euripide, voir J. Duchemin,

Nul, mieux que R. Swoboda [1], n'a, de ce point de vue un peu formel, rapproché les prologues de notre recueil des prologues composés par les autres orateurs et par Démosthène lui-même : travail fort méritoire si l'auteur, entêté, dès l'origine, de l'idée qu'un rhéteur avait composé la collection, ne l'avait tout bonnement répétée dans sa conclusion. Outre que les réalités qui intéressent l'histoire auraient dû le mettre sur une autre voie, il aurait pu tirer des nombreux rapprochements qu'il a faits des conclusions directement opposées : en constatant par exemple qu'une expression remontait à Isocrate, il n'était pas autorisé à voir dans tel prologue où elle figure le pastiche d'un simple rhéteur; il pouvait se demander si cette expression, que peut-être Isocrate n'avait pas inventée, n'était pas une monnaie d'échange entre orateurs [2]; les rhéteurs, aussi bien, n'étaient pas seuls à se passer des formules; les grands écrivains ne procédaient pas autrement. Et de fait les rapprochements qu'il établit ne tournent pas autant qu'il le veut à la confusion de l'auteur des prologues, et ne trahissent pas la main d'un novice.

Deux exemples suffiront à le prouver.

Voici d'abord un parallèle entre le premier prologue et le début de l'*Archidamos* d'Isocrate. Les deux orateurs s'excusent de parler les premiers, malgré leur jeune âge. C'est un lieu commun :

Ἴσως τινὲς ὑμῶν θαυμά-	**Εἰ μὲν περὶ καινοῦ τινος**
ζουσιν ὅτι, τὸν ἄλλον χρό-	**πράγματος προὐτίθετο, ὦ**

L'ἀγών dans la tragédie grecque, Paris, Les Belles Lettres, 1968, p. 168-170.

1. Voir *De Demosthenis quae feruntur prooemiis*, Vienne, 1887. On ajoutera naturellement le chapitre de Blass consacré aux prologues (*Die attische Beredsamkeit*², III, 1, p. 322-328).

2. On trouve jusqu'à des fragments entiers de prologues cités dans les mêmes termes par plusieurs orateurs (comparer Andocide, 1, 1 et Lysias 19, 2-5). Le début s'en retrouve dans le fgt. 35 de Lysias, dans l'exorde du *Contre Ctésiphon* d'Eschine, et dans un vers parodique de *La Bouteille*, de Cratinos (fgt. 185 K.), qui autorise à croire que l'auteur moqué était Antiphon (voir O. Navarre, *Essai...*, p. 172-173).

νον ἐμμεμενηκὼς τοῖς τῆς πόλεως νομίμοις ὡς οὐκ οἶδ' εἴ τις ἄλλος τῶν ἡλικιωτῶν, τοσαύτην πεποίημαι τὴν μεταβολήν, ὥστε, περὶ ὧν ὀκνοῦσιν οἱ πρεσβύτεροι λέγειν, περὶ τούτων νεώτερος ὢν παρελήλυθα συμβουλεύσων. Ἐγὼ δ' εἰ μέν τις τῶν εἰθισμένων ἐν ὑμῖν ἀγορεύειν ἀξίως ἦν τῆς πόλεως εἰρηκώς, πολλὴν ἂν ἡσυχίαν ἦγον.

Peut-être certains d'entre vous s'étonnent-ils de me voir, après être resté constamment fidèle aux usages de notre Cité comme aucun sans doute de mes contemporains, bouleverser si fort ma manière que, malgré mon jeune âge, je suis monté à la tribune pour vous donner des conseils sur des questions que mes aînés hésitent à traiter.

Pour moi, si l'un des orateurs qui ont l'habitude de parler devant vous avait fait entendre des propos dignes de notre Cité, je garderais un profond silence.

(Isocrate, *Archidamos*, 1.)

ἄνδρες Ἀθηναῖοι, λέγειν, ἐπισχὼν ἂν ἕως οἱ πλεῖστοι τῶν εἰωθότων γνώμην ἀπεφήναντο, εἰ μὲν ἤρεσκέ τί μοι τῶν ῥηθέντων, ἡσυχίαν ἂν ἦγον· εἰ δὲ μή, τότ' ἂν καὶ αὐτὸς ἐπειρώμην ἃ γιγνώσκω λέγειν· ἐπειδὴ δ' ὑπὲρ ὧν πολλάκις εἰρήκασιν οὗτοι πρότερον, περὶ τούτων νυνὶ σκοπεῖτε, ἡγοῦμαι καὶ πρῶτος ἀναστὰς εἰκότως ἂν μετὰ τούτους δοκεῖν λέγειν.

S'il y avait à l'ordre du jour, Athéniens, un sujet nouveau de discussion, j'attendrais que la plupart de vos orateurs accoutumés eussent manifesté leur opinion, et, si l'un des avis exprimés m'agréait, je garderais le silence; sinon, c'est alors que j'essaierais à mon tour de dire ma façon de penser. Mais, puisque des questions qu'ils ont si souvent débattues précédemment se trouvent soumises encore aujourd'hui à votre examen, je pense que, même en me levant le premier, je pourrai à juste titre paraître leur succéder.

(Démosthène, Prologue 1.)

Première remarque avant toute comparaison : le prologue de notre collection se retrouve, en partie, au début de la *Première Philippique* où les changements sont minimes, sauf que Démosthène au lieu de dire, comme ici, que le rabâchage de ses aînés l'autorise à passer outre et à parler le premier, déclare plus humblement qu'il mérite leur pardon. Le ton de la Philippique est plus soumis [1], celui du Prologue plus insolent, digne en tout cas du meilleur Démosthène [2].

Autre remarque : notre prologue continue par une allusion, non citée ici, à une guerre qui n'a sûrement rien à voir avec les débats de la *Première Philippique* [3], et il se termine par un habile appel à l'attention, qui est de nouveau emprunté à ce discours.

Que faut-il en conclure? Notre auteur est sûrement Démosthène. Il prend un lieu commun; il l'approprie à une circonstance donnée; d'autre part il se copie lui-même en adaptant deux morceaux antérieurs de lui, auxquels il ajoute une pointe plus acérée qu'auparavant. C'est maintenant qu'on peut comparer avec fruit le prologue de Démosthène avec celui d'Isocrate : chez Démosthène un dilemme nettement posé avec un trait final qui reste dans l'esprit; une impression de « chose vue »; chez Isocrate, une pensée timide, dissimulée dans l'arrondi de la période. Ce sont les mêmes propos, mais c'est un tout autre langage : « la rapidité incisive de l'orateur militant contraste avec le style agréable et complaisamment prolixe de l'harmonieux écrivain [4]. »

L'autre exemple mettra en regard un passage du discours *sur la Paix* d'Isocrate (8) et le prologue 9 (10) : dans les

1. C'est une soumission polie, mais dont le scholiaste n'est pas dupe : Καίτοι ἀποδείξας ὡς οὐχ ἁμαρτάνει διὰ τὸ ταπεινοφρονεῖν, συγγνώμην τὸ τοιοῦτον καλεῖ (*Oratores attici*, éd. Müller-Hunziker, t, II, p. 555).

2. R. Swoboda en juge autrement, *loc. cit.*, p. 53... Blass avoue ne pas le comprendre (*Die att. Bered*², III, 1, p. 326, n. 6). C'est Blass qui a raison.

3. Sur ce point, voir *supra*, p. 18.

4. Weil, dans Démosthène, *Harangues*, p. 81, n. 17.

deux textes, il s'agit d'inviter l'auditoire à ne se prononcer qu'après avoir écouté :

Les hommes sages, si une question est éclaircie pour eux, n'ont plus à en délibérer — à quoi bon? — mais à exécuter ce qu'ils ont résolu; et quant aux affaires sur lesquelles ils délibèrent, qu'ils ne se flattent pas de connaître l'avenir, mais qu'ils procèdent par conjectures, et s'en remettent pour l'événement à la décision de la fortune. Or, vous ne faites ni l'un ni l'autre, et votre manière d'agir est aussi inconséquente que possible. Vous vous êtes rassemblés pour choisir, à ce qu'il semble, entre toutes les opinions, la plus utile au pays; et, comme si vous étiez déjà sûrs de ce qu'il y a à faire, vous ne voulez écouter que ceux qui vous haranguent pour vous plaire.

(Trad. Hinstin, dans *Chefs-d'œuvre des Orateurs attiques*, p. 145).

Χρὴ δὲ τοὺς νοῦν ἔχοντας περὶ μὲν ὧν ἴσασιν, μὴ βουλεύεσθαι (περίεργον γάρ), ἀλλὰ πράττειν ὡς ἐγνώκασιν, περὶ ὧν δ' ἂν βουλεύωνται, μὴ νομίζειν εἰδέναι τὸ συμβησόμενον, ἀλλ' ὡς δόξῃ μὲν χρωμένους, ὅ τι ἂν τύχῃ δὲ γενησόμενον, οὕτω διανοεῖσθαι περὶ αὐτῶν.

Ὧν ὑμεῖς οὐδέτερον τυγχάνετε ποιοῦντες ἀλλ' ὡς οἷόν τε ταραχωδέστατα διάκεισθε. Συνεληλύθατε μὲν γὰρ ὡς δέον ὑμᾶς ἐξ ἁπάντων τῶν ῥηθέντων ἐκλέξασθαι τὸ βέλτιστον, ὥσπερ δ' ἤδη σαφῶς εἰδότες ὃ πρακτέον ἐστίν, οὐκ ἐθέλετ' ἀκούειν πλὴν τῶν πρὸς ἡδονὴν δημηγορούντων.

(ISOCRATE, *Sur la Paix*, 8-9.)

Si vraiment vous connaissez, Athéniens, les mesures les meilleures qu'il y a lieu de prendre dans la situation actuelle, c'est une

Εἰ μὲν ἐγνώκατε, ὦ ἄνδρες Ἀθηναῖοι, τί βέλτιστον ὂν τυγχάνει πρᾶξαι περὶ τῶν παρόντων, ἁμάρ-

erreur de vous proposer des conseils : les mesures dont vous jugez les premiers l'utilité avant de les avoir entendues, pourquoi vous imposer l'ennui stérile de les entendre? Mais, si vous procédez à un examen et à une délibération avec l'idée que votre jugement doit dépendre des discours qui seront prononcés, il n'est pas logique d'empêcher ceux qui le veulent de parler. En agissant ainsi, vous vous privez complètement, de la part des uns, de tous les avis salutaires qu'ils peuvent avoir en tête; pour les autres, vous les obligez, après avoir renoncé à leurs opinions, à vous donner des conseils conformes aux désirs qu'ils vous supposent.

τημα τὸ συμβουλεύειν προτιθέναι· ἃ γὰρ αὐτοὶ πρὶν ἀκοῦσαι δοκιμάζετε συμφέρειν, τί δεῖ ταῦτ' ἀκούοντας μάτην ἐνοχλεῖσθαι; Εἰ δὲ σκοπεῖτε καὶ βουλεύεσθ' ὡς ἐκ τῶν ῥηθησομένων δοκιμάσαι δέον, οὐκ ὀρθῶς ἔχει τὸ κωλύειν τοὺς βουλομένους λέγειν.

Παρὰ μὲν γὰρ τῶν ὅλως ἀποστερεῖσθ' ἐκ τοῦ τοῦτο ποιεῖν, εἴ τι χρήσιμον ἐντεθύμηνται· τοὺς δ' ἀφέντας ἃ τυγχάνουσιν ἐγνωκότες, ὧν ὑμᾶς ἐπιθυμεῖν οἴονται, ταῦτα ποιεῖτε συμβουλεύειν.

(Démosthène,
(Prologue 9.)

Swoboda [1] se borne à conclure que notre prologue ressemble merveilleusement au passage d'Isocrate. Il faut s'entendre. Il s'agit là d'un lieu commun, qu'on retrouve dans le prologue 46 (47) et bien souvent ailleurs. Même si le style d'Isocrate ne manque pas ici de force, celui de notre « rhéteur » ne le lui cède en rien : on y retrouve la même utilisation du dilemme qu'affectionne Démosthène, et on y apprécie une finesse d'analyse qui représente les

1. *Loc. cit.*, p. 81.

orateurs comme façonnés par leur public [1]. C'est presque le mot de Bossuet, que les auditeurs font les orateurs. Là encore, on ne peut parler d'une réminiscence toute banale qui sentirait l'école.

Aucun de nos prologues, même parmi les plus faibles, ne se présente comme un calque maladroit fait sur un autre écrivain ou sur Démosthène lui-même. Les fautes de raisonnement et les arguties qu'y décèle Swoboda [2] ou n'existent pas ou n'excèdent pas ce qu'on trouve par ailleurs chez le Démosthène authentique [3] : il est dangereux de le poser d'abord comme un auteur impeccable, et de lui dénier ensuite les moindres fautes de goût. En argumentant, comme tous les Grecs, comme Platon lui-même, il pouvait donner dans la subtilité. Mais plutôt que d'étudier tous les prologues l'un après l'autre, le mieux est encore de rassembler les traits qui sont la marque du vrai Démosthène.

La manière de Démosthène.

Soumis en apparence aux règles de la rhétorique, Démosthène était en fait un indépendant. Pas plus que les prologues des *Harangues*, ceux de notre collection n'appliquent à la rigueur le schéma des rhéteurs. Aussi bien, peut-être n'a-t-il jamais été appliqué rigoureusement dans les discours *authentiques* adressés au peuple. Aristote confesse lui-même que ce type d'éloquence est un peu spécial : « Les exordes des discours politiques, dit-il [4],

1. Comparer Thucydide III, 43, 1-2 (c'est Diodote qui parle).

2. *Loc. cit.*, p. 90-92.

3. Voir, à ce sujet, les exemples donnés par P. Orsini, dans Démosthène, *Plaidoyers politiques*, t. I, Paris, Les Belles Lettres, 1954, p. XLVIII-LII.

4. *Rhét.*, 3, 14, 1415b, 33 et suiv. Sur l'inutilité des prologues dans les cas évidents, voir *ibid.*, 1415a, 23-24 et 1415b, 7-8. Les deutérologies et les « interventions » à la tribune, signalées plus haut, p. 7, rentrent dans cette dernière catégorie. Sur la longueur variable des exordes, voir les curieuses remarques de Platon, *Lois*, 723 c-d.

se rattachent à ceux des discours judiciaires : mais ils sont par nature extrêmement réduits : car enfin les gens connaissent le sujet et l'affaire n'a pas besoin d'exorde [1], si ce n'est à cause de l'orateur lui-même ou de ses contradicteurs, ou si le public n'accorde pas au sujet l'importance que vous désirez, mais ou l'exagère, ou le rabaisse : aussi est-on contraint ou de critiquer, ou de se disculper; d'amplifier, ou d'atténuer... » On dirait qu'Aristote songeait à Démosthène en écrivant ces lignes.

Jamais par exemple les « prologues » n'indiquent l'objet précis de la discussion ni ne donnent le plan qui sera suivi [2]. C'est seulement à la fin que l'orateur en vient au fait. Ainsi le prologue apparaît comme plaqué sur le discours [3]; il aboutit au sujet plutôt qu'il ne le pose, bien différent des préambules fictifs du *Plataïque* et du discours *sur la Paix* où Isocrate est contraint, pour la clarté, de présenter, dès les premiers mots, le sujet qui est censé soumis à l'attention de l'Assemblée.

Démosthène préfère user du paradoxe et piquer la curiosité, en présentant même certains malheurs sous un jour imprévu : « La situation, dit-il souvent en substance, n'est pas désespérée; en effet, comme vous n'avez pas accompli votre devoir jusqu'ici, il vous reste la ressource d'y songer sérieusement ». Il exploite ce type de raisonne-

1. Entendons que l'ordre du jour était affiché d'avance, sauf cas exceptionnels, et que l'Agora équivalait aux « couloirs » de nos Chambres. Voir dans les prologues 13 (14) et 22 (23), l'évocation des conversations politiques en rapport avec les débats de l'Assemblée.

2. Le prologue finit souvent par l'indication, non pas du sujet, mais du moment où on l'aborde (voir par ex. prol. 3 (4); 5 (6); 19 (20); 28 (29); 32 (33); 33 (34); 34 (35), exemple net; 39 (40); 44 (45), où l'on annonce un « projet d'amendement ». Seul le prologue 21 (22) indique par avance le nombre de points du discours.

3. Voir l'exemple typique du prologue 6 (7), qui commence par une critique de l'éloge intempestif des ancêtres, puis qui annonce le sujet du discours, en tête duquel il y aura un prologue proprement dit concernant le Grand Roi; voir aussi le prol. 36 (37), § 2; le prol. 2 (2 *bis*), § 3.

ment de cent façons diverses et toujours inattendues [1].

Mais où il excelle surtout, c'est dans les débuts, les « attaques » de ses prologues. Aristote prétendait que, sans préambule, un discours sentait sa négligence [2]. Cette négligence, Démosthène en a compris l'efficacité, en affectant, au commencement de ses prologues, de méconnaître les précautions d'usage. Les procédés varient à l'infini : des adjectifs jetés hardiment en tête de phrase : « Bref et judicieux, tel sera, Athéniens, le début de mon discours [3] »; une devinette proposée aux auditeurs : « Je crois que vous seriez tous prêts à payer bien cher, Athéniens, le plan qui doit vous être utile [4]... »; un ton direct qui s'empare du public : « C'est avec vous, Athéniens, que je veux décider à cette tribune si oui ou non il faut que je parle [5]... »; un rabat-joie : « Athéniens, les espérances qu'ont éveillées les discours de mes prédécesseurs sont grandes et belles, mais je crois qu'en général l'impression qu'elles ont faite sur vous est déraisonnable... [6] » : ce sont autant de tournures variées qui conspirent au même résultat, prendre immédiatement l'auditoire en mains. Il est édifiant de comparer, dans une lecture cursive, la suite des *incipit* de Démosthène avec ceux d'Isocrate : chez ce dernier, on voit dès la première ligne se dessiner la période et la pensée qu'elle porte; l'étonnement qu'inspire l'autre incite à aller de l'avant. Il faut vraiment qu'en Grèce les talents mineurs soient montés bien haut, si l'on doit attribuer à l'un d'eux une pareille fertilité inventive ! Tous ces procédés, en effet, ont beau rendre les auditeurs « dociles » : ils y parviennent en dehors des sentiers de l'école.

1. Voir par exemple le prologue 29 (30), § 3 (reprise de la *Prem. Phil.*, 2); on retrouve le même trait piquant dans la *Trois. Phil.*, 5, où il est qualifié de παράδοξον; on en trouve une variante plus acerbe dans le prologue 40 (41), § 3. Voir aussi la n. 3 du prologue 23 (24).

2. Voir *Rhét.*, 3, 14, 1416a 1,

3. Prol. 36 (37).

4. Prol. 3 (reprise de *Première Olynthienne*, 1).

5. Prol. 18 (19).

6. Prol. 27 (28).

Mais l'indépendance d'esprit de Démosthène éclate encore bien plus dans le maniement de l'ironie. C'est en l'exerçant à plaisir qu'il s'abandonne le plus à son naturel combatif. Tantôt il vise ses collègues [1]; tantôt il incrimine les partis politiques [2]; tantôt il s'en prend au peuple lui-même et c'est le cas le plus curieux : il se donne tellement carrière à ses dépens, qu'au mépris du conseil des rhéteurs, il fournit souvent le modèle d'une « anticaptatio benevolentiae » [3]. Tel prologue [4] acerbe dépeint en trois temps la conduite du peuple à l'Assemblée. Premièrement, le peuple monte sur la Pnyx : l'esprit critique de chacun s'exerce. Deuxième moment, la séance : tout le monde écoute les flatteurs en silence. Troisième moment, la descente : l'esprit critique reprend ses droits. Jamais la puissance hypnotique de l'éloquence sur la foule n'avait été aussi bien expliquée à la foule elle-même. Le rire qui en résulte est par avance l'illustration de ces lignes de Bergson : « Est comique tout arrangement d'actes et d'événements qui nous donne, insérées l'une dans l'autre, l'illusion de la vie et la sensation nette d'un agencement mécanique » [5].

Toutefois l'ironie est une position instable. La mesquinerie qui gagne vite ceux qui en font profession, Démosthène ne l'a pas connue [6]. Bien vite son esprit mobile revient au sérieux : le prologue cité ci-dessus se termine

1. Voir principalement les prol. 2; 51 (52); 52 (53).

2. Voir *supra*, p. 26.

3. Voir principalement les prologues 9 (10); 23 (24) : le ton est on ne peut plus méprisant 37 (38); 41 (42); 45 (46) : de même ton que le prologue 23, 46 (47).

4. Prol. 13 (14).

5. Bergson, *Le rire*, chap. II, p. 419 des *Œuvres* de Bergson (Paris, Presses Universitaires de France, 1970).

6. Le cas du prologue 35 (36), où Démosthène a un accès de mauvaise humeur contre les Athéniens et ses collègues réunis et où il annonce sèchement son programme, est différent : ce ton emporte-pièce plaisait beaucoup à Blass (*Die att. Bered.* [2] III, 1, p. 326). On pourrait y ajouter le prologue 27 (28), qui ne lui cède en rien.

sur un ton grave en mettant les Athéniens en garde contre les flatteurs, afin qu'ils ne trouvent pas dans « ceux qu'ils laissent faire aujourd'hui des gens qui plus tard se réjouiront de leurs malheurs »[1]. Jamais il ne cherche à vexer par plaisir; les rares cas où il règle leur compte à des adversaires sont plus inspirés par le mépris[2] que marqués par l'ironie : de cette dernière il a toujours fait usage comme on met « la guérison au bout d'une lame ». Aucun rhéteur n'aurait pu imiter ce ton; c'est bien Démosthène lui-même que l'on entend[3]: la brusquerie de certains appels[4], l'arrêt subit de quelques phrases[5], le geste qu'on devine, le débit qu'on restitue facilement, et qui, seul, avec ses pauses, permet d'expliquer la place inattendue de certains mots[6], tout indique que ces textes ont été vraiment prononcés, ou qu'ils ont été écrits dans cette intention. Ce sont, dans tous les sens du mot, des morceaux *achevés*, et non point des ébauches. Les meilleurs d'entre eux[7] avec leur départ décidé, leur esprit satirique, la vivacité

1. Prol. 13 (14), § 3.

2. C'est à proprement parler le ψόγος, cultivé dès l'origine par les orateurs, en particulier Thrasymaque : voir L. Radermacher, *Artium scriptores*, Vienne, 1951, p. 73-74, qui cite en note les prologues 20 (21); 22 (23); 24 (25); 52 (53).

3. Dans le langage de la vieille rhétorique, Wolf disait du dialogue contenu dans le prol. 22 (23) § 2 : μιμητικῶς *haec accipienda sunt* (éd. de Paris) 1572, p. 72 des *Annotationes*); comparer avec *Prem. Phil.*, 10; voir aussi le prologue 20 (21), § 4, inspiré de la *Prem.. Phil.*, 14.

4. Par ex. dans le prol. 33 (34), § 2. (cf. *Contre Midias*, 100 et 183).

5. Par ex. dans le prol. 27 (28), dernière phrase (forte anacoluthe).

6. Voir dans le prol. 17 (18) : ἂν ὑμεῖς βραχύ μοι πεισθῆτε πάνυ; dans le prol. 18 (19) la place de διὰ βραχέων (cf. *Deux. Phil.*, 6). Sur un autre cas semblable voir la note de Weil dans Démosthène, *Harangues*, p. 190 n. 11-12 (à propos de la *Trois. Ol.*, 33), et le prol. 16 (17), n. 2 p. 98.

7. On n'en retiendra ici que quelques-uns à titre de spécimens : 13 (14); 27 (28); 29 (30); 31 (32); 34 (35); 42 (43); 53 (54).

des images [1], leurs clausules tranchantes [2], ont été composés avec un soin particulier et comptent parmi les plus beaux passages de Démosthène [3].

Origine de la collection. La constitution de ce recueil de prologues est une chose; la raison qui a pu inspirer leur rédaction en est une autre. C'est par là qu'on commencera.

Aussi bien Démosthène, en écrivant le premier en date

1. Les images chez Démosthène sont rares mais vives. Voir les prologues 13 (14), 3 (« forcer l'ironie »); 29 (30), 2 (« poursuivre les occasions »); 31 (32), 3 (un public « hypnotisé »); *ibid.*, 4 (la « fausse monnaie » des démagogues); 52 (53), 4 (le « régime » prescrit par les orateurs); 54 (55), 2 (les magistrats « attelés » avec les gens sérieux); *ibid.*, 3 (la « consécration » des magistrats; les « balances » de la justice); 55 (56), 2 (les sujets qu'on « parcourt à la ronde »). On relèvera de nombreuses images tirées du théâtre (voir les prologues 33 (34), 2 et 54 (45), 1; ou de la guerre (les tribunes « envahies »: voir les prologues 28 (29), 1 et 33 (34), 2). Pour des rapprochements avec Démosthène et d'autres auteurs, voir les notes.

2. Presque tous les prologues se terminent fermement. On signalera en particulier le prologue 41 (42) où les deux derniers mots surprennent, et surtout le prologue 42 (43) où le verbe de la fin sert de butée à toute la période (voir la note *ad loc.*)

3. La langue des prologues n'offre rien qui choque chez Démosthène. Les cas où Wilamowitz (*Aristoteles und Athen*, II, p. 400), Rupprecht (*Die demosthenische Prooemiensammlung*, dans le *Philologus* de 1927, p. 365-432), Focke (*Demosthenesstudien, Genethliakon Wilhelm Schmid*, Heft 5, 1929, principalement p. 39) et surtout Swoboda (*loc. cit.*, p. 92-101) l'ont suspectée seront examinés ci-dessous dans les *Notes complémentaires* des *Prologues* (p. 139 et suiv.). — Quant aux hiatus, ils sont conformes à l'usage de Démosthène. Benseler voit même là une preuve de l'authenticité de la collection (*De hiatu*, p. 155); et le rythme est réputé démosthénien par Blass lui-même (*Die attische Beredsamkeit*², III, I, p. 327; *Die Rhythmen der attischen Kunstprosa*, p. 69); Vogel ne l'étudie pas dans son article *Die Kurzenvermeidung in der griechischen Prosa der IV Jahr.*, *Hermes* 58, 1923, p. 87-108.

de ses prologues, ne se proposait sûrement pas de composer un recueil scolaire d'exordes, comme nous savons qu'Antiphon par exemple en avait fait, et comme nous voyons tous les orateurs, à commencer par Démosthène, en utiliser. Le souci de l'actualité, qui permet de répartir ces prologues sur près de vingt ans, l'indépendance d'esprit dont ils témoignent, ce que nous devinons aussi de Démosthène et de son éloignement pour les exercices d'école, tout indique qu'il les a rédigés au fur et à mesure des besoins du moment. Mais quels besoins?

On ne croira pas qu'il les a écrits en vue de se faire la main on de se munir d'un en-cas [1] : pour les prologues qui répondent à une situation donnée, c'est évident; pour ceux qui sont dépourvus d'allusions historiques, c'est presque aussi certain : ils utilisent des lieux communs, certes, mais en rapport avec des préoccupations qu'on devine [2]. Le prologue 41 (42) par exemple, où Démosthène critique les partisans de l'oligarchie, a son pendant chez d'autres orateurs : toutefois, on n'imagine guère Démosthène l'écrire un jour par fantaisie pour s'en servir quelques mois plus tard. C'est une protestation spontanée, « à chaud ». Et il ne sert de rien d'invoquer ici le cas de trois exordes [3] où un adversaire est désigné par l'expression « un tel » (**ὁ δεῖνα**), comme si ces morceaux avaient été composés avant que l'auteur eût connu leur véritable destinataire. En fait ces prologues se rapportent à des affaires très précises, l'un à un cas d'obstruction « parlementaire », l'autre à des difficultés soulevées par les Thébains, le dernier à un stratège que tout le monde devait connaître. Au reste, ce n'était pas l'habitude de s'apostropher dans

1. Il faut ici donner tort à Sainte-Beuve : « Ne croyez pas, hors des cas très rares, à l'improvisation : ... Démosthène méditait ses harangues et *faisait provision d'exordes* » (*Mes poisons*, p. 212, éd. V. Giraud, Plon, 1926). En fait « méditation » et « provision » diffèrent.

2. Voir la n. 7 du prologue 48 (49) et la note 3 (fin) du prologue 50 (51).

3. Ce sont les prol. 33 (34), 1; 44 (45), 1; 54 (55), 2. Démosthène use aussi de ἔνιοι « quelques-uns » prol. 8 (9), 1; 2, 1 (où le mot est associé à τις de même qu'au prol. 11 (12), 1).

les harangues [1]; du moins, Démosthène déconseille-t-il souvent d'user de « personnalités » [2] (la sortie qu'il fait dans la *Quatrième Philippique* contre Aristomède est exceptionnelle [3] et rappelle les procédés du discours *sur l'Ambassade*), et use-t-il dans les *Philippiques* du même artifice de style que dans nos trois prologues pour désigner quelqu'un à mots couverts [4].

La collection n'est donc pas une provision pour des besoins imprévus. Pour mieux en juger, il faut se rappeler les usages du temps et les rapprocher de ce que nous savons de Démosthène. Prendre la parole en public était, à Athènes, un droit pour tous les citoyens en situation régulière [5]. En fait peu d'hommes se risquaient à affronter le public, par peur des quolibets [6]. Au ɪᴠ^e^ siècle, l'obliga-

1. Certains collègues de Démosthène ne devaient pas s'en priver, quelquefois même de manière systématique, pour détourner l'attention des véritables problèmes : voir les curieuses indications des prol. 5 (6), 1 ; 30 (31), 1 ; 52 (53), 1, et Plutarque (*loc. cit.*, n. suivante).

2. Démosthène tient absolument à séparer l'office de l'orateur, qui est de conseiller, et celui de l'accusateur, qui est de traduire en justice : voir le prol. 19 (20) à comparer avec la *Première Olynthienne*, 16, et le discours *sur la Couronne*, 188 ; voir aussi les prol. 10 (11) ; 39 (40) ; et l'appel à la modération du prol. 30 (31), comme du prol. 34 (35), § 2. Cette conduite pondérée de Démosthène est louée par Plutarque, *Préceptes politiques*, (M. 810 D), qui oppose les « plaidoyers privés », injurieux, et les « *Philippiques* », pures de tout sarcasme.

3. *Quatr. Phil.*, 70-74. Ce morceau est l'un des indices qui inclinent à suspecter l'unité de cette harangue (voir Weil, dans Démosthène, *Harangues*, p. 363 ; et L. Canfora, *Per la cronologia di Demostene*, Adriatica Editrice, Bari, 1968, p. 28 et p. 58).

4. Voir par ex., *Sur l'Organisation financière*, 5, 20 ; *Deux. Ol.*, 31 ; comparer l'usage de τις dans le discours *sur la Chersonèse*, 73, et l'euphémisme de la *Deuxième Philippique*, 34, où Démosthène, au lieu d'apostropher tout son auditoire, feint de s'en prendre à quelques-uns (ἐνίους) : « ce mot est plus poli que ne serait ὑμᾶς (Ragon, *Sept Philippiques*, p. 112, n. 5).

5. Voir Eschine, *Contre Timarque*, 23.

6. Voir le dialogue de Socrate avec le jeune Charmide dans les *Mémorables* de Xénophon (III, 7).

tion, ancienne, de laisser parler d'abord les aînés s'était relâchée, mais elle était compensée par les privilèges que s'arrogeaient les « leaders », qui de plus en plus imposaient leur discipline à l'Assemblée. Ainsi voyait-on monter régulièrement les mêmes orateurs à la tribune. En outre, l'art de bien parler était fort apprécié d'un public très vite habitué aux effets de la rhétorique; leur adroite utilisation apparaissait comme une forme de protocole et de civilité. On s'explique ainsi que non seulement les orateurs, même les plus grands, aient consulté des manuels d'exordes, mais aussi qu'ils aient composé d'avance les préambules des discours qu'ils devaient prononcer un jour dit : bien commencer un discours, c'était « entrer dans le jeu » et s'imposer tout de suite à son public. Un passage des *Mémorables* [1] de Xénophon met plaisamment en lumière les défauts d'un mauvais exorde et les inconvénients qu'essuie l'orateur novice. Il s'agit d'un jeune homme qui est censé se vanter de son ignorance en public et dont se moque Socrate : « Messieurs, dit Socrate, quand Euthydème que vous voyez sera en âge, et que la Cité proposera un sujet de délibération, il ne manquera pas de donner son avis, comme il apparaît d'après ses préoccupations; et il me semble qu'il a préparé un bel exorde pour ses harangues, en prenant soin de ne pas sembler tenir sa science de qui que ce soit. Évidemment, au début de son discours il mettra l'exorde suivant : « Athéniens, je n'ai jamais rien appris de personne etc... » Alors, dit Xénophon, « toute l'assistance partit d'un éclat de rire à cet exorde ». Si l'on veut bien baisser d'un cran ce persiflage, on voit que le jeune orateur, pour ses débuts, a fignolé un exorde approprié à son cas et dont il compte régaler son public.

Revenons à Démosthène. Qui, plus que lui, timide assurément, bègue peut-être à l'origine [2], avait besoin d'un

1. *Mém.*, IV, 2, 3-6.

2. L'anecdote des petits cailloux que Démosthène s'introduisait dans la bouche pour s'entraîner à mieux parler (Plut., *Dém.*, 11), a été curieusement étudiée du point de vue médical par S. M. Bien, *Why Demosthenes mouthed pebbles?* (*Lancet*, 1967, II, p. 1152), avec la reproduction partielle du buste de Démosthène qui porte le n° 1840 au Musée britannique.

secours pour aborder le public? Le trac, ce mal des insatisfaits, il l'a éprouvé même dans son âge mûr, nous le savons de source sûre. Et par qui? Par un homme qu'il n'a jamais contredit sur ce point, Eschine. Écoutons plutôt le récit que fait ce dernier de l'entrevue de Pella [1], où Démosthène devait parler devant Philippe : « Ce fut enfin son tour de s'acquitter de sa mission : l'attention était générale; on allait entendre des effets transcendants d'éloquence; le fait est que Philippe lui-même (comme on put l'apprendre plus tard), ainsi que son entourage, avaient eu vent de ses promesses transcendantes. On était tout ouïe : notre phénomène bredouille un exorde obscur et mortifié; il avance un peu dans son sujet, puis se tait tout à coup, perd la tête et reste court. Philippe, le voyant dans cet état, l'invite à prendre de l'assurance et à ne pas croire qu'il est victime d'un de ces accidents qu'on connaît sur la scène; qu'il reprenne ses esprits tranquillement et petit à petit et qu'il parle comme il l'avait projeté. Mais une fois troublé, et égaré loin de son texte [2], il ne put même pas se ressaisir; il essaya encore de parler, ce fut le même échec. Comme le silence durait, l'huissier nous pria de nous retirer [3]. » Quelque réserve qu'on doive faire sur l'impossibilité absolue de parler où se serait trouvé Démosthène [4], on ne saurait écarter ce témoignage important sur le fait même de son embarras, sur le contraste entre ses protestations de langage, avant l'entrevue [5], et sa timidité — comparée à celle d'un acteur — durant l'entrevue elle-même; trop de détails, comme l'encouragement de Philippe, la deuxième tentative de Démosthène,

1. C'est l'entrevue qui fait partie des préliminaires de la paix de Philocrate; elle eut lieu en 346 (voir P. Cloché, *Démosthènes*, p. 109). Démosthène avait 48 ans.

2. L'aveu est important : Démosthène, tout éloquent qu'il était, avait préparé son texte, *tout au moins le prologue*, et il n'est pas dit qu'il le lisait : il l'avait donc appris par cœur.

3. Eschine, *Sur l'Ambassade*, 34-35.

4. Voir là-dessus les observations de A. Schaefer, *Demosthenes und seine Zeit*[2], II, p. 201-202. L'auteur a tort de conclure des exagérations d'Eschine à l'inauthenticité de la scène.

5. Et même après l'entrevue (Eschine, *ibid.*, 36) : cette réaction est d'une très grande vérité psychologique.

donnent à cette page un air authentique pour qu'on la récuse complètement.

On comprend dès lors très bien ce qu'était pour Démosthène un prologue écrit. En élaborant des morceaux jusque dans le détail, en les apprenant par cœur, en y mettant le ton d'un homme qui domine son auditoire, il se donnait un élan. Après, il pouvait aller de l'avant. C'est le premier pas qui coûtait. De même pour certaines sorties qu'il voulait faire contre des adversaires et qui ne sont pas à proprement parler des prologues, il tenait à contenir sa verve, à l'endiguer. Comme le sujet des débats était prévu par un ordre du jour qui était affiché, et qu'au reste, en orateur « habituel », il connaissait tout ce qui se tramait dans les « coulisses », Démosthène pouvait préparer à loisir les passages qui lui tenaient le plus au cœur. Ainsi s'explique le caractère précis des allusions historiques de tant de ces morceaux. Il ne faut absolument pas les mettre au rang des recueils « rhétoriques » de prologues; de ceux-là Démosthène a fait son profit et il ne tenait pas à en grossir le nombre [1]. Il voulait, en homme qui se défiait de sa nature, ne pas désarmer comme Isocrate [2], mais rester sur la brèche : d'où la ressource de ces prologues, que jamais il n'a songé à publier et que peut-être son amour-propre eût refusé de divulguer.

Trop de signes, en effet, nous prouvent que cette collection a été inspirée par le désir de ne rien laisser perdre du Maître : certains prologues qui, à peu de mots près, se retrouvent en tête des harangues conservées; des répétitions d'idées et de termes, inconcevables chez un écrivain soucieux de sa mémoire; une impression de

1. On sait combien Démosthène a exploité les « lieux communs » dans ses plaidoyers privés. Certains développements sont une simple adaptation d'Isée (voir M. Lavency, *Aspects de la logographie judiciaire attique*, Louvain, 1964, p. 158-159). Mais Isée lui-même avait exploité des « répertoires de preuves et de démonstrations » (voir Isée, éd. de P. Roussel, Les Belles Lettres, p. 6), et il avait pu en passer le secret à Démosthène (*ibid.*, p. 4, n. 4).

2. Voir Isocrate, éd. Mathieu-Brémond, Paris, les Belles Lettres, t. I, p. XII.

discontinu que ne cherchait sûrement pas à donner cet homme épris de vastes ensembles. Le plan général de la collection sent aussi son artifice. Il ne semble pas que les prologues soient classés par thèmes, par exemple ceux de la vénalité, de l'obstruction parlementaire, etc. Trop de morceaux s'intercalent entre ceux qui traitent des sujets analogues pour qu'on puisse songer à un classement fondé sur les idées ou les allusions historiques : il suffit de voir combien sont dispersés les prologues se rapportant à la guerre sociale [1] pour qu'on renonce à une pareille idée. La répartition des prologues a été établie sur des critères plus extérieurs : en tête, ceux qui se retrouvent en tout ou partie au début des *Harangues* [2]; au milieu, ceux qui ne sont pas un simple calque de ces dernières; enfin quelques morceaux un peu disparates au regard du reste de la collection : des invectives assez violentes [3] et surtout le compte rendu d'un sacrifice fait par les Prytanes avant une séance d'Assemblée [4].

Voilà donc des morceaux que Démosthène n'a pas publiés; qui, par leur brièveté, étaient promis à l'évanouissement le plus prompt. C'est donc qu'ils ont été rassemblés peu de temps après la mort de Démosthène, sans doute par les soins du même Démocharès [5] dont on se plaît à supposer l'intervention à l'origine de ce qui sera le *corpus* de l'orateur. Il faut croire que son rôle fut assez discret pour qu'il n'alignât point le texte des *Prologues* sur celui des *Harangues* et assez éclectique pour qu'il ne répugnât point à accueillir des morceaux qui n'étaient pas tous faits pour rehausser le prestige littéraire de son oncle. Il a, comme on dit, utilisé les fonds de tiroir. Quant au titre de

1. Voir *supra*, p. 15.

2. Cette disposition est approximative. Il est vrai que l'on trouve, en tête de la collection, des prologues plus ou moins adaptés des harangues : pr. 1 à 3; prol. 6 (7); 7 (8); mais il est non moins vrai que le prologue 26 (27) est presque la reproduction de celui du discours *pour la liberté des Rhodiens*.

3. Prol. 50 (51), 51 (52); 52 (53).

4. Prol. 53 (54).

5. Voir E. Bethe, *Demosthenis scriptorum corpus ubi et qua aetate collectum editumque* sit, 1897, p. 5 et 6.

προοίμια, qui saura s'il l'a mis lui-même et si l'adjectif **δημηγορικά**, qui lui est parfois adjoint, a été ajouté par lui et perdu ensuite dans une famille de manuscrits ; ou omis par lui et ajouté plus tard dans l'archétype d'une autre famille? On a vu qu'il s'agit bien là de prologues au sens large ; les premiers dans l'ordre se retrouvant en tête des *Harangues*, cela a suffi pour qu'un éditeur, Démocharès ou un autre, ajoutât **δημηγορικά** [1], sans qu'on puisse en dire davantage.

L'atelier de Démosthène.

La ressemblance souvent littérale de tous ces prologues avec les *Harangues* de Démosthène permet des comparaisons fructueuses entre ces deux séries d'ouvrages, soit que l'auteur se borne dans un prologue à une réminiscence fugitive, soit que, cas privilégié, il y apporte des retouches à des morceaux anciens.

Il ne faut pas tirer de grandes conclusions des similitudes innombrables qu'offre la collection des *Prologues* avec celle des *Discours* authentiques. R. Swoboda a poussé très loin le parallèle [2], et il n'y a pas lieu d'y revenir, sinon pour rectifier sa conclusion, que l'« auteur » des *Prologues* était pénétré de Démosthène [3]. Lorsque la ressemblance arrive à ce point-là, le mieux est encore de conclure que les deux auteurs ne font qu'un. Il est tout à fait naturel qu'un écrivain, une fois sa manière acquise, ressemble à lui-même. Il suit de là que les *Prologues*, bien qu'antérieurs pour la plupart à 338, peuvent sans difficulté offrir des analogies d'expression avec des discours postérieurs à cette date, en particulier le discours *sur la Couronne* [4]. Cela ne signifie pas du tout que, seul, a pu écrire ces prologues un homme qui avait ce discours sous les yeux, mais simplement que

1. Nous l'avons gardé comme étant attesté dès l'époque impériale et représenté par la première et la troisième famille (voir l'apparat) ; mais la dualité ancienne des titres apparaît, croyons-nous, dans l'opposition de l'en-tête et de la souscription de la deuxième famille.
2. Voir R. Swoboda, *loc. cit.*, p. 64-84.
3. *Loc. cit.*, p. 86.
4. *Loc. cit.*, p. 87.

la pensée de Démosthène se coulait naturellement dans des expressions qu'il portait en lui avant le jour où il leur a donné leur plein épanouissement.

Plus intéressants sont les *Prologues* qui suivent de près le texte des discours, soit dans le mouvement d'une phrase, soit dans l'adaptation de plusieurs passages dont ils forment un morceau unique [1]. Comparés à la rédaction des *Harangues*, les prologues de ce type n'apparaissent jamais comme un premier jet. Au contraire, les cas où ils apportent un amendement — sonorité plus agréable [2], construction plus claire [3] — se remarquent sans difficulté. La « contamination » dont quelques-uns offrent des exemples, ne consiste pas dans un « jeu de patience » ni dans la juxtaposition maladroite de plusieurs parties décousues. Chacun d'eux est adapté à une situation nouvelle : c'est ainsi que le premier Prologue, où se trouvent des morceaux de la *Première Philippique* [4], se rapporte à une date postérieure au discours, et que le Prologue 20 (21) [5], qui utilise un passage de la même *Philippique*, est consacré à un point — l'incursion de pirates en Attique — qu'avait tout juste effleuré la harangue. Dans ces deux prologues, le raisonnement progresse avec fermeté, sans qu'on remarque de raccords. On voit sans peine comment procède Démosthène : il utilise une seconde fois une rédaction qu'il ajuste à des besoins nouveaux et à laquelle il ajoute quelques traits ou apporte quelque amélioration. Les morceaux qu'il

1. Ils sont commodément rassemblés par R. Swoboda, *loc. cit.*, p. 52-64. Ce sont essentiellement les prologues 1 ; 2, § 1 ; 14 (15) ; 20 (21) ; 22 (23) ; 29 (30) ; 32 (33) ; 37 (38) ; 40 (41) ; 52 (53). Se reporter aux notes de ces prologues.

2. Quelques cas d'hiatus supprimés : ex. prol. 20 (21), 4 (τέως pour ἕως) ; il y a plus de « nombre » dans le prologue 14 (15), 2, que dans la *Prem. Ol.*, 16.

3. La comparaison finale du prologue 52 (53) est beaucoup plus nette que dans la *Troisième Olynthienne*, 33, où la phrase ne s'éclaire que si on y restitue les pauses de la déclamation (voir la note de Weil *ad. loc.*, et ici-même, la dernière note du prologue).

4. Voir ci-dessus, p. 18 et p. 35.

5. Voir ci-dessus, p. 15.

a ainsi remployés attiraient déjà l'attention par leur fermeté, leur ton paradoxal ou la netteté de leurs maximes. Démosthène les a sans doute repris parce que la difficulté qu'il éprouvait à composer le faisait naturellement revenir à des expressions qu'il avait une fois réussi à bien frapper. On a d'ailleurs d'autres exemples de son peu de répugnance à utiliser de nouveau une première rédaction [1]. Ce procédé de composition, assez spécial, n'a rien à voir avec l'utilisation de formules traditionnelles, telles que les orateurs, à commencer par Démosthène, se les passent sans le moindre scrupule. Les morceaux qu'il s'emprunte à lui-même portent sa marque et ne sauraient nullement être transplantés chez un autre orateur sans une rupture de ton [2].

Restent quatre prologues [3] qui, à peu de mots près,

1. Exemples tirés des *Harangues* : *Deux. Ol.*, 29 = *Org. fin.*, 20 (passage destiné à frapper l'auditoire) ; *Deux. Phil.*, 16-19 = *Sur la Chers.*, 39-42 (et *Quatr. Phil.*, 11-14) : autre passage soigné sur la haine de Philippe pour Athènes.

Exemples tirés des *Plaidoyers politiques* : *Contre Timocrate*, 160 et suiv. = *Contre Androtion*, 50 et suiv. (passage brillant sur l'oligarchie) : voir sur les modifications apportées par Démosthène les remarques de P. Orsini, dans Démosthène, *Plaidoyers politiques*, t. I, Paris, Les Belles Lettres, 1954, p. 121. *Contre Aristocrate*, 196-200 = *Sur l'Organisation financière*, 21-24 et *Trois. Ol.*, 32 ; *Contre Aristocrate*, 207 = *Trois. Ol.*, 25-26 et 29.

Exemples tirés des *Plaidoyers civils* : *Contre Nausimachos*, 21-22 = *Contre Panténétos*, 58-59 (développement « pathétique » sur le pardon) ; *Contre Panténétos*, 55 = *Contre Stéphanos*, I, 77 (lieu commun sur l'apparence physique opposée aux qualités morales). Dans tous ces exemples, Démosthène ne se copie pas littéralement : on peut parler de variantes d'auteur.

2. Voici ce que dit L. Gernet à propos de certaines variantes des plaidoyers : « Ce thème oratoire » (celui du pardon) « a pu être exploité souvent ; mais une concordance aussi prolongée et aussi littérale fait présumer un même auteur » (Démosthène, *Plaidoyers civils*, t. I, p. 25, à propos du *Contre Nausimachos* et du *Contre Panténétos*).

3. Prol. 3 = *Prem. Ol.*, 1 ; Prol., 6 (7) = *Sur les Sym.*, 1-2 ; Prol., 7 (8) = *Pour les Mégal.*, 1-3 ; Prol., 26 (27) = *Pour la liberté des Rhod.*, 1-2.

reproduisent des prologues de *Harangues*. On aimerait qu'ils fussent une première ébauche de ces derniers : il serait dès lors naturel qu'on eût trouvé dans les « papiers » de Démosthène le premier essai d'une rédaction qu'il aurait ensuite remplacée par le prologue définitivement adopté. En fait, il n'en est rien. Sans doute les différences sont-elles minimes; toutefois, qu'il s'agisse de l'agrément des sons [1], de l'ordre des mots [2], de la clarté de l'élocution, du choix d'un temps [3], le texte de notre collection est bien supérieur. Il a même exercé une attraction sur celui des *Harangues* et, quand l'occasion s'en offrait, certains scribes, en particulier celui du manuscrit r, ne se sont pas fait faute d'ajuster le texte des discours sur celui des prologues [4]. Il faut réprouver cette méthode, sauf les cas de bévues manifestes, et admettre que là encore notre

1. Suppression dans le Prol. 3 de la suite désagréable γένοιτο τὸ μέλλον de la *Première Olynthienne*.

2. Comparer ἐνίοις ἂν ἐπελθεῖν εἰπεῖν (*Prem. Ol.*, 1) et ἐνίοις ἐπελθεῖν ἂν εἰπεῖν (Prol., 3); τοῦ δοκεῖν δύνασθαι λέγειν δόξαν ἐκφέρονται (*Sur les Sym.*, 1) et τοῦ δύνασθαι λέγειν δόξαν ἐκφέρονται (*Prol.* 6 (7)); ὡς γὰρ εἰπεῖν ἁπλῶς (*Pour la lib. des Rhod.*, 1) et ὡς γὰρ ἁπλῶς εἰπεῖν (*Prol.* 26 (27) : comme on voit, l'ordre des mots est plus courant dans le prologue (dernier exemple) ou plus dégagé (suppression de la redondance δοκεῖν δόξαν, interposition de ἂν entre deux mots de terminaison semblable).

3. Comparer le texte des *Symmories*, 1 πᾶς ὁ παρὼν φόϐος λυθήσεται (ou moins probablement λελύσεται), et πᾶς ὁ παρὼν φόϐος λέλυται, plus énergique, qu'on trouve dans le prologue 6 (7).

4. Sur ce point, voir plus bas, p. 67. Blass, dans le livre assagi qu'il a écrit sur le rythme de la phrase (*Die Rhythmen der attischen Kunstprosa*, 1901) est tenté de faire de même (voir p. 69) : excès blâmable, qui du moins montre qu'aux yeux de ce connaisseur la version des *Prologues* est parfois meilleure. De cet échange de leçons, les scholies des *Prologues* portent témoignage : par exemple, entre le prologue 2 et la *Trois. Ol.* : «... ὀλίγα δέ τινα ἐνθένδ' ἐκεῖσε μετήνεκται ». — Elles relèvent une « différence » (ἔστι δέ τις διαφορά), entre le prol. 3 et la *Prem. Ol.*, 1.

collection donne une version revue du prologue des discours [1].

Ainsi, les questions soulevées par les variantes de Démosthène ne comportent pas de réponse unique. Dans les premiers exemples, on l'a vu, Démosthène a procédé à une adaptation d'où est sortie une version entièrement nouvelle; les améliorations de style ont suivi les transformations inspirées par la politique. Dans les derniers exemples, cédant à un souci plus artistique, il s'est borné à apporter des retouches délicates à certains prologues, parce qu'il attachait du prix à cette partie de ses harangues [2]. Sans doute n'a-t-il pas eu le temps de substituer en tête de ses discours les nouveaux prologues aux anciens.

On mesure maintenant l'importance des doubles versions chez lui. Elles ne sont pas toujours relatives au fond. Elles portent aussi sur la forme. Et c'est ici le lieu de rappeler ces lignes de Plutarque : « Il renouvelait par des corrections de toute sorte et par des transpositions les propos que les autres lui avaient tenus et inversement ceux qu'il leur avait tenus lui-même » [3]. Les quelques prologues qu'il avait corrigés par raffinement ont très bien pu dormir dans ses papiers parmi les autres prologues qu'il avait d'emblée rédigés pour la tribune.

Quoi qu'il en soit de ces variantes et de ces transfor-

1. C'est ce que Weil, à qui rien de démosthénien n'avait échappé, reconnaissait, au passage, à propos de la *Quatrième Philippique* : « On sait combien cet orateur soignait ses discours; il les travaillait avant de les publier et quelquefois il les corrigeait encore après la publication. *La Troisième Philippique* nous en a offert un exemple intéressant, et le recueil des *Exordes* pourrait en fournir d'autres » (*Notice* de la *Quatrième Philippique*, p. 362 de l'éd. des *Harangues*). Sur les retouches apportées par Démosthène aux *Philippiques*, on peut consulter de L. Canfora, d'une part, *Per una Storia della terza Filippica di Demostene* (*Belfagor*, Mars 1967, p. 152-165); de l'autre, *Per la cronologia di Demostene* (Bari, Adriatica Editrice, 1968).

2. Voir sur le cas curieux de l'exorde du *Contre Aphobos* III, les remarques de L. Gernet (Démosthène, *Plaidoyers civils*, t. I, p. 70, n. 2).

3. Plut., *Vie de Dém.*, 8.

mations diverses, elles nous font vraiment pénétrer dans son cabinet de travail et nous le montrent le style à la main, jusque dans son âge mûr. Ce n'est pas le sort le moins curieux de son éloquence, qu'après tous ces remaniements et ces révisions elle n'ait pas été étouffée sous les conventions de l'école, mais soit restée si proche de la parole vivante.

II. NOTICE SUR LE TEXTE

Pour établir le texte des prologues, l'éditeur dispose 1° d'un papyrus du IIe siècle après J.-C. (P. Oxy. I, XXVI), qui donne des fragments des prologues 26-29; 2° du témoignage de Pollux, Harpocration, Stobée; 3° de dix-huit manuscrits [1] écrits entre le xe et le xvie siècle et dont, par élimination, on ne retiendra ici que sept : S Y D F Q r Wa [2].

Les deux premières sources servent plutôt à préciser l'histoire du texte; la dernière seule permet de l'établir lui-même. On commencera donc par classer les manuscrits, sans oublier cette particularité que présente le texte des prologues, de n'être pas fondé seulement sur la comparaison des leçons, mais aussi sur celle des indices fournis par la numérotation.

1. Voir l'*Inventario* de L. Canfora : à ses indications il convient d'ajouter que le n° 109 (*Ambros.* D 112 sup.) comporte les *Prologues*; et il faut modifier au n° 244 (*Marc. gr.* Z 420) ce qui concerne les prologues de la manière suivante : P (da 9) P.

2. Voir *Discours d'apparat, Introduction.* — En fait l'apparat donne en outre les leçons de W^b, qu'on n'a pas cru devoir séparer de celles de W^a : sur les sigles W^aW^b, voir *infra*, p. 57, n. 2, et p. 64. — L'apparat mentionne aussi quelques lectures prélevées dans la marge de l'édition dite *Lutetiana*, issue des travaux de Morel et de Lambin et parue chez Bienné en 1570 : quand il ne s'agit pas de leçons connues par ailleurs, ces *marginalia* doivent être des corrections orthographiques des éditeurs : voir prol. 54 (55), 2, 9, περιίητε.

L'archétype et les trois familles. Tous nos manuscrits remontent à un archétype unique, comme le montrent certains passages dont le texte est uniformément gâté, et des leçons erronées qu'aucun automatisme ne poussait à adopter et qui n'ont jamais reçu la correction souvent facile qu'on pouvait y apporter [1]. Malheureusement, plus encore que pour l'*Eroticos* et l'*Epitaphios*, les autres leçons sont fort emmêlées, non seulement d'un prologue à l'autre, mais encore à l'intérieur d'un même prologue. Pour les débrouiller, nous disposons de quelques-unes d'entre elles qui permettent de répartir les manuscrits en trois familles, représentées respectivement par SYD, par FQ et par rW^a. Voici les passages où ces familles apparaissent le mieux [2] :

1) **Κ (ΚΑ)**, 2 **ΑΕΙ** SDC **ΔΕΙ** FQ **ΑΥΤΟΙ** W^a **ΑΥΤΟΣ** r[3].
2) **ΝΑ (ΝΒ)**, **ΕΓΩΓΟΥΤΩ** FQ **ΕΓΩΤΟΥΤΩ** S^{ac}Y^{ac} D [3].
ΕΓΩΤΟΣΟΥΤΟΝ rW^a.
3) **ΜΓ (ΜΔ)**, 1 **ΕΝΟΝΤ'** DFQrW^a **ΕΝΔΟΝΤ'** SY [3].
4) **ΚΕ (Κς)**, 3 **ΑΚΟΥΣΑΙ, ΣΥΝΕΙΠΕΙΝ, ΑΝΤΕΙΠΕΙΝ** rW^a
ΑΚΟΥΣΑΙ, ΣΥΝΕΙΠΕΙΝ YDW^b
ΑΚΟΥΣΑΙ SFQ.
5) **ΙΑ (ΙΒ)**, 2 **ΤΩΝ ΟΛΩΝ** rW^a **ΤΩΝ ΝΟΜΩΝ** SYDFQ [3].
6) **ΜΒ(ΜΓ)**, 2 **ΠΛΕΙΣΤΗΝ** W^a **ΠΛΕΙΩ ΤΗΝ** cett. [3].
7) **ΛΓ(ΛΔ)**, 2 **ΜΗΤΑΦΕΝΤΕΣ** rW^a **ΜΗΔΑΦΕΝΤΕΣ** cett.
8) **Δ (Ε)**, 3 **ΠΡΙΝ ΜΑΘΕΙΝ** FQ : om. cett. [4].
9) **ΜΕ (Μς)**, 1 **ΤΕ** SFQ : om cett. [4].

Les manuscrits F et Q et les manuscrits SYD, bien qu'ils appartiennent à deux familles différentes, ne nous

1. Voir les prologues 4 (5), 1 (ἀκούσητε) ; 16 (17), 1 (ἀφέντα) ; 24 (25), 1 (καλῶς) ; 32 (33), 1 (ἐστι) ; 33 (34), 2 (ἢ εἰ et toute la phrase) ; 34 (35), 4 (κἂν μέν) ; et surtout 43 (44), 1 (v. l'apparat).

2. Dans certains cas la leçon de C se substitue à celle de Y défaillant.

3. Fautes d'onciale.

4. La séparation en deux familles dans ce cas-là n'est pas incompatible avec l'existence de trois familles.

font guère sortir d'un cercle étroit de variantes, d'autant plus que dès l'origine ils ont été confectionnés à la suite d'un échange perpétuel de leçons; en revanche, la famille de rW^a confirme le pressentiment de G. Pasquali qui voyait dans W^a un « recentior sed non deterior »; aussi bien, les leçons de rW^a ont-elles été préservées souvent de la contamination et remontent-elles à une source plus pure, qui seule permet, si l'on veut bien nous suivre, de retrouver souvent le texte authentique.

La première famille

Elle est représentée par SYD. Aucun des autres manuscrits de cette famille ne peut vraiment entrer en ligne de compte : ou ils sont la copie directe de ceux-ci [1], ou ils ont subi l'attraction des autres familles et s'associent à telle ou telle d'entre elles d'une ligne à l'autre [2]. Ce n'est pas que SYD restituent fidèlement leur plus-proche-commun-ancêtre : ils offrent un texte remanié, comme on le verra pour chacun d'eux. Mais auparavant mieux vaut étudier leurs rapports mutuels : aussi bien offrent-ils plus que les manuscrits récents des indices ou des repentirs caractéristiques.

La première évidence est qu'ils s'associent, comme le prouvent leurs fautes d'onciale [3] confirmées par un nombre considérable de leçons et même une lacune commune à S et à Y [4]. Toutefois Y et D ne dépendent pas de S, leur aîné (ils s'opposent souvent à lui [5]) ; ils dépendent du même

1. C'est le cas du *Bruxellensis* 11294-11295 (O) qui reproduit le texte de Y corrigé par Y^2 (avec la lacune de Y, depuis 17 (18), 1 (ὀρθῶς) jusqu'à 24 (25), 1 (ἠκούετε). Voir Démosthène, *Discours d'apparat*, p. 3, n. 1.

2. C'est le cas du *Vindobon. phil. gr.* 105 pour la deuxième série des prologues (W^b) qu'il donne après la première (W^a); de même pour la deuxième série du *Marc. gr.* 420 (M^b) copiée sur W^b : ces deux manuscrits ont une lacune commune en 20 (21), 2, de σκοπεῖν jusqu'à βούλεσθε). Voir infra, p. 62.

3. Voir ci-dessus, p. 56, n. 3 (en particulier l'exemple n° 2).

4. Voir l'apparat à 28 (29), 1. Pour D, voir *infra*, p. 60.

5. Typique est la leçon μὲν γὰρ donnée en 4 (5) par YD. S ne donne pas μὲν γὰρ mais μέν.

modèle que S : des corrections apportées sur-le-champ par le scribe de S sont inconnues de Y qui donne la leçon primitive de S [1]; à telle leçon correcte mais indécise de S correspond une leçon erronée de Y due à la malfaçon de leur commun modèle [2]. Ce modèle, on peut conjecturer, grâce à une leçon de Y¹ restituée avec le secours de C et du *Vatic. gr.* 68, qu'il était écrit en onciale [3] ou transcrit de l'onciale. De toutes ces observations, il résulte que SYD dépendent d'un plus-proche-commun-ancêtre dont S est une copie, D une autre et Y (avec ses apographes), une autre encore.

S. — Malgré quelques leçons particulières [4], il ne donne pas pour les prologues, comme pour d'autres œuvres, un texte *sui generis:* il n'offre ni faute d'onciale isolée, ni leçons ou lacunes importantes qui le séparent des autres manuscrits. Les leçons assez nombreuses qui le rapprochent de F et Q [5] ne peuvent s'expliquer, comme parfois pour l'*Epitaphios* ou l'*Eroticos*, par une parenté remontant à l'antiquité [6]. Des ratures et hésitations du copiste même de S mettent en évidence qu'il a confectionné son texte avec le modèle de F sous les yeux [7].

1. Voir par exemple l'apparat à 32 (33), 1, δεινὸς S^{ac}YD : δεινῶς S^{pc}.

2. Voir l'apparat 41 (42), 2, pour la leçon μοι ajoutée en petites lettres par S et répétée deux fois par Y.

3. En 8 (9), 2, δεῖ est dans Y écrit sur grattage à la place de λέγει donné par C et le *Vaticanus* qui se rattache étroitement à Y, voir *infra*, p. 60 n. 3 : il s'agit d'une faute d'onciale de Y que ni S ni D n'ont commise.

4. Voir l'apparat à 7 (8), 2 : κᾆτα; 22 (23) : περιιών; 40 (41) 1 : ταὐτά; il s'agit en fait de menues différences de graphie.

5. Voir 3, 1 (ἔχειν); 20 (21), 2 (ἤδη ἃ); 25 (26), 3 (ἀκοῦσαι); 28 (29), 2 (ἀκούσετε); 48 (49), 2 (ἢ εἰ); 52 (53), 2 (ἂν δέῃ); 55 (56), 2 (λέγειν ἀκούειν).

6. Voir *Discours d'apparat*, p. 43 et 91.

7. Voir 3 (4), 2 : χρόνον S (post rasuram vacuam) YDrF : τρόπον F^{sl} (le scribe de S avait sans doute écrit d'abord τρόπον); 4 (5), 3 : δόξειν Y^2DrF^{sl} : δόξει Y δοξε S^{ac} δόξαι FS^{pc}. Pour cette dernière leçon il faut supposer l'intervention d'un diorthote, contemporain du scribe de S, à en juger par son écriture.

D. — Ce manuscrit est fort embarrassant. Il se rattache manifestement par ses lectures d'onciale [1] et par nombre de leçons, au groupe SY. Mieux même, il permet souvent de restituer en accord avec Y (ou C) le texte de leur modèle commun, dans les cas où le scribe de S a adopté une leçon de la deuxième famille [2]. Mais ces qualités masquent en fait une véritable « réfection » du texte. En beaucoup de leçons, tantôt il se rapproche de F, tantôt de r [3]. A quelques lignes d'intervalle, le passage d'un groupe à l'autre trahit l'éclectisme de son scribe. On peut d'ailleurs apporter des preuves convaincantes que son texte a été confectionné à l'aide de plusieurs manuscrits : parfois la leçon primitive est rejetée dans la marge et le texte adopte la leçon de r [4]; tantôt, indice révélateur, le texte de D a juxtaposé deux leçons attestées séparément par ailleurs [5]; tantôt, enfin, il est le fruit d'un compromis [6]. Ce travail, qui suppose un esprit toujours en éveil, a contribué à expulser du texte de la première famille de menues fautes, dont on voit des vestiges dans S et Y et à adopter de bonnes leçons, qu'il s'agisse d'emprunts faits à d'autres manuscrits, ou de conjectures heureuses du copiste [7]. Dans ces conditions, il n'est pas étonnant de constater que des lacunes com-

1. Voir ci-dessus p. 56.

2. C'est le cas des leçons signalées dans la n. 5 de la p. 58.

3. Voir 42 (43), 2 τῷ φρονεῖν DrW^a; 44 (45), 3 : πρῶτον om. DrW^a.

4. Voir 49 (50), 3 βεβουλευμένους SYDγρ. FQ : βουλευομένους DrW^a.

5. Voir 3 (4), 2 : ἐχρησάμην SYr : ἂν χρησαίμην W^a ἂν ἐχρησάμην D; 27 (28), 2 : τις ἕκαστος (combinaison de τις et de ἕκαστος qu'on trouve séparément dans les autres textes).

6. Voir en 33 (34), 3, la leçon βελτίω de D qui est un compromis entre βέλτιον de la première et de la deuxième famille, et βελτίω, leçon de la troisième famille qui figure dans une proposition d'un tour un peu différent, que n'a pas adopté D. Voir aussi en 44 (45), 1, l'apparat pour la leçon βουλοίμην de D. En 9 (10), 1, le δὴ de D, leçon qu'il partage avec r, est dans une rature, et remplace le δεῖ de la première famille. Voir aussi au prol. 50 (51), la leçon ὑμᾶς de D.

7. Par ex. ὤν en 52 (53), 1.

munes à S et Y ne se retrouvent pas dans D [1] : elles n'impliquent pas que D descend d'une autre source, mais qu'il en a corrigé les erreurs. Son texte, fort « lisible », est finalement composite.

Y. — Le texte de ce manuscrit a été ici encore dénaturé par un réviseur du XIIIe siècle, qui l'a presque toujours ajusté sur le texte de F, ajoutant des γρ. marginaux, mettant des leçons interlinéaires, et, chose plus grave, grattant le texte primitif qui est souvent illisible : ce manuscrit a tout l'intérêt d'une *editio variorum*, mais n'aide l'éditeur qu'au regard de l'histoire du texte. Partout où le texte est gratté, le manuscrit C peut servir de témoin. Il ressort de l'étude du texte primitif que Y a beaucoup moins que S et D subi l'attraction de F ou de la troisième famille [2].

La deuxième famille

Les manuscrits F [3] et Q offrent la même apparence que pour l'*Epitaphios* et l'*Eroticos* : des variantes marginales nombreuses et souvent identiques; dans F seul des variantes interlinéaires entre deux points, sur lesquelles on ne reviendra pas [4]. Leurs leçons sont en outre très

1. C'est le cas de la lacune du prologue 28 (29), 1 (voir l'apparat).

2. Le cas de 13 (14), 1, où Y combine les leçons des deux familles (voir l'apparat au mot μακρά) est unique.

3. F présente depuis sa confection un désordre dans la suite des prol. 20 (21) à 50 (51) (de ἅπερ] jusqu'à]ἀλλά μοι), dû au pliage inversé puis à l'interversion des feuillets numérotés 312/309 et 313/308, au lieu de 308/313 et de 309/312 (voir F. Burger, *Der Codex Bavaricus...*, dans les *Abhandlungen... W. von Christ dargebracht*, 1891, p. 253-254). Ce désordre est passé dans le *Monac.* 85 (B), dans le *Vat. gr.* 69, dans le *Coislinianus* 339 (v), dans les pages 236-239 du *Vat. gr.* 68, rajoutées au XVIe s. au manuscrit mutilé : elles contiennent les prol. 37 (38) et suivants, dont certains, par suite des retours en arrière, font double emploi avec ceux de la partie ancienne du ms. qui se rattache étroitement à Y. Ce désordre de F qui se retrouve dans l'Aldine (1504) n'a été réparé que dans l'éd. Feliciano (1543).

4. Voir *Discours d'apparat*, p. 4.

souvent supérieures aux autres : leur originalité tient surtout à une meilleure orthographe, à des qualités formelles qui défigurent moins le texte que dans la première famille, malgré d'inévitables bévues et omissions. On ne s'étonnera pas de constater ici encore que Q ne dépend pas de F : la faute de pagination de F ne se retrouve pas dans Q, non plus que de menues fautes [1], ou lacunes [2] de F, qu'un copiste n'aurait pu éviter de reproduire. Mais leur ressemblance très étroite oblige à conclure qu'ils dépendent d'un même modèle, dont F reproduit mieux que Q l'aspect archaïque, et qui doit être un texte translittéré [3].

Malgré toutes ces qualités, ces deux manuscrits donnent un texte plus contaminé que pour les discours d'apparat. F insère parfois dans le texte un γρ. de son modèle que l'on peut lire dans la marge de Q [4]; certains passages, où l'on voit un grattage dans F [5], prouvent que son scribe est l'auteur de ces transferts de leçons. Le manuscrit Q offre aussi des exemples analogues de réfection du texte : la plupart des leçons interponctuées de F, qui l'étaient aussi dans son modèle, sont passées dans le texte de Q [6]. D'autre part ce manuscrit accueille nombre de leçons de la troisième famille, soit dans les γρ. marginaux, soit dans le texte, d'où un nombre assez élevé de leçons où il se sépare d'avec F [7].

On voit les conséquences de cette dégradation du texte de la famille de F et Q : vu le grand nombre de leçons « substituées » qu'ils présentent, leur texte a perdu cette autonomie qu'on leur a vue dans l'*Epitaphios* et l'*Eroticos*.

La première et la deuxième famille offrent donc des exemples nombreux de contamination mutuelle : leur texte est souvent un hybride des deux familles. Le mal pourrait

1. Par ex. 14 (15), 1 (ὅταν) ; 51 (52), (ὡς).
2. Par ex. 52 (53), 1 (τὴν πόλιν).
3. Voir notre *Notice* de l'*Eroticos* p. 90 et celle de l'*Epitaphios*, p. 42.
4. Voir l'apparat à 43 (44), 2; 44 (45), 3 et 52 (53), 2.
5. Voir 34 (35), 2 : εὔνων YDr F^{pc} : εὐνόων $SF^{ac}Q$.
6. Exemples très nombreux; voir deux cas rapprochés dans le prologue 4 (5), 2 (κωλύσαιτε) et 3 (δόξειν).
7. Exemples très nombreux; voir 52 (53), 2 (ποιοῦντα).

ne pas être grand, puisque le texte des prologues dépend d'un archétype unique, et que les deux familles réunies ont quelque chance de nous rapprocher du texte de l'archétype. En fait, on verra que la famille de rW[a], jusqu'ici mal étudiée, amende souvent le texte reçu là où on ne le comprenait pas, et quelquefois là où l'on croyait le comprendre.

La troisième famille.

rW[a]. — Pour être complet, on devrait citer, outre rW[a], le *Marcianus gr.* 420 (M[a]) et l'*Urbinas gr.* 115 [1]. Mais M[a] reproduit le texte de W[a] [2] et l'*Urbinas* celui de M[a] [3], chacun ajoutant, selon la règle, ses propres fautes à celles qu'il reproduit. Quant à W[a], il n'est pas, malgré son antériorité, la source de r : il a ses lacunes et ses leçons propres, aussi bien que r [4]; en revanche, tous deux descendent indépendamment d'une source unique [5].

Tous ces manuscrits offrent deux particularités : c'est de commencer la collection des prologues par le numéro 8 (9), en comblant partiellement cette lacune après le prologue 11 (12), et d'autre part de déplacer le prologue 45 (46). Voici comment se présente la suite des prologues : on verra que r se distingue de W[a]M[a] et de l'*Urbinas* par une lacune moins grande et par l'ordre d'insertion du prologue 46.

1. Sur ces deux manuscrits voir l'*Introduction* des *Discours d'apparat*, p. 3, n. 3, Sur le sens de l'exposant ([a]), opposé à l'exposant ([b]), voir *infra*, p. 64.

2. Au prologue 20 (21), lacune propre à W[a], M[a], *Urb. gr.* 115 (οὔτε παρελθεῖν) ; de même pour la série ([b]) : voir *ibid.*, καὶ σκοπεῖν — βούλεσθε omis dans W[b] et M[b].

3. Au prologue 50 (51), lacune propre à M[a] et l'*Urbinas* de καίτοι à τί.

4. Pour r, voir 34 (35), 2, μᾶλλον — φαῦλον om. r solus; 13 (14), 1, καὶ om. r; 13 (14), 2, χαίρει εἶτ' r χαίρει W[a] : dans ce dernier cas, on ne passe pas de W[a] à r.

5. L'origine commune de rW[a]M[a] *Urb. gr.* 115, apparaît par exemple au prologue 11 (12), où ils se distinguent en donnant un membre de phrase incompréhensible dû à une mauvaise lecture (οὐ τὸ pour οὕτω) et à une lacune (ἀλλὰ devant τὰ μὲν). Voir plus bas (p. 68 n. 4) ce qui est dit de certaines variantes où r et W[a] diffèrent. L'apparat ne porte pas toutes les bévues ci-dessus.

Ordre des prologues

dans rW^ab^M^ab^ *Urb. gr.* 115.

r	Wa	Ma	Urb.	Wb Mb
				1
8 (9)	8 (9)	8 (9)	8(9)	
11 (12)	11 (12)	11 (12)	11 (12)	
3	3	3	3	
3 (4)	3 (4)	3 (4)	3 (4)	
4 (5)	4 (5) MANQUE			
5 (6) Arrêt à ἡγοῦμαι	5 (6) MANQUE			5 (6) Arrêt à ἡγοῦμαι 6 (7)
1	1-2 MANQUENT			
2				
12 (13)	12 (13)	12 (13)	12 (13)	
44 (45)	44 (45)	44 (45)	44 (45)	
46 (47)	46 (47)	46 (47)	46 (47)	
45 (46)	47 (48)	47 (48)	47 (48)	
47 (48)	45 (46)	45 (46)	45 (46)	
55 (56)	55 (56)	55 (56)	55 (56)	55 (56)
Manquent 6(7)-7(8)	Manquent 1-2; 4(5)-7(8)			

Il est difficile de prétendre que l'ordre primitif des prologues est offert par ces manuscrits, ou qu'il y a deux séries également autorisées, la leur et l'autre : la lacune inégale qu'ils présentent, les deux déplacements différents du prologue 46 portent à croire que ces manuscrits reproduisent un modèle dont les feuillets étaient déplacés. On songe tout de suite au manuscrit A (*Monac. gr.* 485). On sait qu'il a été abîmé de très bonne heure et que des feuillets en ont été remplacés au xve siècle. Tel qu'il est maintenant, il a perdu quelques-uns des feuillets rajoutés et certaines pages sont fort délabrées du côté de la couture. La fin de la collection de Démosthène n'y figure pas, et en particulier les prologues. Plusieurs arguments autorisent à y voir la source de rW^aM^a et de l'*Urb. gr.* 115.

1° r présente avec A, pour les discours qui leur sont communs, une parenté évidente, reconnue par les éditeurs des *Plaidoyers civils* : ordre identique de séries entières de discours, même texte, corrections de A introduites dans le texte de r [1].

2° Le manuscrit A use de l'abréviation $\overset{\theta}{\omega}$ (proprement ὦ 'Αθηναῖοι), à la place de ὦ ἄνδρες 'Αθηναῖοι des autres manuscrits : nos manuscrits, seuls de toute la collection, y compris le papyrus, ont ὦ 'Αθηναῖοι dans les prologues.

3° Le manuscrit A présente de première main deux états d'un même discours (n° 51); les manuscrits W^aM^a donnent de première main, juste après la série mutilée des prologues, une série W^bM^b, apparentée à la première famille [2]. Dans les deux cas, le souci des scribes a été de fournir un meilleur texte d'une œuvre déjà transcrite sous une première forme [3].

La codicologie confirme-t-elle ces indices? Il est légitime de chercher si les lacunes et les interversions de nos manuscrits s'accordent avec la mise en page des feuillets anciens de A. Malheureusement, il est impossible de fonder les

1. Voir Démosthène, *Plaidoyers civils*, éd. Gernet, Paris, Les Belles Lettres, t. I, p. 15-21 ; et E. Drerup, *Antike Demosthenesausgaben*, *Philologus*, Suppl. VII, (1899), p. 558.

2. Voir *supra*, p. 57.

3. Voir les *Plaidoyers civils*, éd. Gernet, t. I, p. 20.

calculs sur des chiffres précis : en effet le manuscrit A, tout ancien qu'il est, n'est pas très soigné ni très régulier dans la linéation. Le nombre de lignes à la page varie de 30 à 36; le nombre de lettres à la ligne va de 31 à 37. Le scribe s'arrange souvent pour qu'un discours finisse au bas d'une page, augmentant le nombre de lignes et usant d'abréviations plus que d'ordinaire. En prenant deux cas extrêmes, une page de A peut osciller entre 20 et 31 lignes de l'édition Rennie (O.C.P.). D'autre part, le passage d'une œuvre à l'autre ne comporte jamais de blanc intermédiaire, mais, juste après la fin d'une œuvre, une souscription, un trait orné, un blanc, un titre [1], le tout plus ou moins espacé. C'est dire que la reconstitution de la pagination de A à partir de nos lacunes et de notre interversion ne sera jamais décisive.

Toutefois, on peut très bien expliquer comment les prologues manquants étaient disposés dans A en tenant compte et de l'espace réservé au titre de de la tendance du scribe à resserrer dans une page les textes qui présentent une unité.

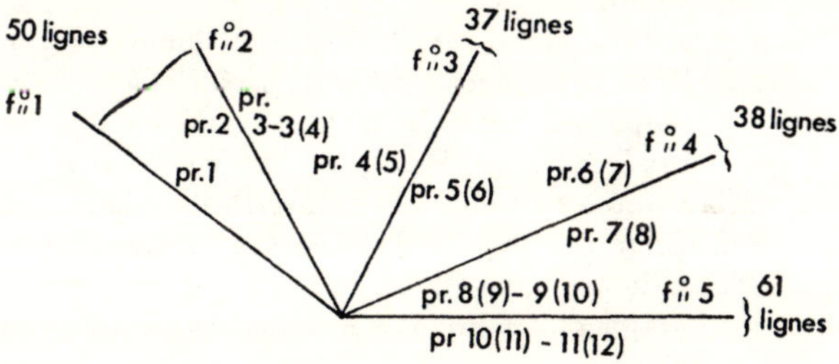

Dans le schéma ci-dessus, on suppose que les quatre premiers folios étaient volants, et le cinquième fixé. Les deux premiers prologues, avec le titre, pouvaient occuper un verso et un recto [2]; les prologues 3-3 (4) le verso suivant;

1. Tous ces éléments n'apparaissent d'ailleurs pas invariablement.

2. Noter dans le manuscrit r à la fin du prologue 2 un blanc sans lacune après le mot εὖ : est-ce la marque d'une hésitation de lecture due à ce qu'une page se terminait sur ce mot? Voir plus bas p. 66, n. 2.

les prologues 4 (5)-5(6) et 6(7)-7(8) respectivement les deux folios suivants. On aurait pu partir d'une autre combinaison; mais seule celle-ci, sauf erreur, permet de comprendre pourquoi la collection commence par le prologue 8 (9) et pourquoi les prologues 4 (5)-7 (8) manquent dans W^a, tandis que r a conservé les prologues 4 (5)-5 (6). On admettra que les folios détachés étaient réunis fortuitement sous le couvert du folio 5 et que deux scribes différents ont omis de transcrire, l'un les folios 1, 3 et 4, l'autre le folio 4 seulement; et que pour le folio 2, l'un d'eux a omis de le retourner, n'en transcrivant que le verso.

Pour la lacune de la fin du prologue 5 (6), qui est commune à r et à W^bM^b (W^aM^a sont déficients pour tout le prologue), il ne faut pas l'attribuer à une détérioration de folios : la lacune devrait alors avoir son pendant de l'autre côté, ce qui n'est pas; d'autre part, le texte de W^bM^b est par ailleurs si indépendant de celui de r qu'on ne peut faire remonter à un même modèle cette lacune commune et des leçons si différentes. Tout s'explique par un saut du même au même [1] qu'ont fait deux scribes différents à partir de deux modèles différents.

Au regard de la place variable du prologue 45 (46), elle s'explique, là encore, parce que le folio où il figurait était volant; il occupait un recto (31 l. O.C.P.); au dos figurait le prologue 46 (47) (19 l. O.C.P.) : c'est par ce verso que les deux scribes ont commencé leur transcription, ne réparant leur erreur qu'un peu plus tard, l'un après avoir achevé la transcription du prologue 46 (47) [2]; l'autre, qui ne retourna pas immédiatement son folio, après avoir recopié le prologue 47 (48).

Ces reconstitutions, mêmes approximatives, ne sollicitent point les faits : elles ne pourraient pas s'expliquer

1. Comparer ἡγοῦμαι-καταβήσομαι.

2. Il s'agit du scribe de r : toutefois, il est significatif de voir que la fin du prologue 45 (46) est brouillée dans ce manuscrit. Le scribe s'était d'abord arrêté aux mots ἄν τις εἴποι; il a continué ensuite par les mots βουλοίμην δ' ἂν; il est enfin revenu sur ses pas et a transcrit le membre de phrase δίκαια φανεῖσθαι en le raccordant gauchement. Voir plus haut, p. 65, n, 2.

avec un manuscrit d'un type différent, écrit sur deux colonnes et d'un très grand format, comme S ou F.

Le texte de rW^a se distingue nettement des autres familles.

1° Il dépend d'une translittération spéciale [1], confirmée par nombre de leçons où il est isolé.

2° Il est quelquefois « refait » [2]; certaines leçons, banales, en remplacent d'autres, plus expressives; dans certains prologues, en particulier les « doublets » [3], le texte a été ajusté sur celui des *Olynthiennes* ou des *Philippiques* : comme à quelques lignes de distance r et W^a varient [4] sur ce point-là, on est autorisé à conclure que A présentait ces variantes [5], et que les deux manuscrits r et W^a les ont insérées différemment dans leur texte.

3° En dépit de ces défauts, rW^a sont de la première importance. D'abord, ils donnent souvent des leçons qui s'imposent [6] et qui permettent de comprendre la corruption des autres leçons; ensuite, ils fournissent parfois des leçons qui éclaircissent des passages dont le sens n'apparaîtrait sans eux qu'en admettant des maladresses ou des incohérences qui n'ont rien à voir avec la liberté expressive de l'orateur. Ces leçons ne sauraient émaner de grammairiens tardifs ou de scribes zélés. Le *papyrus* en fait foi.

Sans doute, comme il arrive souvent, donne-t-il un texte

1. Voir ci-dessus, p. 56 les principaux exemples de fautes d'onciale.

2. Voir prol. 52 (53), 1, la place de μεγάλων, banale dans r.

3. C'est le cas du prologue 3. Voir aussi le prologue 20 (21), n. 4.

4. Voir les variantes du prologue 3 et plus haut, p. 53, n. 4, le témoignage des scholies. Les leçons de 55 (56), 3 sont instructives : ἀλλὰ καὶ SYDFQ : ἀλλ' ἀεὶ W^a ἀλλ' ἀεὶ καὶ r : r a combiné deux variantes.

5. Le manuscrit A présente de première main des variantes interlinéaires et quelquefois marginales. Comme on ne sait pas la date de sa détérioration, mieux vaut ne pas trop faire état des variantes marginales de seconde main (XIIIe siècle).

6. Voir le prologue 14 (15), § 1, 9 et § 2, 5; le prologue 50 (51) (et la note 4 de la traduction).

mêlé [1]; il est parfois en désaccord avec rW^a; mais beaucoup plus souvent, et pour des leçons importantes, il s'accorde avec eux [2]. Il est même une leçon de rW^a dont on trouve l'amorce dans le papyrus [3], et qui a été trop légèrement rejetée par Rennie et par Pasquali, car, seule, elle permet de bien comprendre tout le contexte : il s'agit d'une tournure attestée chez Démosthène, mais assez rare, expressive, et qui ne viendrait pas facilement sous le « style » d'un grammairien : c'est même son caractère insolite qui explique qu'elle ait été tronquée dans la plupart des manuscrits, et qu'elle ait laissé désemparés les philologues modernes. Il apparaît donc que notre papyrus dérive d'une tradition qui aboutit tout droit à l'archétype de rW^a. Et si pour certaines leçons r seul ou W^a seul s'accordent avec le papyrus, on expliquera facilement la divergence par des variantes que présentait le texte de A, et dont le papyrus offre déjà un spécimen [4] : on sait que les scribes tirent souvent un parti différent des variantes dont ils disposent.

De cette analyse, il résulte que non seulement rW^a remontent à un manuscrit du xe siècle (A), mais encore que ce manuscrit nous a transmis des prologues une tradition fort ancienne dont la qualité des leçons de rW^a porte témoignage. Dans ces conditions, il est impossible d'expliquer la petite lacune commune à r et à SYD [5] comme la preuve qu'ils descendent d'un même archétype postérieur à la séparation des deux familles. On ne comprendrait pas

1. Par ex. prol. 25 (26), 2 : ταῦτα (texte de Q); *ibid.*, 3 : ἡμάρτηται (texte de SYD).

2. Par ex. prol. 25 (26), 1 (κοινῶν); 25 (26), 1 (τῶν); 25 (26), 2 (ἐστε); 28 (29), 3 (ταὐτὸ δή).

3. Voir 25 (26), 3, la leçon ἀκοῦσαι, συνειπεῖν, ἀντειπεῖν et la note correspondante de la traduction *infra*, p. 150, n. 4).

4. Voir prol. 26 (27), 1, la leçon τότ' ἴσον et la variante τοῦτ' ἴσον; prol. 28 (29), 3, les deux leçons νομιεῖτε et νομίζετε du papyrus que l'on retrouve à peu près dans les manuscrits. L'isolement de r ou de W^a ne doit donc pas être un motif de suspicion : voir prol. 50 (51), 6 la leçon ὡς, seule possible, donnée par le seul W^a.

5. Il s'agit de πρὶν μαθεῖν que dans le prologue 4 (5), 3 ne donnent pas SYCDrW^b.

alors comment la branche de SYD est si souvent et si profondément en désaccord avec celle de rW^a^. Notre lacune s'explique aisément par un saut du même au même [1], et, bien avant la séparation de la première et de la deuxième famille, la troisième était constituée et vivace.

La numération des prologues.

L'étude de la séparation des prologues dans les manuscrits confirme les conclusions fondées sur les leçons du texte. Elle fait apparaître des bévues communes à toutes les familles, et d'autres qui sont propres à certaines d'entre elles ou à des manuscrits isolés. Cette séparation est indiquée par deux procédés qui ne remontent pas à la même source et qui ne conspirent pas toujours au même résultat, même quand ils sont juxtaposés dans un même manuscrit : c'est d'abord la *séparation graphique*, obtenue par l'usage, combiné ou non, des blancs, des points [2], des points doubles ou en triangle, des alinéas, des lettrines; c'est ensuite la *numération*, dont quelques manuscrits seulement offrent des spécimens.

1° La séparation graphique. Elle était en usage dès l'antiquité, comme il apparaît dans le papyrus qui, par chance, nous a conservé la transition du prologue 26 (27) au prologue 27 (28). Voici comment se présente le texte :

...ἀπολύσασθαι αἱ
/μὲν...

On le voit : rien, dans le texte même, n'indique la fin du prologue 26 (**ἀπολύσασθαι**); on trouve seulement en marge de la ligne suivante une sorte de paragraphos oblique, qui

1. On lit en effet γιγνώσκειν πρὶν μαθεῖν.

2. Les manuscrits qui utilisent concurremment le blanc, le simple point et la lettre en saillie pour séparer les prologues prêtent à confusion, ce procédé ne se distinguant pas du simple alinéa.

se rattache à un trait horizontal placé au-dessus du premier mot de cette ligne. Ce procédé un peu fruste et peu visible, que l'on pouvait sans doute retrouver dans d'autres « éditions » contemporaines, explique l'existence de certaines erreurs qui remontent très haut. C'est ainsi que tous les manuscrits marquent à tort [1] une solution entre le prologue **B** et le prologue **β**; que presque tous [2] suppriment la distinction, imposée par le sens, entre les prologues 34 (35) et 35 (36); et qu'enfin ils unissent tous à tort par un **μὲν οὖν** les prologues 50 (51) et 51 (52). A part ces trois erreurs, qui sont passées dans l'archétype, on est frappé par l'accord quasi unanime des manuscrits pour la séparation des prologues. Dans presque tous, on trouve des blancs [3] intermédiaires; dans tous les plus anciens, des lettrines ou des lettres en saillie; dans la troisième famille (r,W^a, *Urb. gr.* 115), l'utilisation de deux ou trois points [4]: autant de procédés dont le détail varie, mais qui autorisent du moins à conclure que l'archétype avait bien distingué les prologues, sans doute par des blancs et des lettrines.

2° La numération Quelques manuscrits ajoutent à la séparation graphique une numération fondée sur l'utilisation bien connue des lettres de l'alphabet classique, auxquelles on ajoute le ϛʹ pour marquer le 6.

Ici, il faut mettre à part le cas des deux séries W^a et W^b, écrites par le même scribe [5]. Dans W^a, il a commencé sa numération à partir de αʹ, qui correspond dans ce manuscrit au n° 8 (9) comme on l'a vu [6]. Tout le reste s'en trouve

1. Voir la *Notice* des prologues p. 11.
2. On peut dire tous, car l'exception des manuscrits D et Y s'explique par une intervention tardive : voir *infra*, p. 74.
3. Le manuscrit S utilise peu les blancs, même dans les discours.
4. Voir plus bas le détail dans la légende du tableau synoptique.
5. Le manuscrit M, copié sur W, et qui donne aussi les deux séries consécutives de prologues, utilise partout un blanc et un simple point.
6. Voir plus haut p. 62.

faussé. Il a multiplié le nombre des prologues au-delà de toute mesure, mettant un chiffre là où son modèle laissait des blancs d'alinéa dont on trouve la trace dans r et M^a [1]. C'est un travail d'improvisation qui ne remonte pas à des sources antiques. A noter qu'un correcteur brouillon a modifié la suite des chiffres de δ′ à ζ′, ajoutant sans raison un ϵ′ au niveau de la ligne 2 du prologue 11 (12), transformant plus loin l'ϵ′ primitif en ϛ′, tout en laissant subsister plus bas le ϛ′ initial [2].

Dans W^b, le scribe a distingué assez correctement les prologues, mettant un ἄλλο en face de chacun d'eux, jusqu'au prologue 31 (32) : il n'a pas trouvé de numération dans son modèle.

Pour les manuscrits F [3] QSY, le cas est tout autre. Leur numération, différente de la précédente, est identique dans tous les quatre, à quelques détails près. Visiblement, elle dépend d'une source unique. Laquelle? L'analyse montrera l'origine récente de cette numération.

Elle est incomplète, comme le montre le tableau ci-joint. Elle s'arrête au prologue 26 (27).

Elle n'est pas de première main dans S et dans Y. Dans Y c'est évident : elle est un emprunt maladroit, qui s'arrête à ΙΘ′, juste avant la lacune du manuscrit [4], et elle ne reprend pas après, le copiste ayant perdu pied; elle est un emprunt tardif, que trahit la même encre verte qui a servi pour les γρ. [5] : comme ces derniers elle provient de

1. A noter qu'on trouve dans M^a un ζ isolé au niveau du prologue 3 (4), là où se trouve un ς dans W^a.

2. Je dois à M. F. Schindler ces indications sur les deux mains de W^a, que je ne pouvais bien distinguer sur photographie.

3. Le *Vat. gr.* 69, qui descend de F dont il reproduit jusqu'aux plus petites fautes, ne donne aucun chiffre et ne marque aucune « distinction »; le *Coisl.* 339, qui descend aussi de F, ne donne aucun chiffre et ses divisions ne sont pas instructives. Il sera parlé du manuscrit B (qui « interprète » les données de F), un peu plus bas.

4. Voir ci-dessus, p. 57, n. 1.

5. Voir ci-dessus p. 60. Noter que la stichométrie de Y est de la même encre que le texte.

F[1] — Pour le manuscrit S, l'examen de l'encre sert moins pour notre dessein que celui de l'écriture même : l'encre des numéros, en effet, au rebours de celle de la stichométrie, a beau présenter souvent une autre apparence que celle du texte[2], cette différence n'est rien au prix de la gracilité et de la gaucherie des numéros, qui sont visiblement ajoutés de surcroît au texte, avec un petit trait horizontal marquant les transitions : bref, rien qui rappelle le beau style du manuscrit : cette numérotation reproduit, avec quelques modifications, celle du manuscrit F[3]; Q l'a empruntée à S, comme la stichométrie[4].

Dans le manuscrit F, en revanche, les chiffres sont de la première main, marqués avec franchise; une petite omission[5] réparée dans son apographe B, incline à penser que ces chiffres sont transcrits d'un modèle : quiconque dénom-

1. Comme dans F, le ϛ′ a été sauté (voir le tableau).

2. On pourrait hésiter à la page 335^r, mais non pas à la page 338^v, où l'on fera la comparaison avec un Γ de stichométrie de la même encre et du même calame que l'écriture du texte.

3. Le chiffreur a voulu pousser plus loin que le numéro ΚΘ′ de F, mais il a abandonné la partie deux prologues plus loin (voir le tableau); de loin en loin il a continué à mettre des traits, sans les affecter de chiffres; il a voulu réparer l'omission de ϛ′ mais il a mal placé le chiffre à l'intérieur du prologue 4. Noter enfin l'emploi étourdi de deux ΚΗ′ consécutifs (voir le tableau).

4. Q reproduit mécaniquement la stichométrie de S : il donne les mêmes chiffres en souscription et omet les mêmes discours; son scribe a même transcrit sans comprendre à la fin du discours 41 (*Contre Spoudias*), la lettre Δ combinée avec iota, qui dans S indique une diorthose et qu'il a prise pour un chiffre de souscription ! — Q place ϛ′ comme S; il poursuit la numérotation jusqu'à ΛΑ′, en évitant l'erreur de S qui a mal placé ΛΒ′ et qui a répété ΚΗ′.

5. F omet ϛ′ qui aurait dû être mis devant le prologue 4 (5), lequel est bien délimité par un alinéa. S et Q ont mal placé ϛ′ ; en revanche B, tributaire de F pour le texte (voir ci-dessus, p. 60) a introduit de son chef le ϛ′ devant le prologue 4 (5), très correctement. Comme F, il arrête sa numérotation à ΚΘ′.

bre des textes, regarde le chiffre précédent avant d'écrire le suivant; le simple copiste, lui, se laisse distraire du modèle qu'il reproduit [1]. En dernière analyse F est la source de la numérotation de tous nos manuscrits : S dépend de lui et sert de source à Q; B et Y l'ont copié à leur tour, l'un avec sagacité, l'autre avec passivité.

Que vaut cette numérotation? Il faut bien entendu en juger d'après le manuscrit F, qui reproduit, comme toujours, fidèlement son modèle, et non pas d'après les corrections ou modifications des autres manuscrits.

Or, dans F [2] le texte se suit sans alinéas ni ponctuation particulière, du premier prologue, jusqu'au n° 3 (4), tel que nous le comptons maintenant, et les chiffres, multipliés au-delà de toute raison, se succèdent dans la marge de cette section, au point qu'on arrive au numéro **Ε'** (= 5) pour notre prologue 3. Puis, à partir de ce prologue **Ε'**, on constate dans F une coïncidence assez régulière entre les divisions « graphiques » et les chiffres, jusqu'au prologue 25 (26) marqué **ΚΘ'**. On doit donc conclure que le scribe du modèle de F a commencé par substituer à la division « graphique » une numération prise de son propre fonds, mais que, mécontent de lui, il a résolu, à partir de ς' [3], de faire coïncider les chiffres avec les alinéas, et, à partir de **ΚΘ'**, d'abandonner la partie en se bornant à marquer les alinéas [4].

Pour conclure, de ces deux systèmes, la *numérotation* est une innovation récente, improvisée, et peu sûre; la *division*

1. Noter que dans F le prologue 4 (5) n'est pas à la même page que le prologue 5 (6).

2. On ne peut guère invoquer ici le témoignage de S; ce manuscrit, au rebours de F, marque très peu les alinéas dans les discours. En revanche dans F, les blancs avec lettres en saillie apparaissent souvent.

3. Le chiffre ς' devait figurer dans le modèle de F.

4. On trouvera dans J. A. Goldstein, *The Letters of Demosthenes*, Columbia University Press, New York et Londres 1968, p. 272, *Appendix* V, une explication plus ingénieuse que convaincante, de ces essais de numération, que l'auteur étudie à partir de S, auquel il attribue à tort un rôle prépondérant.

est le reste, assez bien conservé, d'une tradition ancienne à laquelle, seule, il faut s'attacher mais qu'il y a lieu de rectifier dans le détail. Il faut donc pour cela classer les données de la tradition par familles de manuscrits [1]. Dans la première famille S marque très mal les changements de prologue [2]; Y et D les multiplient à l'excès : peut-être ici est-on victime des apparences : très souvent le manuscrit D laisse un blanc et écrit une lettre en saillie devant une phrase de transition munie d'une particule forte (**τοίνυν, μὲν οὖν**) [3]. On ne peut garantir que le scribe entendait marquer par là le commencement d'un nouveau prologue; il utilise le même procédé dans les discours pour les changements de paragraphes. Il a donc fait servir à deux fins cette division « graphique » dans les prologues : d'où l'incertitude de son témoignage, incertitude qui est aussi un peu celle de quelques autres manuscrits. En revanche dans les manuscrits r et W^a^ la distinction des prologues est presque conforme à celle que la logique conduit à adopter.

C'est en effet la logique qu'il faut consulter en dernier ressort. Tous les cas sont clairs, sauf trois, qu'il a fallu trancher plus haut [4] en examinant, faute de critère extérieur, le sens même des morceaux. On remarquera que le prologue **β'**, que certains éditeurs font commencer à la ligne 19 du prologue 2 [4], est distingué à tort dans les manuscrits; que le prologue **Δ** (l. 10 du prologue 3) n'est distingué

1. C'est à dessein que dans la première et la deuxième famille nous ne faisons pas état des manuscrits récents qui, ou bien reproduisent des ancêtres lointains avec quelques méprises (cas de v), ou bien ne laissent rien apparaître de leur numérotation (cas de C; du *Vat. gr.* 68, tant dans la partie qui descend de F que dans celle qui se rattache à SYD).

2. Nous parlons ici de la séparation graphique.

3. Voir prol. 13 (14), 2 (ἄρα) ; 17 (18), l. 11 (ἡ μὲν οὖν) ; 21 (22), (χρῆν μὲν οὖν) ; 40 (41), 2 (ἡ μὲν οὖν) ; 43 (44), 2 (εἰ μὲν οὖν) ; 45 (46), 3 (ἔστι μὲν οὖν) : ici, le scholiaste déplore que la coupure soit mal faite dans certains manuscrits (ἐν τισιν ἀντιγράφοις) ; 52 (53), 1 μὲν οὖν, au commencement du prologue).

4. Voir la *Notice* des *Prologues* p. 9 et suiv.

d'aucune manière dans FQY et r[1]; enfin que le prologue 22 (23), que Blass voulait scinder à la ligne 10 (**Τὴν μὲν οὖν**) n'est pas coupé dans r et W^a.

On a vu que nous n'avons pas accepté les trois divisions [2] proposées pour ces prologues : comme Bekker, dont la numérotation fait autorité pour les références [3], avait de son côté adopté ce parti, sauf pour le prologue 4 qu'il a ménagé au milieu de notre prologue 3 [4], le chiffre total des prologues de notre édition est inférieur d'un numéro au sien : pour la commodité du lecteur nous avons maintenu son numéro entre parenthèses après le nôtre [5].

A cause des complications de la tradition manuscrite, on ne trouvera pas dans l'apparat la mention de ce qui touche à la division des prologues. Nous avons corrigé ou rétabli les chiffres de nous-même, et avons réuni les données des manuscrits dans un tableau synoptique [6].

1. On se rappelle que W^a ne donne pas le prologue 2 (voir ci-dessus p. 62).
2. Voir plus haut p. 13.
3. Voir plus haut p. 5, n. 1. Il a compté 56 prologues.
4. Il commence par Ἔστι δ' ὦ ἄνδρες Ἀθηναῖοι...
5. Voir ci-dessus, p. 5, n. 1.
6. Pour plus de brièveté, nous n'avons indiqué la ligne où commencent les prologues que dans les cas où ils ne coïncident pas avec les prologues de notre édition : plus d'une fois, en effet, les manuscrits subdivisent les prologues contre toute raison (voir *supra*, p. 74, n. 3); le tableau rend compte de ces anomalies. Ainsi, pour le prologue 29 (30), la mention : ** l. 13, * l. 20 (ms. Y) signifie qu'un blanc distingue le prologue 29, tel que nous le comptons, et qu'en outre deux séparations erronées apparaissent aux lignes 13 et 20.

TALEAU SYNOPTIQUE DE LA SÉPARATION DES PROLOGUES.

N[os]	F	Q	S	Y (C)	D	r	W^{a}
1	B l. 8	A *B l. 8	A B l. 8	* *l. 8	*	*	lac.
2	*Γ Δ l. 19	*Γ *Δ l. 19	Γ Δ l. 19	*Γ *Δ l. 19	* *l. 19	* *l. 19	lac.
3	E	*E	E	*E	*	*	ε^{ac} ς^{pc}
(4)		ς l. 18	* ς l. 18		* *l. 18		*ς *ζ l. 15 *η l. 18
4 (5)	*		*	*		*	lac.
5 (6)	*Z	*Z	Z	*Z	*	*	lac.
6 (7)	*H	*H	H	*H	*	lac.	lac.
7 (8)	*Θ	*Θ	Θ *l. 19	*Θ *l. 9	*	lac.	lac.
8 (9)	*I	*I	I	*	*	*	*

11(12)	*ΙΓ	*ΙΓ	ΙΓ	ΙΓ	*	*	*δ $ε^{pc}$ l. 2
12 (13)	*ΙΔ	*ΙΔ	ΙΔ	*ΙΔ	* *	* *	*θ *ι
13 (14)	*ΙΕ	*ΙΕ	ΙΕ	ΙΕ *l. 9	* *l. 9 *l. 16	* *l. 9	* *ια l. 9
14 (15)	*Ις	*Ις	Ις	*Ις	*	*	*ιβ
15 (16)	*ΙΖ	*ΙΖ	ΙΖ	*ΙΖ	*	*	*ιγ
16 (17)	*ΙΗ	*ΙΗ	*ΙΗ	*ΙΗ	*	*	*ιδ
17 (18)	*l. 11	*ΙΘ	*ΙΘ	*ΙΘ	* *l. 11	*	*ιε
18 (19)	*Κ	*Κ	*Κ	*(C)	*	*	*ις
19 (20)	*ΚΑ	*	ΚΑ	*(C)	*	*	*ιζ
20 (21)	*ΚΒ	*ΚΒ	ΚΒ	*(C)	*	*	*ιη *ιθ l. 7
21 (22)	*ΚΓ *ΚΔ l. 13	*ΚΓ *ΚΔ l. 13	ΚΓ ΚΔ	*(C) *(C l. 13)	*	*	*κ

N^os	F	Q	S	Y (C)	D	r	W^a
22 (23)	*KE *Kς l. 10 *Kζ l. 16	*KE *Kς l. 10 *Kζ l. 16	KE Kς l. 10 Kζ l. 10		* *l. 16	*	*κα *l. 16
23 (24)	*KH	*KH	KH		* *l. 11 *l. 18	*	*κδ *κε l. 18
24 (25)	*KΘ	*KΘ	*KH (sic)	*(C)	*	* *l. 15	*κδ *κε l. 15
25 (26)	*l. 14	*Λ	Λ	*	*	*	*Kς
26 (27)	*	*ΛA	ΛA ΛB l. 8	*	*	*	*κζ *κη l. 17
27 (28)				*	*	*	*κθ
28 (29)		*		**l. 12 *l. 19	*	*	*λ
29 (30)	*	*		**l. 13 *l. 20	*	*	*λα
30 (31)			*l. 15	* *l. 6	*	* l. 15	*λϐ *λγ l. 15
31 (32)				*	*	*	*λδ

33 (34)	* *l. 13	* *l. 8	— l. 24	* *l. 8	* *l. 8	*	*λς *λζ l. 8
34 (35)				* *l. 17	*		*λη
35 (36)				*	* *l. 12	*l. 12	*λθ l. 12
36 (37)		*	—	*	*	*	*μ
37 (38)			— 11	*	*	* *l. 11	*μα *μϐ l. 11
38 (39)			—	*	*	*	*μγ
39 (40)	*l. 13	*			*	*	*μδ
40 (41)		*		*	*	*	*με
41 (42)		*	*	*	*	*	*μζ *μζ l. 6
42 (43)				*	*	*	*μη
43 (44)	*l. 10		*l. 10	*	*	*	*μθ
44 (45)		*	*	*	* *l. 13	*l. 13	*ν να l. 13

Nos	F	Q	S	Y (C)	D	r	Wa
45 (46)	*	*	*	*	**l. 23 *l. 19	*	*νδ *νε l. 19
46 (47)		*		*	*	*	*νϐ
47 (48)	*			* *l. 15	*	*	*νγ
48 (49)					*	*	*νϛ
49 (50)					* *l. 11	*	νζ
50 (51)	*		—		*	*	νη
51 (52)	*		*	*	*	*	*νθ
52 (53)	*			*	*	*	*ξ
53 (54)			—	*	*	*	*ξα
54 (55)			—	*	*	*	*ξϐ
55 (56)			—	*	*	*	ξγ

N.B. — 1) Le signe * désigne la séparation « graphique », qui varie selon les manuscrits. Elle comporte en général un blanc, sauf dans S; il est associé à deux points (:) dans Q et W; à trois points (:.) dans r; à une lettrine ou une lettre en saillie dans FYD et parfois S. Ces éléments ne sont pas toujours réunis dans le même manuscrit; dans D, ils peuvent prêter à confusion avec les alinéas; les lettrines sont omises dans r (par oubli ?).

2) Le « chiffreur » de S a ajouté un trait bifide (⟩¬) à quelques chiffres : je ne l'ai pas signalé; il a usé aussi de ce trait de loin en loin après avoir renoncé aux chiffres : je l'ai signalé par un trait (—).

3) Pour plus de clarté, je n'ai pas fait figurer les manuscrits plus récents qui ne remontent pas à une autre source que leurs aînés. Parmi eux, seul B donne des chiffres : mais il reproduit F, qu'il modifie sur un point de sa propre autorité (voir la *Notice*, p. 72, n. 5).

4) Les * sont de la première main; les chiffres aussi, sauf ceux de S et de Y. — C supplée Y défaillant.

Brève histoire du texte.

Il faut partir d'un archétype unique où se trouvaient déjà un certain nombre de fautes communes à tous nos manuscrits. Les prologues n'y étaient pas toujours distingués les uns des autres d'une manière très claire. On le situera avant le IIe siècle de notre ère, car le papyrus a des leçons qui supposent déjà une contamination des trois familles, avec une prédominance des leçons de la troisième; cette conclusion est en partie confirmée par Harpocration qui attribue **ὀρρωδεῖν** [1] aux prologues de Démosthène; or, ce mot qui figure dans le prologue 52 (53), est donné par YDrW^b, autrement dit par la deuxième et la troisième famille (la vraie leçon **ἀρρωστία** est donnée

1. Voir ci-dessus, p. 5, n. 2. On consultera avec profit sur ce mot dans Démosthène, l'ouvrage de Manfred J. Lossau, *Untersuchungen zur antiken Demosthenesexegese*, Berlin-Zürich, 1964, p. 79 n. 41. — Le témoignage de Pollux et de Stobée, rapporté plus haut (p. 5), est inutile pour l'histoire même du texte.

par SW^{a} FQ) : vu la séparation de r et W^{a} pour ce mot-là, on est autorisé à conclure que A, dont ils descendent, portait les deux leçons, l'une dans le texte, l'autre comme variante, et que r et W^{a} se sont séparés sur le choix de l'une ou l'autre leçon. Il n'est pas indifférent de remarquer que le papyrus présente des variantes de ce type-là dans l'interligne.

Quoi qu'il en soit, chacune des trois familles a connu sa translittération propre; les deux premières familles ont été dès ce moment fortement contaminées : SY et D ont subi l'influence du modèle de F ou de F lui-même; Q doit beaucoup au manuscrit S, en particulier toute sa stichométrie [1]. Pratiquement, ces deux familles sont un hybride. La troisième, beaucoup plus indépendante, qui a exercé son attraction plus qu'elle n'en a subi, remonte à une tradition ancienne plus pure. Elle est représentée par des manuscrits tardifs, mais qui remontent à un manuscrit (A) du xe siècle, pourvu jadis de la collection des prologues, qui a disparu depuis longtemps. De ce manuscrit ont été tirées deux copies représentées par r d'une part, W^{a}M^{a} et l'*Urbinas gr.* 115 de l'autre. Les manuscrits r et W^{a} comparés permettent de reconstituer l'original A, muni de variantes que r et W^{a} ont parfois incorporées sans choisir toujours les mêmes : si l'on débarrasse ces deux manuscrits de ces scories, on obtient un texte souvent très supérieur à celui des deux premières familles, et qu'on lira ici pour la première fois.

Pour terminer, j'adresse des remerciements, hélas posthumes, à J. Defradas, qui, de même que M. J. Humbert, m'a présenté des observations précieuses. Je ne saurais dire tout ce que je dois à la révision de M. R. Klaerr qui a relu de très près tout mon manuscrit et a modifié sur bien des points ma traduction qu'il a rendue plus exacte et plus austère. Quant à M. J. Irigoin il a été présent à toutes les étapes de ce travail et son aide m'a toujours tiré d'embarras.

1. Voir plus haut, p. 72, n. 4.

SIGLA

S Parisinus gr. 2934, c. 890.

Y Parisinus gr. 2935, c. 940.

C Ambrosianus C 235 inf., s. XIII ex., qui tantum adhibetur in lacunis cod. Y vel cum Y erasus legi non potest, e.g. Pr. 32 (33), 2 : ἀκούετε (Y?) C.

D Ambrosianus D 112 sup., c. 980.

F Marcianus gr. 416 (coll. 536), c. 940.

Q Marcianus gr. 418 (coll. 312), c. 980.

W Vindobonensis phil. gr. 105, c. 1300. W^a priorem, W^b posteriorem prooemiorum seriem designat.

r Parisinus gr. 2936, s. XIV in.

Π Pap. Oxyrh. I, 26, s. II (Fragmenta prooemiorum 24(25)-28(29) : vide ad loc.).

Nota. — In apparatu critico, e.g. *Pr.* 34 (35), 2 : αὐτοι F αὐτ].ῳ. F^{sl} significat litteram ῳ inter duo puncta scriptam esse supra οι ab ipso librario.

Numero 2 (Y^2...) variae correctiones, quae ab recentioribus librariis adhibitae sunt, confuse designatae sunt.

Litteris ^{ec} correctiones quae lectiones priores omnino occultant designantur; litterae vero ^{pc} litteris ^{ac} opponuntur.

Cett. ad solos codices supra memoratos pertinet.

Numeri XVIII, 2 ad orationes; 18 (19), ad prooemia pertinent. De numerandi modo, 18 (19), cf. *Notitiam* p. 5, n. 1.

Schol. editionem Müller-Hunziker designat.

Lutetiana = ed. Lambini, apud Benenatum (1570).

PROLOGUES DE HARANGUES

I

[*Riposte d'un jeune orateur aux flatteurs professionnels*].

1 S'il y avait [1] à l'ordre du jour, Athéniens, un sujet nouveau de discussion [2], j'attendrais que la plupart de vos orateurs accoutumés eussent manifesté leur opinion, et, si l'un des avis exprimés m'agréait, je garderais le silence; sinon, c'est alors que j'essaierais à mon tour de dire ma façon de penser. Mais, puisque des questions qu'ils ont si souvent débattues précédemment se trouvent soumises encore aujourd'hui à votre examen, je pense que, même en me levant le premier, je pourrai à juste titre paraître leur succéder [3]. **2** Si la situation était bonne, il ne serait pas besoin de vous conseiller; mais puisque, vous le voyez tous, elle présente des difficultés, je vais tâcher, autant qu'elle le permet, de vous donner les conseils [4] que j'estime les meilleurs.

Tout d'abord, persuadez-vous bien d'une chose, c'est que vous ne devez rien faire à l'avenir de ce que vous faisiez lorsque vous étiez engagés dans la guerre; vous devez faire tout le contraire : si votre politique passée a corrompu vos affaires, vraisemblablement la politique contraire les améliorera [5]. **3** En second lieu, croyez-le, ce n'est pas l'orateur qui ne prescrit aucun effort (ou si peu) qui parle raisonnablement (vous voyez, en effet, qu'après ces beaux espoirs et ces beaux discours, la situation présente est devenue absolument pitoyable [6]) : c'est celui qui, bannissant la flatterie, vous dit ce qu'il faut faire

ΠΡΟΟΙΜΙΑ ΔΗΜΗΓΟΡΙΚΑ

Α

1 Εἰ μὲν περὶ καινοῦ τινος πράγματος προὐτίθετο, ὦ ἄνδρες Ἀθηναῖοι, λέγειν, ἐπισχὼν ἂν ἕως οἱ πλεῖστοι τῶν εἰωθότων γνώμην ἀπεφήναντο, εἰ μὲν ἤρεσκέ τί μοι τῶν ῥηθέντων, ἡσυχίαν ἂν ἦγον· εἰ δὲ μή, τότ' ἂν καὶ αὐτὸς ἐπειρώμην ἃ γιγνώσκω λέγειν· ἐπειδὴ δ' ὑπὲρ ὧν πολλάκις εἰρήκασιν οὗτοι πρότερον, περὶ τούτων νυνὶ σκοπεῖτε, ἡγοῦμαι καὶ πρῶτος ἀναστὰς εἰκότως ἂν μετὰ τούτους δοκεῖν λέγειν. **2** Εἰ μὲν οὖν εἶχεν καλῶς τὰ πράγματα, οὐδὲν ἂν ἔδει συμβουλεύειν· ἐπειδὴ δ' ὡς ἅπαν|τες ὁρᾶτ' ἔχει δυσκολίαν, ὡς ἐκ τοιούτων πειράσομαι συμβουλεύειν ἃ κράτιστ' εἶναι νομίζω.

Πρῶτον μὲν οὖν ὑμᾶς ἐκεῖν' ἐγνωκέναι δεῖ, ὡς οὐδὲν ὧν ἐποιεῖτ' ἐπὶ τοῦ πολεμεῖν ὄντες τοῦ λοιποῦ πρακτέον ἐστίν, ἀλλὰ πάντα τἀναντία· εἰ γὰρ ἐκεῖνα φαῦλα πεποίηκε τὰ πράγματα, τἀναντί' εἰκὸς βελτίω ποιῆσαι. **3** Ἔπειτα νομιστέον οὐχ ὃς ἂν ὑμῖν ἢ μηδὲν ἢ μικρὰ προστάττῃ, τοῦτον ὀρθῶς λέγειν (ὁρᾶτε γὰρ ὡς ἐκ τῶν τοιούτων ἐλπίδων καὶ λόγων εἰς πᾶν προελήλυθε μοχθηρίας τὰ παρόντα), ἀλλ' ὃς ἂν τὸ χαρίζεσθαι παρείς, ἃ δεῖ καὶ δι' ὧν παυσαίμεθ' αἰσχύνην ὀφλισκάνοντες καὶ

A deficit in W[a]

Inscriptiones (cf. *Notitiam*, p. 50) προοίμια δημηγορικά Harpocr. (s.v. ἀρχή et ὀρρωδεῖν) D W[a] προοίμια συμβουλευτικά Pollux, VI, 143 προοίμια τὰ αὐτὰ τοῖς προγραφεῖσι ἐν φιλιππικοῖς W[b] προοίμια SYFQ (at vide FQ in subscriptione) om. r.

A **1** 4 ὑπὸ τούτων post τῶν habet r (ex IV, 1) ‖ pr. ἂν r FQ : om. SYDW[b] ‖ **2** 3 τῶν post ἐκ hab. DW[b] ‖ **3** 5 ἂν post παυσαίμεθ' add. Bekker, perperam (cf. K.G^3. I, p. 250).

et ce qui est propre à mettre un terme à la honte où nous sommes exposés et aux pertes que nous subissons. Car, en vérité, si ce qu'on supprime dans son discours pour ne pas vous chagriner, la réalité à son tour se charge de le supprimer, il faut parler au peuple pour son plaisir; mais, si les paroles complaisantes, quand elles sont hors de saison, se soldent dans la pratique par un préjudice, il est honteux de se mystifier soi-même et d'accomplir dans la dernière extrémité [1] ce que depuis longtemps il importait de faire de son plein gré [2].

II

[*Défense du régime démocratique et de la liberté de parole.*]

1 Tout autre [3] est l'opinion que je me fais, Athéniens [4], lorsque j'entends prononcer le nom de votre gouvernement, et lorsque je vois la conduite de quelques-uns d'entre vous envers les orateurs qui prennent sa défense. Votre gouvernement, vous le nommez démocratie, comme vous le savez tous; mais je vois que certains d'entre vous écoutent plus volontiers les orateurs qui lui sont hostiles. **2** Je serais bien curieux d'en savoir au juste le motif [5]. Serait-ce qu'à votre avis leur langage est désintéressé [6]? Mais les chefs des oligarchies, dont ils prennent la défense, pourraient sans bruit [7] leur donner des gratifications encore bien plus fortes. Serait-ce qu'à vos yeux leurs avis sont meilleurs que ceux de leurs rivaux? C'est donc que l'oligarchie vous paraît meilleure que la démocratie. Serait-ce qu'eux-mêmes vous semblent meilleurs citoyens? Eh ! quel homme pourrait, sans paradoxe, passer à vos yeux pour dévoué en déclamant contre le gouvernement établi? En fin de compte, c'est vous qui vous trompez quand vous avez de semblables opinions. Eh bien ! prenez garde à un inconvénient, Athéniens, qui est de donner prise [8], un jour, à ceux

1. On sait que les secours que les Athéniens envoyèrent aux Olynthiens parvinrent trop tard (Aristide, *Panath.*, 179,9 et la scholie).

ζημιούμενοι, ταῦτα λέγῃ. Καὶ γὰρ ὡς ἀληθῶς, εἰ μέν, ὅσ' ἂν τῷ λόγῳ τις ὑπερβῇ λυπῆσαι μὴ βουλόμενος, καὶ τὰ πράγμαθ' ὑπερβήσεται, δεῖ πρὸς ἡδονὴν δημηγορεῖν· εἰ δ' ἡ τῶν λόγων χάρις, ἂν ᾖ μὴ προσήκουσα, ἔργῳ ζημία γίγνεται, αἰσχρόν ἐστιν φενακίζειν ἑαυτοὺς καὶ μετὰ τῆς ἐσχάτης ἀνάγκης πρᾶξαι ταῦθ' ἃ πάλαι 'θελοντὰς προσῆκεν ποιεῖν.

B

1 Οὐχὶ ταὐτὰ γιγνώσκειν, ὦ ἄνδρες Ἀθηναῖοι, παρίσταταί μοι, ὅταν τε τὸ τῆς πολιτείας ὄνομ' ὑμῶν ἀκούσω, καὶ ὅταν τὸν τρόπον ὃν προσφέρονταί τινες ὑμῶν τοῖς ὑπὲρ ταύτης λέγουσιν ἴδω. Τὴν μὲν γὰρ πολιτείαν δημοκρατίαν, ὥσπερ ἅπαντες ἴστε, ὀνομάζετε, τῶν δὲ τἀναντία ταύτῃ λεγόντων ἐνίους ἥδιον ἀκούοντας ὁρῶ. 2 Ὃ καὶ θαυμάζω τίς ποθ' ἡ πρόφασις. Πότερον προῖκα λέγειν ταῦτ' αὐτοὺς οἴεσθε; Ἀλλ' οἱ τῶν ὀλιγαρχιῶν, ὑπὲρ ὧν οὗτοι | λέγουσιν, κύριοι καὶ πλείω σιωπῇ μᾶλλον ἂν δοῖεν. Ἀλλὰ βελτίω ταῦτ' εἶναι τῶν ἑτέρων ὑπειλήφατε; Βελτίων ἄρ' ὑμῖν ὀλιγαρχία δημοκρατίας φαίνεται. Ἀλλ' αὐτοὺς εἶναι βελτίους ἡγεῖσθε; Καὶ τίς ἂν ὑφ' ὑμῶν χρηστὸς νομίζοιτ' εἰκότως, ἐναντία τῇ καθεστώσῃ πολιτείᾳ δημηγορῶν; Οὐκοῦν λοιπὸν ἁμαρτάνειν ὑμᾶς, ὅταν οὕτως ἔχητε τὴν γνώμην. Τοῦτο τοίνυν φυλάττεσθε μὴ πάσχειν, ὦ ἄνδρες Ἀθηναῖοι,

3 11 ἐθελοντὰς Wolf : θέλοντας SYDrW[b] ἐθέλοντας FQY[2] (cf. similem confusionem XVIII, 68; Xén., *Anab.*, 1, 6, 9) ‖ 12 προσῆκεν SYF : προσῆκε DrW[b]Q προσήκει Fγρ. Qγρ.

B deficit in W[a] (cf. III, 1)

1 6 ἀκούοντας SYDrW[b]Fγρ. Qγρ. : ἀκούσαντας FQ ‖ 2 1 Πότερον DFQY[pc] : πότερα rW[b] πρότερον SY[ac] (error ex vicinitate πρόφασις et προῖκα natus) ‖ 2 ταῦτ' om. rW[b] ‖ 3 σιωπῇ : σιωπῆσαι r ‖ 4 ἑτέρων : ἡμετέρων r.

qui vous en veulent, puis, de ne vous apercevoir de votre erreur qu'au moment où vous ne pourrez plus en tirer le moindre profit.

[II *bis*]

3 Cela dit, Athéniens, que l'ensemble des affaires ne prenne pas le cours que nous voudrions ni chez nous ni chez nos alliés, il n'y a peut-être là rien d'étonnant : nombreux sont les événements où les caprices du hasard sont déterminants, et nombreux les motifs qui nous empêchent, nous les humains, de voir tout arriver selon notre attente. Mais que le peuple n'ait pas la moindre part aux affaires et que les opposants l'emportent, voilà qui est tout ensemble, Athéniens, étonnant et redoutable pour les gens sensés, d'après mon jugement personnel. Telle est l'entrée en matière de l'ensemble de mon discours.

III [1]

[*Obligation morale d'écouter les orateurs.*]

1 Je crois [2] que vous seriez tous prêts à payer très cher [3], Athéniens, l'avis qui doit vous être utile dans l'affaire que vous êtes en train d'examiner. Dans ces conditions, il convient que vous vous disposiez à écouter favorablement ceux qui veulent vous conseiller. Non seulement si l'on vient porteur d'un avis utile dûment médité [4], vous pouvez l'écouter et vous en saisir, mais encore je mets au compte de votre chance que souvent des conseils opportuns vous

1. Sur l'unité de ce prologue, voir la *Notice* p. 11. Inutile de supposer, comme Fr. Focke (*loc. cit.*, p. 41), qu'un « rédacteur » a complété le prologue de la *Première Olynthienne*, jugé trop court (?) par l'adjonction du paragraphe commençant à Ἔστι δέ, ὦ...

ὅπως μή ποτε τοῖς ἐπιβουλεύουσιν λαβὴν δώσετε, εἶτα τότ' αἰσθήσεσθ' ἡμαρτηκότες, ἡνίκ' οὐδ' ὁτιοῦν ὑμῖν πλέον ἔσται.

[β]

3 Τὸ μὲν οὖν, ὦ ἄνδρες Ἀθηναῖοι, μὴ πάνθ' ὡς ἂν ἡμεῖς βουλοίμεθ' ἔχειν μήτε παρ' αὐτοῖς ἡμῖν μήτε παρὰ τοῖς συμμάχοις, ἴσως οὐδέν ἐστι θαυμαστόν· πολλῶν γὰρ τὸ τῆς τύχης αὐτόματον κρατεῖ, καὶ πολλαὶ προφάσεις τοῦ μὴ πάντα κατὰ γνώμην συμβαίνειν ἀνθρώποις οὖσιν· τὸ δὲ μηδ' ὁτιοῦν μεταλαμβάνειν τὸν δῆμον, ἀλλὰ τοὺς ἀντιπράττοντας περιεῖναι, τοῦτο καὶ θαυμαστόν, ὦ ἄνδρες Ἀθηναῖοι, καὶ φοβερὸν τοῖς εὖ φρονοῦσιν, ὡς ἐγὼ κρίνω. Ἡ μὲν οὖν ἀρχὴ παντός ἐστιν αὕτη μοι τοῦ λόγου.

Γ

1 Ἀντὶ πολλῶν, ὦ ἄνδρες Ἀθηναῖοι, χρημάτων τὸ μέλλον συνοίσειν περὶ ὧν τυγχάνετε σκοποῦντες, οἶμαι πάντας ἂν ὑμᾶς ἑλέσθαι. Ὅτε τοίνυν τοῦθ' οὕτως ἔχει, προσήκει παρέχειν ἐθέλοντας ἀκούειν ὑμᾶς αὐτοὺς τῶν βουλομένων συμβουλεύειν· οὐ γὰρ μόνον εἴ τι χρήσιμον ἐσκεμμένος ἥκει τις, τοῦτ' ἂν ἀκούσαντες λάβοιτε, ἀλλὰ καὶ τῆς ὑμετέρας τύχης ὑπολαμβάνω πολλὰ τῶν δεόντων

3 2 ἡμῖν SYDrW^b : ὑμῖν FQ ‖ 5 τοῦ : εἰς τὸ Qγρ. Yγρ ‖ 8 εὖ post φρονοῦσιν transposuit r.

Γ (cf. I, 1)

1 1 ἂν post πολλῶν habent SYW^{a}W^b (cf. I, 1) ‖ χρημάτων τὸ SYDW^b : χρημάτων εἰ φάνερον γένοιτο τὸ rW^a FQ (cf. I, 1) ‖ 2 ὑμῖν post συνοίσειν habent SYDrW^b Qγρ. ‖ νυνὶ post ὧν habent SYDrW^{a}W^{b}Qγρ (cf. I, 1) ‖ 3 ἂν om. FQ ‖ 4 παρέχειν YDW^a : ἔχειν SFQ προσέχειν rW^b.

soient donnés, dans une inspiration soudaine [1], par certains orateurs, de sorte que, entre tous ces avis, le choix de celui qui vous est avantageux devient facile.

[IV]

2 Or, Athéniens, puisqu'il est en votre pouvoir de choisir, parmi les avis exprimés, celui que vous voulez, il est juste que vous les écoutiez tous. Il arrive souvent au même homme de ne pas bien parler sur tel point, et d'être sensé sur tel autre [2]. A pousser des clameurs, vous vous priverez peut-être, par votre intolérance, de maint avis utile; à écouter en ordre et en silence, vous exécuterez les bonnes propositions, toutes tant qu'elles sont, et si un orateur vous semble perdre la raison, vous lui ferez perdre son crédit [3]. Pour ma part, je n'ai pas l'habitude d'être prolixe, et même si j'avais eu cette habitude dans le passé, je ne donnerais pas aujourd'hui dans ce travers : au contraire, je vais vous indiquer, le plus brièvement que je pourrai, ce que je pense être de votre intérêt.

IV [V]

[*Appel à l'attention de l'auditoire.*]

1 Je vois, Athéniens, qu'apparaissent en pleine évidence les discours que vous auriez plaisir à écouter et ceux pour lesquels vous n'avez aucune inclination; toutefois, je crois que vous dire ce qui est censé vous flatter est le fait de ceux qui désirent vous tromper, tandis que vous tenir tête sur des questions qui, selon la conviction de l'orateur sont de l'intérêt de la Cité, en dépit d'une opposition bruyante ou de tout autre caprice de votre part,

1. Démosthène pense à lui. Il ne sert de rien d'invoquer ici sa répugnance à improviser (Plut., *Dém.*, 8). Weil a très bien saisi la suite des idées (éd. des *Harangues*, p. 115, n. 4-7).

2. Cette remarque ne devait pas étonner l'auditoire : les orateurs, qui parfois travaillaient en équipe, savaient exploiter leurs différents dons, principalement dans les plaidoyers privés, en se réservant telle ou telle partie à traiter.

ἐκ τοῦ παραχρῆμ' ἐνίοις ἐπελθεῖν ἂν εἰπεῖν, ὥστ' ἐξ ἁπάν|των ῥᾳδίαν τὴν τοῦ συμφέροντος ὑμῖν αἵρεσιν γενέσθαι.

[Δ]

2 Ἔστι δέ, ὦ ἄνδρες Ἀθηναῖοι, δίκαιον, ἐπειδὴ ἐφ' ὑμῖν ἐστιν ἑλέσθαι τῶν ῥηθέντων ὅ τι ἂν βούλησθε, ἁπάντων ἀκοῦσαι· καὶ γὰρ πολλάκις συμβαίνει τὸν αὐτὸν ἄνθρωπον τοῦτο μὲν μὴ λέγειν ὀρθῶς, ἕτερον δέ τι· ἐκ μὲν οὖν τοῦ θορυβεῖν τάχ' ἂν δυσχεράναντες πολλῶν χρησίμων ἀποστερηθείητε, ἐκ δὲ τοῦ μετὰ κόσμου καὶ σιγῆς ἀκοῦσαι καὶ τὰ καλῶς ἔχονθ' ἅπαντα ποιήσετε, κἂν δοκῇ τις παραληρεῖν, παραλείψετε. Ἐγὼ μὲν οὖν οὔτ' εἴωθα μακρολογεῖν, οὔτ' ἄν, εἰ τὸν ἄλλον εἰώθειν χρόνον, νῦν ἐχρησάμην τούτῳ, ἀλλ' ἃ συμφέρειν ὑμῖν νομίζω, ταῦθ' ὡς ἂν δύνωμαι διὰ βραχυτάτων ἐρῶ πρὸς ὑμᾶς.

Δ (Ε)

1 Ὁρῶ μέν, ὦ ἄνδρες Ἀθηναῖοι, παντάπασι πρόδηλον ὂν οὕς τ' ἂν ἀκούσαιτε λόγους ἡδέως καὶ πρὸς οὓς οὐκ οἰκείως ἔχετε· οὐ μὴν ἀλλὰ τὸ μὲν λέγειν ἅ τις οἴεται χαριεῖσθαι τῶν παρακρούσασθαί τι βουλομένων εἶναι νομίζω, τὸ δ' ὑφίστασθαι περὶ ὧν πέπεικεν ἑαυτὸν συμφέρειν τῇ πόλει, κἂν θορυβηθῆναι κἂν ἄλλο τι βούλησθ' ὑμεῖς, εὔνου καὶ δικαίου τοῦτο πολίτου κρίνω.

1 8 ἐπελθεῖν ἂν : ἂν ἐπ. D (cf. I, 1) ‖ 10 γενέσθαι FQ : γίγνεσθαι cett. (γίνεσθαι r) ‖ **2** [Δ] 8 δοκῇ τις : δοκήσῃ Qγρ. ‖ παραληρεῖν : ληρεῖν Qγρ. ‖ 10 χρόνον S (rasura anteposita) YDrW[a]W[b]F : τρόπον Q.τ.[ρό].π.ον F[sl] ‖ ἐχρησάμην SYr W[b]FQ (ἂν ἐχ- D): ἂν χρησαίμην W[a] ‖ 11 βραχυτάτων : βραχέων rW[b].

Δ (Ε) def. in W[a]

1 1 γὰρ post μὲν hab. YD ‖ 2 ἀκούσαιτε Schaefer : ἀκούσητε codd. ‖ 6 κἂν... κἂν FQ S[pc]Y[2]rW[b] (cf. II, 21, VIII, 2) : καὶ... κἂν S[ac]YD ‖ 7 τοῦτο πολίτου SYDrW[b] : πολίτου τοῦτο FQ.

est le fait d'un citoyen dévoué et juste, selon moi. **2** Je voudrais vous voir, à défaut de tout autre motif [1], tolérer en définitive les discours des deux partis, afin que si un orateur exprime un avis manifestement plus judicieux que ceux où vous vous portez [2], vous en fassiez votre profit, mais que, s'il est inférieur à sa tâche et qu'il ne puisse vous éclairer, il semble ne devoir sa mésaventure qu'à lui-même et non à votre refus de l'écouter. D'ailleurs le désagrément serait moins grand pour vous d'écouter les propos sans fin d'un orateur extravagant, que de faire de l'obstruction contre un orateur en mesure de vous donner un avis salutaire [3]. **3** Le principe qui permet d'éprouver correctement toute chose [4], c'est de ne rien préjuger, surtout lorsqu'on sait personnellement combien de gens sont déjà revenus souvent sur leur jugement [5]. Si donc aujourd'hui vous êtes profondément convaincus de ces vérités, j'espère qu'en peu de mots je vous semblerai faire une réplique pertinente, et que mes avis vous apparaîtront comme les meilleurs.

V [VI]

[*Contre les invectives.*]

1 Athéniens, en dépit des nombreux discours prononcés par tous vos conseillers, je vois que vous n'êtes pas plus avancés maintenant dans la découverte de la solution qui s'impose qu'avant d'être montés à l'Assemblée. La raison en est la même que celle qui explique à mes yeux le mauvais état de la situation générale. Loin de vous faire des recommandations sur le présent, les orateurs s'accusent, s'inju-

1. Δι' ἐκεῖνο... ἵνα : passage de l'idée de cause à l'idée de but; voir semblable tournure dans Lysias, VIII, 12.

2. La solidarité des membres d'un parti entraînait souvent des adhésions massives à une motion, avant qu'un orateur adverse ait pu se faire entendre : voir prol. 18 (19); 31 (32) § 3...

3. Voir dans le prol. 55 (56), 3, l'inconvénient qui résulte de couper la parole à un orateur.

4. Même tournure en 17 (18).

2 Βουλοίμην δ' ἂν ὑμᾶς, εἰ καὶ μηδὲ δι' ἓν τῶν ἄλλων, δι' ἐκεῖν' ὑπομεῖναι τοὺς λόγους ἀμφοτέρων, ἵν' ἐὰν μὲν ὀρθότερον φανῇ τις λέγων ὧν ὑμεῖς ὡρμήκατε, χρήσησθε τούτῳ, ἂν δ' ἀπολειφθῇ καὶ μὴ δύνηται διδάξαι, δι' αὑτόν, ἀλλὰ μὴ δι' ὑμᾶς οὐκ ἐθέλοντας ἀκούειν τοῦτο πεπονθέναι δοκῇ. Ἔτι δ' οὐδὲ πάθοιτ' ἂν ἀηδὲς οὐδὲν τοσοῦτον, εἰ πολλά τινος ληροῦντος ἀκούσαιτε, ὅσον εἰ τῶν δεόντων τι λέ|γειν ἔχοντός τινος εἰπεῖν κωλύσαιτε. **3** Ἡ μὲν οὖν ἀρχὴ τοῦ δοκιμάζειν ὀρθῶς ἅπαντ' ἐστὶν μηδὲν οἴεσθαι πρότερον γιγνώσκειν πρὶν μαθεῖν, ἄλλως τε καὶ συνειδότας πολλάκις ἤδη πολλοὺς μετεγνωκότας. Ἂν τοίνυν ὑμεῖς ταῦθ' ὑπάρξητε νῦν πεπεισμένοι, οἴομαι μετὰ βραχέων λόγων καὶ αὐτὸς ἀντιλέγειν εἰκότως δόξειν καὶ ὑμῖν τὰ βέλτιστα φανεῖσθαι λέγων.

Ε (Ϛ)

1 Πολλῶν, ὦ ἄνδρες Ἀθηναῖοι, λόγων εἰρημένων παρὰ πάντων τῶν συμβεβουλευκότων, οὐδὲν ὑμᾶς νῦν ὁρῶ ὄντας ἐγγυτέρω τοῦ τί πρακτέον ηὑρῆσθαι ἢ πρὶν εἰς τὴν ἐκκλησίαν ἀναβῆναι. Αἴτιον δὲ τούτου ταῦθ' ὅπερ οἶμαι τοῦ κακῶς ἔχειν τὰ ὅλα· οὐ γὰρ παραινοῦσιν ὑμῖν ὑπὲρ τῶν παρόντων οἱ λέγοντες, ἀλλ' ἑαυτῶν

2 1 μηδὲ SYDF : μὴ rW^bQ ‖ 4 χρήσησθε SrW^bFQ : χρῆσθε YD ‖ δύνηται : δυνηθῇ rW^b ‖ 7 τοσοῦτον : τοιοῦτον FQ ‖ ἀκούσαιτε D^{sl} : ἀκούσετε cett. (et D) ‖ 8 ὅσον DQγρ. Y^2 : ἢ S^{pc}FQ om. S^{ac}YrW^b ‖ ἔχοντός τινος SYDrW^bF : ἔχοντά τινα QY^2 ἐχοντ].α. [τιν].α. F^{sl} ‖ 9 κωλύσαιτε QYD^{sl} κωλυσ].αι.[τε F^{sl} : κωλύσετε SDrW^bF ‖ **3** 2 οἴεσθαι QrW^b οἰεσθ].αι.F^{sl} : οἴεσθε SYDF ‖ 2-3 πρὶν μαθεῖν FQY^2 : om. cett. ‖ 3 ἤδη πολλάκις rW^b ‖ 6 ἀντιλέγειν FrW^b : ἄν τι λέγειν SYDQ ‖ δόξειν DrW^bQY^2 δόξ].ειν. F^{sl} : δόξει Y δοξε S^{ac} δόξαι S^{pc} F ‖ 6-7 φανεῖσθαι Schaefer : φαίνεσθαι codd.

Ε(Ϛ) deficit in W^a (et in r usque ad l. 2,8 ἡγοῦμαι)
1 1 δ' post πολλῶν habent FY^2.

rient mutuellement; si je comprends bien, ils vous accoutument à écouter, sans décision judiciaire [1], tout le mal dont ils sont responsables, afin que, si un jour ils sont traduits en justice, vous n'ayez pas l'impression d'apprendre des griefs nouveaux mais ceux qui avaient souvent provoqué votre colère, et que vous soyez des juges et des arbitres plus indulgents de leurs actions.
2 D'éplucher les mobiles de leur conduite serait peut-être insensé pour le moment; mais cette conduite est contraire à vos intérêts, et c'est pourquoi je la flétris. Pour moi, je ne veux ni accuser personne aujourd'hui, ni rien vous promettre dont je ne vous donne une preuve immédiate, ni en un mot suivre les mêmes errements que ces gens-là; au contraire, je vais vous exposer le plus brièvement [2] que je pourrai les avis que j'estime les plus favorables à vos intérêts, et les plus utiles à vos délibérations; après quoi je descendrai de la tribune.

VI [VII]

[*Variante du prologue du discours* Sur les Symmories.]

1 Athéniens, ceux qui louent vos ancêtres se proposent, à mon avis, de vous entretenir d'un sujet flatteur, mais, ce faisant, ils ne servent pas la cause de ceux dont ils font l'éloge : ils s'avisent de parler sur des matières que personne ne saurait parvenir à traiter dignement dans un discours, et, tout en y gagnant pour eux-mêmes une réputation d'orateurs consommés [3], ils font si bien que le mérite de ces hommes-là passe pour inférieur, dans l'esprit des auditeurs, à l'idée qu'ils s'en étaient faite. Je pense, moi, que le plus bel éloge de leur mérite, c'est le Temps [4] : malgré les années écoulées, personne d'autre n'a pu mettre en parallèle des exploits supérieurs à ceux de ces hommes-là.

1. Voir la *Notice*, p. 45. — Sur cette conduite des orateurs, voir la *Notice*, p. 45, n. 2. Il est piquant de voir Eschine (*Contre Ctés.*, 144), rétorquer à Démosthène cet argument, que celui-ci emploie volontiers (par ex. *Amb.*, 3).

2. Tournure stéréotypée (voir M. Lavency, *Aspects de la logographie judiciaire attique*, p. 160, n. 7).

κατηγοροῦσι καὶ λοιδοροῦνται, ὡς μὲν ἐγὼ κρίνω, συνεθίζοντες ὑμᾶς ἄνευ κρίσεως, ὅσων εἰσὶν αἴτιοι κακῶν, ἀκούειν, ἵν' ἂν ποτ' ἄρ' εἰς ἀγῶνα καθιστῶνται, μηδὲν ἡγούμενοι καινὸν ἀκούειν, ἀλλ' ὑπὲρ ὧν ὠργισθε πολλάκις, πραότεροι δικασταὶ καὶ κριταὶ γίγνησθε τῶν πεπραγμένων αὐτοῖς. **2** Τὴν μὲν οὖν αἰτίαν δι' ἣν ταῦτα ποιοῦσιν, ἴσως ἀνόητον ἀκριβῶς ζητεῖν εἴη ἂν ἐν τῷ παρόντι· ὅτι δ' ὑμῖν οὐχὶ συμφέρει, διὰ τοῦτ' ἐπιτιμῶ. Ἐγὼ δ' οὔτε κατηγορήσω τήμερον οὐδενός, οὔθ' ὑποσχήσομαι τοιοῦτ' οὐδὲν ὃ μὴ παραχρῆμ' ἐπιδείξω, οὐδ' ὅλως τῶν αὐτῶν τούτοις οὐδὲν ποιήσω· ἀλλ' ἃ βέλτιστα μὲν τοῖς πράγμασιν, συμφέροντα δὲ τοῖς βουλευομένοις ὑμῖν ἡγοῦμαι, ταῦθ' ὡς ἂν δύνωμαι διὰ βραχυτάτων εἰπὼν καταβήσομαι.

Ϛ [Ζ]

|**1** Οἱ μὲν ἐπαινοῦντες, ὦ ἄνδρες Ἀθηναῖοι, τοὺς προγόνους ὑμῶν λόγον εἰπεῖν μοι δοκοῦσι προαιρεῖσθαι κεχαρισμένον, οὐ μὴν συμφέροντά γ' ἐκείνοις οὓς ἐγκωμιάζουσιν ποιεῖν. Περὶ γὰρ πραγμάτων ἐγχειροῦντες ⟨λέγειν⟩ ὧν οὐδ' ἂν εἷς ἀξίως ἐφικέσθαι δύναιτο τῷ λόγῳ, αὐτοὶ μὲν τοῦ δύνασθαι λέγειν δόξαν ἐκφέρονται, τὴν δ' ἐκείνων ἀρετὴν ἐλάττω τῆς ὑπειλημμένης παρὰ τοῖς ἀκούουσιν φαίνεσθαι ποιοῦσιν. Ἐγὼ δὲ τῆς μὲν ἐκείνων ἀρετῆς μέγιστον ἔπαινον ἡγοῦμαι τὸν χρόνον, οὗ πολλοῦ γεγενημένου μείζω τῶν ὑπ' ἐκείνων πραχθέντων οὐδένες ἄλλοι παραδείξασθαι δεδύνηνται.

1 9 καὶ ante καθιστῶνται add. F ‖ 10 καινὸν : κακὸν Qγρ. Y[2].
Ϛ(Ζ) cf. XIV, 1-2. Deficit in rW[a]
1 5 λέγειν add. Swoboda, ex XIV 1 ‖ δύναιτο τῷ λόγῳ codd. : τῷ λόγῳ δύναιτο XIV, 1 multi codd. ‖ 8-9 τῆς — χρόνον codd. : ἐκείνων μὲν ἔπαινον τὸν χρόνον ἡγ- μέγ- XIV, 1 ‖ 11 παραδείξασθαι S : -δέξασθαι cett.

2 Personnellement, je vais essayer de vous dire comment, à mon avis, vous pourriez le mieux vous préparer. Voici les faits : si nous tous, les orateurs, nous brillions par notre talent, vos affaires, je le sais bien, n'en iraient pas mieux : mais qu'un homme, quel soit-il, monte à la tribune et puisse vous montrer avec persuasion les préparatifs qui seront utiles à l'État, leur ampleur, leur provenance, et voilà dissipée [1] toute votre obsession. C'est ce que je vais tâcher de faire dans la mesure de mes forces — après un bref préambule touchant mon opinion sur nos rapports avec le Grand Roi.

VII [VIII]

[*Variante du prologue du discours* Pour les Mégalopolitains.]

1 Les deux partis me semblent coupables, Athéniens, qu'ils se soient déclarés en faveur des Arcadiens ou en faveur des Lacédémoniens : comme s'ils arrivaient séparément de chez ces deux peuples et qu'ils ne fissent point partie de votre Cité à laquelle ces deux États envoient des députés [2], ces hommes s'accusent et se calomnient mutuellement : ce devrait être le propre de ceux qui sont venus vous trouver, tandis que le soin de parler impartialement de la situation, et d'examiner sans dispute le parti le meilleur pour vous, devrait revenir ici à ceux qui se piquent de donner des conseils. **2** Au lieu de cela, que vois-je? Si on leur enlevait le privilège d'être connus et de s'exprimer en attique, on prendrait souvent, je crois, les uns pour des Arcadiens, les autres pour des Laconiens. Pour ma part, je sais combien est difficile la tâche de vous exposer le meilleur avis : trompés collectivement comme

1. Tel est le sens du parfait. Le texte des *Harangues* porte λυθήσεται (la leçon de S, comme il arrive souvent dans ce ms., est le fruit d'un compromis entre les deux leçons λέλυται et λυθήσεται; il porte λελύσεται). Le futur (ou le fut. antérieur) est moins vif que le parfait.

2. Πρεσβεύονται. La harangue porte πρεσβεύουσι. Quoi qu'en dise Weil (note *ad. loc.*), le sens est le même.

2 Αὐτὸς δὲ πειράσομαι τὸν τρόπον εἰπεῖν ὃν ἄν μοι δοκεῖτε μάλιστα δύνασθαι παρασκευάσασθαι. Καὶ γὰρ οὕτως ἔχει· εἰ μὲν ἡμεῖς ἅπαντες οἱ λέγοντες δεινοὶ φανείημεν, οὐδὲν ἂν τὰ ὑμέτερ' εὖ οἶδ' ὅτι βέλτιον σχοίη· εἰ δὲ παρελθὼν ὁστισοῦν δύναιτο διδάξαι καὶ πεῖσαι, τίς παρασκευὴ καὶ πόση καὶ πόθεν πορισθεῖσα χρήσιμος ἔσται τῇ πόλει, πᾶς ὁ παρὼν λέλυται φόβος. Ἐγὼ δὲ τοῦτο, ἂν ἄρ' οἷός τ' ὦ, πειράσομαι ποιῆσαι, μικρὰ προειπὼν ὑμῖν ὡς ἔχω γνώμης περὶ τῶν πρὸς τὸν βασιλέα.

Ζ [Η]

1 Ἀμφότεροί μοι δοκοῦσιν ἁμαρτάνειν, ὦ ἄνδρες Ἀθηναῖοι, καὶ οἱ τοῖς Ἀρκάσιν καὶ οἱ τοῖς Λακεδαιμονίοις συνειρηκότες· ὥσπερ γὰρ ἀφ' ἑκατέρων ἥκοντες, οὐχ ὑμῶν ὄντες, πρὸς οὓς ἀμφότεροι πρεσβεύονται, κατηγοροῦσιν καὶ διαβάλλουσιν ἀλλήλους. Ἦν δὲ τοῦτο μὲν τῶν ἀφιγμένων ἔργον, τὸ δὲ κοινῶς ὑπὲρ τῶν πραγμάτων λέγειν καὶ τὰ βέλτισθ' ὑπὲρ ὑμῶν σκοπεῖν ἄνευ φιλονικίας, τῶν ἐνθάδε συμβουλεύειν | ἀξιούντων. **2** Νῦν δ' ἔγωγε, εἴ τις αὐτῶν ἀφέλοι τὸ γιγνώσκεσθαι καὶ τὸ τῇ φωνῇ λέγειν ἀττικιστί, πολλοὺς ἂν οἶμαι τοὺς μὲν Ἀρκάδας, τοὺς δὲ Λάκωνας αὐτῶν εἶναι νομίσαι. Ἐγὼ δ' οἶδα μὲν ὡς χαλεπὸν τὸ τὰ βέλτιστα λέγειν

2 1 ὃν ἂν FDS mg. Qγρ. : ὃν δὴ SQY[2] ὃν ἂν δὴ YW[b] ‖ 2 δοκεῖτε : δοκῆτε D ‖ 5 παρελθὼν ὁστισοῦν codd : παρ- εἷς ὁστισοῦν XIV, 1 ‖ post δύναιτο add. τις SW[b]FQ τι YD om. Vat. gr. 68, XIV, 2 ‖ 6 πεῖσαι SFQ (cf. XIV, 2) : δεῖξαι Sγρ. Qγρ. YDW[b] ‖ 7 λέλυται codd. : λέλυται aut λυθήσεται aut λελύσεται codd. apud XIV, 2.

Ζ (Η) def. in rW[a]

2 1 ἀφέλοι Bekker (cf. XVI, 1) : ἀφέλοιτο τὸ SYDW[b] FQ ἀφείλετο Qγρ. Y[2] ‖ 4 οἶδα : οἶμαι Fγρ. Qγρ. (ὁρῶ XVI, 2) ‖ τὸ om. XVI, 2.

vous l'êtes, les uns voulant ceci, les autres cela, si un orateur s'avise d'exprimer une opinion intermédiaire et qu'ensuite vous n'ayez pas la patience d'en prendre connaissance, il ne plaira ni aux uns ni aux autres et il sera en butte aux deux partis. **3** Néanmoins, même si je dois subir cette mésaventure, je préférerai passer, moi, pour un vain bavard, plutôt que de m'écarter des avis que j'estime les plus utiles à notre Cité et de vous abandonner sans merci à la tromperie de quelques orateurs. Le reste, j'en parlerai plus tard, si vous n'y voyez pas d'inconvénient, et je vais m'inspirer des vérités reconnues par eux [1] pour essayer de vous apprendre quel est, à mes yeux, le meilleur parti.

VIII [IX]

[*Différence entre l'orateur politique et le rhéteur.*]

1 Si je me suis levé pour vous parler, Athéniens, c'est que je ne partage pas les opinions exprimées par quelques-uns [2]. Je me garderai bien de les accuser d'avoir contredit par malveillance vos intérêts les plus chers : simplement beaucoup d'entre eux négligent de juger la situation et n'ont d'yeux en général que pour les mots qu'ils emploieront, et, quand ils en ont trouvé à foison, ils vous haranguent intrépidement [3]; ils ont tort, ils ne réfléchissent pas que, vu le grand nombre de projets exécutés par nous tous dans un si grand laps de temps, et les contradictions que les circonstances ont fait parfois naître entre eux, si l'on passe sur les uns pour ne citer que les autres, on fait inconsciemment la plus facile des tâches, tout en s'aveuglant soi-même. **2** Ceux qui entendent ainsi leur métier de conseillers, trouvent, me semble-t-il, dans la réputation

1. « Par eux ». Le texte de la *Harangue* porte « par tous » (voir l'apparat). Le prologue suggère qu'un terrain d'entente peut être trouvé en conciliant les arguments des adversaires.

2. Début très vif. Voir le prol. 2, n. 4. On comparera Thucydide, III, 44, 1.

3. Mépris traditionnel de l'orateur pour le rhétorique. Voir la *Notice*, p. 32, n. 2.

ἐστίν· συνεξηπατημένων γὰρ ὑμῶν, καὶ τῶν μὲν ταυτί, τῶν δὲ ταυτὶ βουλομένων, ἐὰν τὰ μεταξύ τις ἐγχειρῇ λέγειν, κᾆθ' ὑμεῖς μὴ περιμένητε μαθεῖν, χαριεῖται μὲν οὐδετέροις, διαβεβλήσεται δὲ πρὸς ἀμφοτέρους. 3 Οὐ μὴν ἀλλ' αἱρήσομαι μᾶλλον αὐτός, ἐὰν ἄρα τοῦτο πάθω, δοκεῖν φλυαρεῖν ἢ παρ' ἃ βέλτιστα νομίζω τῇ πόλει, προέσθαι τισὶν ὑμᾶς ἐξαπατῆσαι. Τὰ μὲν οὖν ἄλλ' ὕστερον, ἐὰν ὑμῖν βουλομένοις ᾖ, λέξω· ἐκ δὲ τῶν ὁμολογουμένων ὑπ' αὐτῶν ἄρξομαι ἃ κράτιστα νομίζω, διδάσκειν.

Η [Θ]

1 Οὐχὶ ταὐτὰ γιγνώσκων ἐνίοις τῶν εἰρηκότων ἀνέστηκα, ὦ ἄνδρες Ἀθηναῖοι. Οὐ μὴν οὐδὲ τούτους αἰτιάσομαι κακίᾳ τἀναντία τοῖς βελτίστοις εἰρηκέναι, ἀλλ' ὅτι πολλοὶ τοῦ τὰ πράγματα κρίνειν ἀμελήσαντες τοὺς λόγους σκοπεῖν οὓς ἐροῦσιν εἰώθασιν, κἂν τούτοις ἀφθόνοις ἐντύχωσιν, ἑτοίμως δημηγορεῖν, οὐκ ὀρθῶς ἐγνωκότες, οὐδὲ λογιζόμενοι παρ' ἑαυτοῖς ὅτι πολλῶν πράξεων ἐν πολλῷ χρόνῳ πᾶσι πεπραγμένων καὶ διὰ τοὺς καιροὺς ἐνίων ὑπεναντίων αὐταῖς, ἂν τὰς ἑτέρας τις ὑπερβαίνων τὰς ἑτέρας λέγῃ, λήσει τὸ ῥᾷστον τῶν ἔργων ποιῶν, αὑτὸν ἐξαπατῶν. 2 Οἱ μὲν οὖν οὕτω χρώμενοι τῷ συμβουλεύειν δοκοῦσί μοι τὴν ἀπὸ τῶν

2 5 ἐξηπατημένων A in XVI, 2 (et Aristides, *Rht. gr.* IX, 379 Walz) ‖ 6 τὰ. F[sl] : om. cett. ‖ 7 κᾆθ' W[b] (κἄτα) : κατα S καθ ἃ (Y?) C (cf. καθα Aristd. *loc. cit.*) καὶ ταῦθ' Y[2] FQ καθ' ὧν D [cf. similes confusiones XXII, 70, XXIV, 178] ‖ περιμένητε SYDW[b]Q (et Aristd; *loc. cit.*) : περιμείνητε FY[2] ‖ **3** 3 ἢ παρ' ex XVI, 3 (et Aristd., *loc. cit.*) : ἤπερ codd. ‖ 6 ὑπ' αὐπῶν codd. : ὑφ' ἁπάντων XVI, 3.

Η(Θ)

1 6 ἀφθόνοις Y (cf. 32 (33), § 2) : ἀφθονῶς SDrW[a]W[b]FQ ‖ 9 ἑτέρας Sγρ. Qγρ. rW[a] : προτέρας SYDW[b]FQ ‖ 10 ἑτέρας rW[a] : ὑστέρας SYDW[b]FQ.

d'éloquence que leur valent leurs propos, une ambition qui comble leurs vœux. Mais à mon avis, si l'on entreprend de conseiller la Cité sur sa politique, on doit veiller plus à l'efficacité des décisions qu'aux moyens d'assurer le succès à des discours improvisés : en effet, il faut qu'à la réputation d'éloquence s'ajoute l'exécution d'un programme efficace, pour que les paroles ne soient pas belles seulement maintenant, mais toujours [1].

IX [X]

[*Appel à l'attention.*]

1 Si vraiment vous connaissez, Athéniens, les mesures les meilleures qu'il y a lieu de prendre dans la situation actuelle, c'est une erreur de vous proposer des conseils : les mesures dont vous jugez les premiers l'utilité, avant de les avoir entendues, pourquoi vous imposer l'ennui stérile de les entendre? Mais, si vous procédez à un examen et à une délibération avec l'idée que votre jugement doit dépendre des discours qui seront prononcés [2], il n'est pas logique d'empêcher ceux qui le veulent, de parler. En agissant ainsi, vous vous privez complètement, de la part des uns, de tous les avis salutaires qu'ils peuvent avoir en tête; pour les autres, vous les obligez, après avoir renoncé à leurs opinions, à vous donner des conseils conformes aux désirs qu'ils vous supposent [3]. **2** C'est se tromper délibérément que de contraindre l'orateur à la tribune de dire ce que vous voulez; mais c'est délibérer que d'écouter son avis, de l'examiner, et, s'il a du bon, d'en profiter. Ces paroles n'annoncent pas des recommandations contraires à celles qui vous plaisent; non, mais il y a une

1. L'orateur tel que l'entend Démosthène « suit » toutes les affaires et ne parle pas au hasard des circonstances (voir la *Notice*, p. 30). Son rôle est d'agir sur la politique du moment en s'inspirant de principes stables; on songe à l'opposition que Thucydide fait entre l'historien conférencier et le savant austère qui, seul, fait œuvre durable comme l'orateur idéal; on comparera la fin du prologue et Thucydide, I, 22; voir aussi les propos de Diodote (Thc., III, 43, 3) et plus loin le prologue 10 (11).

ῥηθέντων τοῦ δύνασθαι λέγειν δόξαν γιγνομένην αὑτοῖς | ἱκανὴν φιλοτιμίαν ἡγεῖσθαι· ἐγὼ δὲ νομίζω χρῆναι τὸν πόλει περὶ πραγμάτων ἐπιχειροῦντα συμβουλεύειν μᾶλλον ὅπως τὰ δόξαντα συνοίσει σκοπεῖν, ἢ πῶς οἱ παραχρῆμα λόγοι χάριν ἕξουσι. Δεῖ γὰρ τοῖς ἐπὶ τῶν λόγων εὐδοκιμοῦσι συμφέροντός τινος ἔργου πρᾶξιν προσεῖναι, ἵνα μὴ νῦν μόνον, ἀλλ' ἀεὶ τὰ ῥηθέντα καλῶς ἔχῃ.

Θ [Ι]

1 Εἰ μὲν ἐγνώκατε, ὦ ἄνδρες Ἀθηναῖοι, τί βέλτιστον ὂν τυγχάνει πρᾶξαι περὶ τῶν παρόντων, ἁμάρτημα τὸ συμβουλεύειν προτιθέναι· ἃ γὰρ αὐτοὶ πρὶν ἀκοῦσαι δοκιμάζετε συμφέρειν, τί δεῖ ταῦτ' ἀκούοντας μάτην ἐνοχλεῖσθαι; Εἰ δὲ σκοπεῖτε καὶ βουλεύεσθ' ὡς ἐκ τῶν ῥηθησομένων δοκιμάσαι δέον, οὐκ ὀρθῶς ἔχει τὸ κωλύειν τοὺς βουλομένους λέγειν. Παρὰ μὲν γὰρ τῶν ὅλως ἀποστερεῖσθ' ἐκ τοῦ τοῦτο ποιεῖν, εἴ τι χρήσιμον ἐντεθύμηνται· τοὺς δ' ἀφέντας ἃ τυγχάνουσιν ἐγνωκότες, ὧν ὑμᾶς ἐπιθυμεῖν οἴονται, ταῦτα ποιεῖτε συμβουλεύειν. 2 Ἔστιν δ' ἁμαρτάνειν μὲν βουλομένων τὸ συναναγκάζειν τὸν παριόνθ' ἃ βούλεσθε λέγειν, βουλευομένων δ' ἀκούσαντας ἃ γιγνώσκει σκοπεῖν, κἂν τι καλῶς ἔχῃ, χρῆσθαι. Λέγω δὲ ταῦτ' οὐκ ἐναντία τοῖς ὑμῖν ἀρέσκουσιν μέλλων παραινεῖν, ἀλλ' ἐκεῖν' εἰδώς,

2 3 αὑτοῖς Y : αὐτοῖς cett. (αυτοις S) ‖ 6 συνοίσει $r^{sl}W^{a}$: συνοίσειν cett. (et r) ‖ σκοπεῖν $SY^{2}DrW^{a}W^{b}FQ$: σκοπεῖ Y ‖ πῶς $S^{ac}Y$: ὅπως $S^{pc}Y^{2}DrW^{a}W^{b}FQ$ (cf. 16 (17) ‖ 9 μόνον νῦν r.

Θ (Ι)

1 1 μὲν : μὲν οὖν D ‖ 2 ὂν om. r ‖ 4-5 δεῖ... ἐνοχλεῖσθαι [-σθε W^{a}(?)] SYW^{a2} e corr. FQ : δῆτ'... ἐνοχλεῖσθαι W^{b} δή... ἐνοχλεῖσθε rD (δὴ in ras. D) ‖ 7 μὲν γὰρ τῶν $SYDW^{b}Q$: μὲν τῶν FY^{2} ὧν μὲν γὰρ rW^{a} ‖ 8 τοῦ τοῦτο : τούτου τὸ FQ (noverat Schol. p. 737b) ‖ **2** 2 βούλεσθε $S^{2}QrY^{2}W^{b}$ βούλεσθ].ε.F^{sl} : βούλεσθαι $SYDW^{a}F$ ‖ 3 δ' : δὲ τὸ rW^{a} ‖ 5 ὑμῖν $YDrW^{a}W^{b}$: ἡμῖν SFQ.

chose que je sais, c'est que si vous ne consentez pas à écouter vos contradicteurs, ils diront que vous avez été dupés, au lieu que, si vous n'êtes pas persuadés après les avoir écoutés, on reconnaîtra sur-le-champ qu'ils vous recommandaient le mauvais parti [1].

X [XI]

[*Délibération n'est pas accusation.*]

Vous reconnaissez tous, je pense, Athéniens, qu'aujourd'hui vous n'êtes pas venus pour juger l'un des coupables [2], mais pour délibérer sur les affaires présentes. Il faut donc surseoir aux accusations, toutes tant qu'elles sont, et ne parler dans votre assemblée [3] contre tout individu qui se sera attiré la réprobation intime de chacun de vous, qu'au moment où nous jugerons quelqu'un. A-t-on quelque chose d'utile, de profitable à dire, c'est maintenant qu'il faut le révéler; le rôle d'accusateur incombe à ceux qui critiquent le passé; celui de conseiller a pour objet le présent et le futur [4]. L'heure n'est donc pas, je pense, aux injures ni aux critiques, mais bien aux conseils. Aussi m'emploierai-je à éviter d'encourir le reproche que je leur adresse, et à vous donner les conseils qui sont, à mes yeux, les meilleurs dans les circonstances présentes.

XI [XII]

[*Contre l'esprit de faction.*]

1 Personne, je crois, ne conteste, Athéniens, qu'il est d'un mauvais citoyen et d'un esprit mesquin de haïr ou d'aimer tel de vos hommes publics, au point de n'avoir aucun souci des intérêts supérieurs de la Cité, et de ne s'inspirer, dans les discours adressés au peuple, que de la

1. La liberté de parole est le meilleur moyen de supprimer les factions. On notera le trait final : si un orateur n'a pas réussi à persuader son auditoire, c'est que son programme est mauvais.

ὅτι ἂν μὲν μὴ 'θελήσητε τῶν ἀντιλεγόντων ἀκοῦσαι, ἐξηπατῆσθαι φήσουσιν ὑμᾶς, ἂν δ' ἀκούσαντες μὴ πεισθῆτε, ἐξεληλεγμένοι παραχρῆμ' ἔσονται τὰ χείρω παραινοῦντες.

Ι [ΙΑ]

Οἴομαι πάντας ὑμᾶς, ὦ ἄνδρες 'Αθηναῖοι, γιγνώσκειν ὅτι οὐ κρινοῦντες ἥκετε τήμερον οὐδένα τῶν | ἀδικούντων, ἀλλὰ βουλευσόμενοι περὶ τῶν παρόντων. Δεῖ τοίνυν τὰς μὲν κατηγορίας ὑπερθέσθαι πάσας, καὶ τότ' ἐν ὑμῖν λέγειν καθ' ὅτου πέπεικεν ἕκαστος ἑαυτόν, ὅταν τινὰ κρίνωμεν· εἰ δέ τίς τι χρήσιμον ἢ συμφέρον εἰπεῖν ἔχει, τοῦτο νῦν ἀποφαίνεσθαι. Τὸ μὲν γὰρ κατηγορεῖν τοῖς πεπραγμένοις ἐγκαλούντων ἐστίν, τὸ δὲ συμβουλεύειν περὶ τῶν παρόντων καὶ γενησομένων προτίθεται. Οὐκοῦν οὐ λοιδορίας οὐδὲ μέμψεως ὁ παρὼν καιρός, ἀλλὰ συμβουλῆς εἶναί μοι δοκεῖ. Διὸ πειράσομαι μὲν φυλάξασθαι, ὃ τούτοις ἐπιτιμῶ, μὴ παθεῖν αὐτός, συμβουλεῦσαι δ' ἃ κράτιστα νομίζω περὶ τῶν παρόντων.

ΙΑ [ΙΒ]

1 Οὐδέν' ἀντειπεῖν, ὦ ἄνδρες 'Αθηναῖοι, νομίζω, ὡς οὐ κακοῦ πολίτου καὶ φαύλου τὴν γνώμην ἀνδρός ἐστιν οὕτω τινὰ μισεῖν ἢ φιλεῖν τῶν ἐπὶ τὰ κοινὰ προσιόντων ὥστε τοῦ τῇ πόλει βελτίστου μηδὲν φροντίζειν, ἀλλὰ τὰ

Ι (ΙΑ)

1 1 ὦ ἄ. 'Α. post γιγνώσκειν habent rW[a] ‖ 4 ὑπερθέσθαι Fγρ. Qγρ. Y[2]W[a] : προέσθαι SYDrW[b]FQ ‖ 6 ἔχει W[b] (cf. IX, 76) : ἔχοι cett. ‖ 7 ἀποφαίνεσθαι : ἀποφαινέσθω Q ἀποφαινέσθ].ω. F[sl] ‖ 7-8 τοῖς πεπραγμένοις SYDW[b]FQ : τῶν πεπραγμένων rW[a]Sγρ. Fγρ. Qγρ. ‖ 12-13 συμβουλεῦσαι : συμβουλεύσω D.

ΙΑ (ΙΒ)

1 3 οὕτω : οὐ τὸ rW[a] ‖ μισεῖν ἢ φιλεῖν : φιλεῖν ἢ μισεῖν r ‖ 4 ἀλλὰ om. rW[a].

malveillance ou de l'amitié, toutes choses que font certains orateurs à cette tribune [1]. Pour moi, je voudrais leur donner seulement un avis : ce qui est très grave, à mon sens, dans leur cas, n'est même pas d'avoir commis une faute de ce genre, mais c'est de montrer qu'ils sont tout disposés également à ne jamais y mettre un terme. **2** Quant à vous, je vous recommande de ne pas abandonner vos intérêts et de ne pas tenir pour une réparation suffisante de leur faire expier leurs fautes quand bon vous semblera : faites-leur obstacle dans la mesure de vos forces; et, spontanément, comme c'est le devoir de tous ceux qui délibèrent pour le bien de la Cité, bannissez vos querelles privées et n'ayez d'yeux que pour l'intérêt supérieur de l'État : dites-vous que personne, pas même le corps entier des hommes politiques, ne peut être puni de façon exemplaire, si les lois dont vous dépendez sont détruites [2].

XII [XIII]

[*Un jeune orateur revendique le droit de parler.*]

Peut-être quelques-uns, Athéniens, trouveront-ils choquant de voir un simple particulier [3], un homme pris parmi vous tous, monter à la tribune malgré les conseils déjà donnés par d'autres orateurs que leur habitude de la politique et leur renom auprès de vous mettent au premier rang, et dire que non seulement à son avis ils ne parlent pas sensément, mais encore qu'ils sont bien loin d'avoir un jugement pertinent. Néanmoins, je suis tellement persuadé, moi, de la supériorité de mes avis sur les leurs que — je l'affirmerai hardiment — tout ce qu'ils ont pu dire n'a aucune valeur. Je pense qu'à votre tour vous agiriez raisonnablement si vous aviez égard non à la personne de

1. Même idée au début du discours *sur la Chersonèse*, 1.

2. Les lois écrites distinguent la démocratie de la tyrannie : idée banale, qu'on trouve dans Eschine, *Contre Ctés.*, 196-200, mais qui est ici présentée sous une forme « dramatique ». Voir la *Notice*, p. 28.

μὲν πρὸς ἐπήρειαν, τὰ δὲ πρὸς φιλίαν δημηγορεῖν, ἃ ποιοῦσιν ἔνιοι τῶν δευρὶ παριόντων. Ἐγὼ δὲ τούτοις μὲν τοσοῦτον ἂν εἴποιμι, ὅτι μοι δοκοῦσιν οὐδ' εἴ τι πεποιήκασιν τοιοῦτον μέγισθ' ἡμαρτηκέναι, ἀλλ' ὅτι δηλοῦσιν οὐδέποτ' οὐδὲ παύσασθαι παρεσκευασμένοι.
2 Ὑμῖν δὲ παραινῶ μὴ προϊεμένους ὑμᾶς αὐτοὺς ἱκανὸν τοῦτο νομίζειν, δίκην, ὅταν ὑμῖν δόξῃ, παρὰ τούτων λαβεῖν, ἀλλὰ καὶ τούτους, ὅσον ἐστὶν ἐν ὑμῖν, κωλύειν, καὶ αὐτούς, ὡς ὑπὲρ πόλεως προσήκει βουλευομένους, τὰς ἰδίας ἀνελόντας φιλονικίας τὸ κοινῇ βέλτιστον σκοπεῖσθαι, ἐνθυμουμένους ὅτι οὐδείς, οὐδ' ἅμα πάν|τες οἱ πολιτευόμενοι, τῶν νόμων, ἐφ' οἷς ὑμεῖς ἐστε, ἀξιόχρεῳ εἰσι διαφθαρέντων δίκην δοῦναι.

ΙΒ [ΙΓ]

Ἴσως ἐπίφθονον ἄν τισιν, ὦ ἄνδρες Ἀθηναῖοι, δόξειεν εἶναι, εἴ τις ὢν ἰδιώτης καὶ τῶν πολλῶν ὑμῶν εἷς, ἑτέρων συμβεβουλευκότων, οἳ καὶ τῷ πάλαι πολιτεύεσθαι καὶ τῷ παρ' ὑμῖν δόξαν ἔχειν προέχουσιν, παρελθὼν εἴποι, ὅτι οὐ μόνον αὐτῷ δοκοῦσιν οὐκ ὀρθῶς λέγειν, ἀλλ' οὐδ' ἐγγὺς εἶναι τοῦ τὰ δέοντα γιγνώσκειν. Οὐ μὴν ἀλλ' ἔγωγ' οὕτω σφόδρ' οἶμαι μᾶλλον ὑμῖν συμφέροντ' ἐρεῖν τούτων, ὥστ' οὐκ ὀκνήσω πάνθ' ἃ τυγχάνουσιν εἰρηκότες ἄξια μηδενὸς εἶναι φῆσαι. Νομίζω δὲ καὶ ὑμᾶς ὀρθῶς ἂν ποιεῖν, εἰ μὴ τὸν λέγοντα, ἀλλὰ τὰ

1 5 φιλίαν Schaefer : φιλονεικίαν codd. ‖ 7-8 οὐδ' — τοιοῦτον SYDFQ : οὐχ ὅτι πεποιήκασι τοῦτο r$W^a$$W^b$ ‖ 9 δηλοῦσι : δῆλοί εἰσι r^{sl} ‖ παύσασθαι rW^a : παύσεσθαι SYDW^bFQ ‖ **2** 4 ὡς ὑπὲρ πόλεως rW^a : ὥσπερ ὕπερ πόλεως SDFQY^2 (hanc juncturam vitat orator, cf. XXI, 213) ὥσπερ πόλεως YW^b ὑπὲρ πόλεως W^b ὑπὸ πόλεως Qγρ. ‖ 7 νόμων SYDW^bFQ : ὅλων rW^a ‖ 8 ἀξιόχρεῳ YDrM^b : ἀξιόχρεώς SW^aFQ ‖ εἰσι SYDrW^bF : ἐστι W^aQ .ἐστι. F^{sl}.

l'orateur mais aux conseils donnés. Il faut, Athéniens, que votre sympathie soit acquise non pas à une caste [1], comme un privilège héréditaire [2], mais à ceux qui expriment chaque fois le meilleur avis.

XIII [XIV]

[*Hardiesse des délibérations, refus d'exécution.*]

1 Je voudrais, Athéniens, que vous prêtiez toute votre attention à ce que je vais vous dire : la chose est d'importance. Je me demande bien pour quelle raison, avant de monter à l'Assemblée, le premier venu que vous rencontrez peut indiquer avec aisance les moyens propres à améliorer la situation présente; pourquoi de nouveau dès la séance levée [3], chacun dira non moins bien ce qui s'impose; au lieu qu'au moment même d'examiner la question, quand vous êtes rassemblés, vous écoutez des gens qui parlent de tout plutôt que de ces points-là. **2** Serait-ce, Athéniens, que, s'il s'agit de connaître votre devoir, chacun de vous est à la hauteur et peut indiquer savamment le devoir de son prochain, et qu'en revanche au moment de s'exécuter, aucun n'aime pour son compte payer de sa personne? Serait-ce que dans le privé chacun s'en prend aux autres comme si vraiment il devait passer pour capable d'exécuter lui-même sans retard les mesures les plus salutaires, et qu'en revanche dans la vie publique vous vous gardez [4] de voter des mesures qui vous mettraient dans l'obligation tous tant que vous êtes de remplir l'une de vos charges [5]? **3** Ah ! si vous pensez qu'il ne se présentera aucun moment critique pour forcer l'ironie évasive que vous affectez [6], peut-être est-il bon de continuer sur ce pied-là; mais si vous voyez que les difficultés approchent [7], il faut veiller à ne pas les combattre de près [8] quand vous pouvez vous

1. Sur cette protestation, voir la *Notice*, p. 26.

2. Même idée, plus amplement développée, dans le prologue 54 (55), § 2.

3. Sur le comique de ce prologue, voir la *Notice*, p. 41, il exploite un lieu commun que l'on voit ébauché dans Isocrate, *Sur la Paix*, 52. — La soudaineté de ce geste est caricaturale.

συμβουλευόμενα σκοποῖτε. Δεῖ γάρ, ὦ ἄνδρες Ἀθηναῖοι, τὴν παρ' ὑμῶν εὔνοιαν μή τισιν, ὥσπερ ἐκ γένους, ἀλλὰ τοῖς τὰ βέλτιστ' ἀεὶ λέγουσιν ὑπάρχειν.

ΙΓ [ΙΔ]

1 Βουλοίμην ἂν ὑμᾶς, ὦ ἄνδρες Ἀθηναῖοι, προσέχοντας ἃ μέλλω λέγειν ἀκοῦσαι· καὶ γάρ ἐστιν οὐ μικρά. Ἐγὼ θαυμάζω τί δή ποτε, πρὶν μὲν εἰς τὴν ἐκκλησίαν ἀναβῆναι, ὅτῳ τις ἂν ὑμῶν ἐντύχῃ, οὗτος εὐπόρως εἰπεῖν ἔχει δι' ὧν ἂν τὰ παρόντα πράγματα βελτίω γένοιτο· καὶ πάλιν αὐτίκα δὴ μάλ' ἐὰν ἀπέλθητε, ὁμοίως ἕκαστος ἐρεῖ τὰ δέοντα· ἐν δὲ τῷ περὶ τούτων σκοπεῖν ὄντες καὶ συνειλεγμένοι πάντα μᾶλλον ἢ ταῦτα λεγόντων τινῶν ἀκούετε. 2 Ἆρά γε, ὦ ἄνδρες Ἀθηναῖοι, γνῶναι μὲν ἔστιν ἑκάστῳ τὰ δέονθ' ὑμῶν καὶ τὰ τῶν ἄλλων εἰπεῖν ἐπίσταται, ποιῶν δ' αὐτὸς ἕκαστος οὐ χαίρει, εἶτ' ἰδίᾳ μέν, ὡς ἄρ' αὐτὸς ἑτοίμως τὰ βέλτιστ' ⟨ἂν⟩ πράττειν δόξων, τοῖς | ἄλλοις ἐπιτιμᾷ, κοινῇ δ' εὐλαβεῖσθε τὰ τοιαῦτα ψηφίζεσθαι δι' ὧν ἐν τῷ λῃτουργεῖν τι τῶν καθηκόντων ἅπαντες ἔσεσθε; 3 Εἰ μὲν τοίνυν μηδένα καιρὸν οἴεσθ' ἥξειν ὃς εἴσω τῆς εἰρωνείας ἀφίξεται ταύτης, καλῶς ἂν ἔχοι τοῦτον τὸν τρόπον διάγειν· εἰ δὲ τὰ πράγμαθ' ὁρᾶτ' ἐγγυτέρω προσάγοντα, δεῖ σκοπεῖσθαι ὅπως μὴ πλησίον αὐτοῖς

ΙΓ (ΙΔ)

1 1 βουλοίμην ἂν YDrW^aW^b : βουλοίμην τοίνυν ἂν SFQY^2 ‖ 2-3 καὶ — μικρά [μακρά (Y?)C] SW^bFQY^2 : ἐστι γὰρ οὐ μακρά DrW^a ‖ 4 οὗτος SYDF : οὕτως rW^aW^bQ οὗτ].ως. F^{sl} ‖ 6 καὶ om. r ‖ **2** 2 καὶ τὰ SYDFQ : καὶ κατὰ rW^aW^b ‖ 4 χαίρει εἶτ' rW^b : χαιρεῖται SYDFQ χαίρει W^a ‖ ἰδίᾳ μέν om. W^a ‖ 5 ἂν add. Blass ‖ ἐπιτιμᾷ r W^aW^b : ἐπιτιμᾶν SYDFQ ‖ 6 εὐλαβεῖσθε W^b : εὐλαβεῖσθαι cett.

en garder de loin et à ne pas trouver dans ceux que vous avez laissé faire aujourd'hui des gens qui plus tard se réjouiront de vos malheurs [1].

XIV [XV]

[*Comment remédier aux malheurs actuels.*]

1 En ce qui concerne la situation actuelle de notre Cité, Athéniens, bien qu'elle ne se présente pas comme il faudrait, il ne me semble pas du tout malaisé de chercher la politique capable de l'améliorer. Toutefois, quel style [2] faut-il prendre pour vous en parler, c'est un cas bien épineux, à mon avis; non que vous ne puissiez comprendre ce qu'on vous dit, mais vous me paraissez si habitués à entendre de nombreux mensonges et toutes sortes de propos plutôt que les avis les plus profitables à vos affaires, que je crains de voir celui qui vous aura donné aujourd'hui les avis les plus profitables récolter l'hostilité qu'auraient dû trouver chez vous ceux qui vous ont jadis trompés. **2** C'est que, je le vois, vous haïssez souvent non les responsables des événements, mais ceux qui sont les derniers à vous en avoir parlé. Néanmoins, quoique je pèse si minutieusement tous ces inconvénients, je crois bon de laisser de côté tous les autres sujets pour me borner à la situation présente et vous donner les avis que j'estime les meilleurs [3].

XV [XVI]

[*Réglons nos affaires avant celles d'autrui.*]

Je voudrais, Athéniens, vous voir user à votre égard de la même humanité [4] qui règle votre conduite à l'égard

1. L'ironie du prologue fait place subitement à la gravité.
2. Voir la *Notice*, p. 17 et p. 51. — Même tournure dans la *Troisième Olynthienne*, 3.

μάχησθε, ἃ πόρρωθεν ἔξεστι φυλάξασθαι, καὶ τοὺς νῦν περιοφθέντας ἐφηδομένους ὕστερον ἕξεθ' οἷς ἂν πάσχητε.

ΙΔ [ΙΕ]

1 Περὶ μὲν τῶν παρόντων, ὦ ἄνδρες Ἀθηναῖοι, πραγμάτων τῇ πόλει, καίπερ οὐκ ἐχόντων ὡς δεῖ, οὐ πάνυ μοὶ δοκεῖ τῶν χαλεπῶν εἶναι ζητῆσαι τί ἄν τις πράξας βελτίω ποιήσειεν. Ὅντινα μέντοι χρὴ τρόπον πρὸς ὑμᾶς εἰπεῖν περὶ αὐτῶν, τοῦτο παμπόλλην δυσκολίαν ἔχειν νομίζω, οὐχ ὡς οὐ συνησόντων ὅ τι ἄν τις λέγῃ, ἀλλ' οὕτω πολλὰ καὶ ψευδῆ καὶ πάντα μᾶλλον ἢ τὰ βέλτιστα τοῖς πράγμασιν συνειθίσθαι μοι δοκεῖτ' ἀκούειν, ὥστε δέδοικα μὴ τῷ νῦν τὰ βέλτιστ' εἰπόντι, ἣν τοῖς τότε ἐξηπατηκόσιν προσῆκεν ἀπέχθειαν ὑπάρχειν παρ' ὑμῶν, ταύτην ἀπενέγκασθαι συμβῇ. 2 Ὁρῶ γὰρ ὑμᾶς πολλάκις οὐ τοὺς αἰτίους τῶν πραγμάτων μισοῦντας, ἀλλὰ τοὺς ὑστάτους περὶ αὐτῶν εἰπόντας τι πρὸς ὑμᾶς. Οὐ μὴν ἀλλὰ καίπερ οὕτως ἀκριβῶς ταῦτα λογιζόμενος, ὅμως οἶμαι δεῖν, πάντα παρεὶς τἄλλα, περὶ αὐτῶν τῶν παρόντων ἃ κράτιστα νομίζω λέγειν.

ΙΕ [ΙϚ]

Ἐβουλόμην ἂν ὑμᾶς, ὦ ἄνδρες Ἀθηναῖοι, ᾗ πρὸς τοὺς ἄλλους ἅπαντας εἰώθατε προσφέρεσθαι φιλαν-

3 6 ἕξετ(ε) rW^a^W^b^ (de inconcinnitate μάχησθε — ἕξετε, cf. K.G³. p. 376 A.5 et Dem. *Ol.*, I, 2, n. 6 Weil) : ἔχητε SYFQ ἔχοιτε D εξητε Sγρ. Qγρ.

ΙΔ (ΙΕ)

1 2 δεῖ SrW^a^W^b^FQ : ἔδει YD ‖ 4 μέντοι SYDW^a^FQ : μοι r μὲν W^b^ μὲν τοίνυν Qγρ. ‖ 5-6 δυσκολίαν ἔχειν SYDW^b^FQ : ἔχειν δυσκολίαν rW^a^ ‖ ὅ τι ἂν : ὅταν F ‖ 9 νῦν τὰ rW^a^ : τὰ νῦν cett. ‖ 10 τότε rW^a^ (cf. III, 13) : om. cett. ‖ **2** 5 δεῖν rW^a^ : om. cett. ‖ post νομίζω add. δεῖ Y δεῖν D.

de tous les autres peuples; mais hélas ! vous êtes mieux inspirés pour remédier aux malheurs d'autrui que pour vous soucier de ceux qui vous arrivent. Sans doute pourrait-on dire que précisément ce qui vaut les plus grands éloges à notre Cité, c'est d'affronter délibérément de nombreux dangers sans l'espoir d'aucun profit personnel, pour défendre la simple justice [1]; personnellement, je trouve fondée cette opinion qu'on se fait de notre Cité, je l'approuve; mais j'estime aussi que c'est le fait des hommes sages d'avoir autant égard à leurs affaires particulières qu'à celles d'autrui — et ce, afin que vous ne fassiez pas preuve seulement d'humanité, mais aussi de bon sens [2].

XVI [XVII]

[*Traiter l'ordre du jour sans digression.*]

Peut-être, Athéniens, convient-il que l'orateur désireux de vous recommander un avis essaie de parler de telle manière que vous puissiez le supporter, ce qui signifie [3] qu'il fasse abstraction de tout le reste, pour borner ses conseils à l'objet précis de votre examen [4] — et ce, le plus brièvement possible : ce n'est pas, me semble-t-il, par manque de discours, ni par aveuglement [5] que vous avez ruiné complètement vos affaires, mais parce que les uns ne songent qu'à leur intérêt dans leurs harangues et dans leur vie politique, et que les autres, qui n'ont pas encore fait leurs preuves dans ce domaine, se soucient de la façon d'acquérir une réputation d'orateurs consommés plus que des moyens d'exécuter un programme efficace inspiré de leurs discours [6]. Moi-même, pour qu'à mon insu je ne fasse pas tout le premier le contraire de ce que je préconise,

1. Démosthène, malgré son panhellénisme, a toujours détaché Athènes des autres cités grecques pour ses vertus chevaleresques et son amour de la liberté (voir *Deux. Phil.*, 8).

2. Démosthène, selon les besoins du moment, tantôt, comme ici, insiste sur l'intérêt d'Athènes, tantôt, comme dans le prologue 21 (22), se préoccupe de l'intérêt des Grecs. Il n'y a pas lieu d'opposer ces deux professions de foi : elles ne sont en fait que les deux aspects d'une politique qui a voulu concilier le patriotisme athénien et la liberté grecque.

θρωπίᾳ, ταύτῃ καὶ πρὸς ὑμᾶς αὐτοὺς χρῆσθαι· νυνὶ | δ' ἀμείνους ἐστὲ τὰ τῶν ἄλλων δείν' ἐπανορθοῦν ἢ τῶν ὑμῖν αὐτοῖς συμβαινόντων φροντίζειν. Ἴσως μὲν οὖν αὐτὸ τοῦτό τις ἂν φήσειε μέγιστον ἔπαινον φέρειν τῇ πόλει, τὸ μηδενὸς ἕνεκα κέρδους ἰδίου πολλοὺς κινδύνους ὑπὲρ αὐτοῦ τοῦ δικαίου προῃρῆσθαι. Ἐγὼ δὲ ταύτην τ' ἀληθῆ τὴν δόξαν εἶναι νομίζω κατὰ τῆς πόλεως καὶ βούλομαι, κἀκεῖνο δ' ὑπολαμβάνω σωφρόνων ἀνθρώπων ἔργον εἶναι, ἴσην πρόνοιαν τῶν αὑτοῖς οἰκείων ὅσηνπερ τῶν ἀλλοτρίων ποιεῖσθαι, ἵνα μὴ φιλάνθρωποι μόνον, ἀλλὰ καὶ νοῦν ἔχοντες φαίνησθε.

ΙϚ [ΙΖ]

Ἴσως, ὦ ἄνδρες Ἀθηναῖοι, προσήκει τῷ βουλομένῳ τι παραινεῖν ὑμῖν οὕτω πειρᾶσθαι λέγειν ὡς καὶ δυνήσεσθ' ὑπομεῖναι· ἔστι δὲ τοῦτο, ἀφέντα τοὺς ἄλλους ἅπαντας λόγους, περὶ αὐτῶν ὧν σκοπεῖτε συμβουλεύειν, καὶ ταῦθ' ὡς διὰ βραχυτάτων. Οὐ γὰρ ἐνδείᾳ μοι δοκεῖτε λόγων οὐδὲ δι' ἄγνοιαν τὰ πράγματα ἀπολωλεκέναι πάντα, ἀλλὰ τῷ τοὺς μὲν ἑαυτῶν ἕνεκα δημηγορεῖν καὶ πολιτεύεσθαι, τοὺς δὲ μήπω τούτου δεδωκότας πεῖραν μᾶλλον ὅπως εὖ δόξουσι λέγειν σπουδάζειν, ἢ πῶς ἔργον ἐξ ὧν λέγουσί τι συμφέρον πραχθήσεται. Ἐγὼ δ' ἵνα μὴ λάθω τοὐναντίον οὗ φημὶ δεῖν αὐτὸς ποιῶν,

ΙΕ (ΙϚ)
11-12 ὅσην περ τῶν : ὅσην περὶ τῶν F.
ΙϚ (ΙΖ)
2 παραινεῖν DrW^a : περαίνειν SYW^{b}FQ ‖ 3 ἔστι δὲ rW^a : εἰ δὲ μὴ SYDW^{b}FQ ‖ ἀφέντα Feliciano : ἀφέντας codd. ‖ 4 λόγους rW^{a}FQ : om. SYDW^b ‖ 5 δοκεῖτε SYDW^{b}FQ : δοκεῖ rW^a ‖ 6 δι' — πάντα [πάντα post πράγματα habet W^b] rW^{a}W^b : νῦν ὁρᾶν τὰ πράγματα πάντα λελυμασμένα SYDFQ ‖ 9 πῶς SYW^{b}FQ : ὅπως DrW^a (cf. 8 (9), 2).

et que je ne parle pas sur les autres questions plus longuement que sur celles qui m'ont appelé à cette tribune, je ferai abstraction de tout le reste, pour me borner [1] aux conseils que, tout de suite [2], je vais tâcher de vous donner.

XVII [XVIII]

[*Invitation pressante à l'attention.*]

Il me semble que vous auriez raison, Athéniens, de prêter votre attention à tout orateur qui s'engagerait à vous montrer que la justice se confond avec votre intérêt dans la délibération présente [3]. Pour moi, c'est ce que je compte faire sans difficulté, si, de votre côté, vous vous en remettez un instant à moi, un court instant [4]. Il ne faut pas que chacun de vous reste toujours persuadé de la justesse de ses vues touchant la situation présente : s'il arrive qu'on y contredise, qu'il examine tout, en écoutant patiemment; puis s'il trouve certains propos bien fondés, qu'il en fasse son profit. Car le succès d'une mesure sera tout autant votre œuvre, à vous qui la mettrez à profit, que celle de l'orateur qui vous l'aura proposée [5]. Le principe d'une délibération correcte [6], consiste à ne pas se montrer décidé avant d'avoir entendu les avis qui doivent aboutir à cette décision [7]. On ne peut comparer ni l'occasion ni la méthode selon qu'il faut ratifier une résolution ou examiner ce qui semble de première utilité [8].

XVIII [XIX]

[*Il faut écouter les thèses opposées.*]

C'est avec vous, Athéniens, que je veux décider à cette tribune si oui ou non il faut que je parle. Pourquoi suis-je

1. Là encore nous suivons le texte de rW^a; il s'accorde avec le début du prologue dont il reprend les termes principaux (περαίνειν, περὶ αὐτῶν). Pour cet emploi de περὶ αὐτῶν, voir aussi le *prol.* 14 (15), 2 et la *Quatr. Phil.*, 1. — Le texte des autres mss. est, ou bien incompréhensible (M^a), ou bien d'un rythme maladroit et ne reprend pas le début du prologue, comme la logique le demande ($SYDW^bFQ$).

καὶ πλείω περὶ τῶν ἄλλων ἢ περὶ ὧν ἀνέστην λέγων, ἀφεὶς τἄλλα πάντα, περὶ αὐτῶν ἃ παραινῶ καὶ δὴ πειράσομαι πρὸς ὑμᾶς εἰπεῖν.

ΙΖ [ΙΗ]

Δοκεῖτέ μοι δικαίως ἄν, ὦ ἄνδρες Ἀθηναῖοι, προσέχειν τὸν νοῦν, εἴ τις ὑπόσχοιθ' ὑμῖν ταὐτὰ δίκαια | καὶ συμφέροντα δείξειν ὄνθ' ὑπὲρ ὧν βουλευόμεθα. Ἐγὼ τοίνυν οἴομαι τοῦτο ποιήσειν οὐ χαλεπῶς, ἂν ὑμεῖς βραχύ μοι πεισθῆτε πάνυ. Μὴ πάντα, ὡς ἕκαστος ἔχει γνώμης ὑμῶν περὶ τῶν παρόντων, ὀρθῶς ἐγνωκέναι πεπείσθω, ἀλλ' ἐὰν παρὰ ταῦτά τι συμβαίνῃ λέγεσθαι, σκοπείτω πάνθ' ὑπομείνας ἀκοῦσαι, εἶτ' ἂν ὀρθῶς εἰρῆσθαί τι δοκῇ, χρήσθω. Οὐ γὰρ ἧττον ὑμέτερον ἔσται τῶν χρησομένων τὸ κατορθωθὲν τοῦ πρὸς ὑμᾶς εἰπόντος. Ἡ μὲν οὖν ἀρχὴ τοῦ σκοπεῖν ὀρθῶς ἐστιν μὴ βεβουλεῦσθαι πρὶν ἐξ ὧν δεῖ βουλεύσασθαι ἀκοῦσαι. Οὐ γὰρ αὑτὸς οὔτε καιρὸς οὔτε τρόπος τοῦ τ' ἐπικυρῶσαι τὰ δοκοῦντα καὶ τοῦ σκέψασθαι τί πρῶτον δοκεῖ συμφέρειν.

ΙΗ [ΙΘ]

Μεθ' ὑμῶν, ὦ ἄνδρες Ἀθηναῖοι, παρελήλυθα βουλευσόμενος, πότερον χρή με λέγειν ἢ μή. Δι' ὃ δ' αὐτὸς

12 ἢ — λέγων rW^{a} (cf. 51 (52), l. 13) : λέγων [λέγω F^{ec}] ἢ περὶ ὧν ἀνέστην ἐρῶν SYDW^{b}FQ ‖ 13 περὶ αὐτῶν ἃ rW^{a} (cf. 14 (15), 2,5-6; 55 (56), 2; X, 1) : περὶ αὐτὰ M^{a} ἃ SYDW^{b}FQ.

ΙΖ (ΙΗ)

Ab ἐγνωκέναι (17,6) usque ad τε λόγους (Pr. 24 (25), 2) pro Y deficiente C adhibetur

1 ἄν om. F ‖ 2 ταὐτὰ S^{ac}W^{b} : ταῦτα S^{pc}YDrW^{a}FQ ‖ 5 ἔχει YDrW^{a}W^{b}F : ἔχῃ SQ ‖ 6 γνώμης ἔχει W^{b} ‖ 9 ὑμέτερον om. rW^{a} ‖ 9-10 ἔσται τῶν χρησόμενων : τῶν χρησάμενων ἔσται rW^{a} ‖ 10 τοῦ codd. : ἢ τοῦ Wolf, edd., injuria (cf. III, 32; Xén., *Cyr.* 3, 3, 41) ‖ 11 post ἐστιν add. πρὸς ἅπαντα W^{a} ‖ 13 αὑτὸς S^{ac} : ὁ αὐτὸς rW^{a}W^{b} αὐτὸς S^{pc}DCF αυτὸς Q ‖ τ' om. rW^{a}.

embarrassé pour trancher tout seul, je vais vous l'expliquer. C'est une nécessité, à mon sens, pour qui veut ne se montrer complaisant ni envers soi-même ni envers tel ou tel, mais dire dans votre intérêt ce qu'il tient dans sa conviction intime pour le plus utile, de soutenir les avis judicieux des deux partis et en revanche de contredire toutes leurs prétentions injustes [1]. Si de votre côté vous écoutiez patiemment l'exposé de ces deux thèses présenté succinctement, [2] vous délibéreriez bien mieux sur tout le reste; mais si vous désertiez ma cause avant d'en être instruits, peut-être que sans avoir lésé aucun des deux partis, je serais exposé à la calomnie des deux partis ligués : or, je ne mérite pas cela. Ordonnez donc, je suis prêt à parler sinon, il est honorable aussi pour moi de me taire [3].

XIX [XX]

[*Délibérons au lieu de nous accuser.*]

1 La justice et votre intérêt [4], Athéniens, vous com mandent, je pense, de laisser de côté les griefs et les accusations, quand il faut délibérer, et de dire sur la situation présente ce que chacun croit le meilleur. Qu'il y ait des responsables [5] du mauvais état de nos affaires, c'est ce que nous savons tous; mais de vous dire la façon dont elles pourraient s'améliorer, voilà la tâche d'un conseiller. **2**
D'ailleurs, je considère, moi, qu'il est d'autres accusateurs, et des accusateurs accablants [6] pour les coupables : ce ne sont point ceux qui fouillent leur passé dans les circonstances actuelles où ils échapperont à toute sanction; ce sont les hommes qui auront pu vous donner un conseil de nature à améliorer la situation présente : grâce à eux, il peut vous être accordé à loisir de faire expier à leur tour

1. Il ne s'agit pas ici d'une politique de « juste milieu » : voir la *Notice*, p. 28.

2. Ce mot est aussi détaché en grec : il accompagne un geste oratoire (voir la *Notice*, p. 42, n. 6).

3. Façon habile de s'imposer à l'auditoire.

τοῦτ' ἀπορῶ κρῖναι, φράσω πρὸς ὑμᾶς. Ἀναγκαῖον εἶναί μοι δοκεῖ τῷ μήθ' αὑτῷ μήτε τισὶν χαρίσασθαι βουλομένῳ, ἀλλ' ὑπὲρ ὑμῶν εἰπεῖν ἃ πέπεικεν ἑαυτὸν μάλιστα συμφέρειν, καὶ συνειπεῖν ἃ καλῶς λέγουσιν ἀμφότεροι, καὶ τοὐναντίον ἀντειπεῖν ὅσα μὴ δίκαι' ἀξιοῦσιν. Εἰ μὲν οὖν ὑμεῖς ὑπομείναιτ' ἀκοῦσαι ταῦτ' ἀμφότερα διὰ βραχέων, πολλῷ βέλτιον ἂν περὶ τῶν λοιπῶν βουλεύσαισθε· εἰ δὲ πρὶν μαθεῖν ἀποσταίητε, γένοιτ' ἂν ἐμοὶ μηδετέρους ἀδικοῦντι πρὸς ἀμφοτέρους διαβεβλῆσθαι. Τοῦτο δ' οὐχὶ δίκαιός εἰμι παθεῖν. Ἐὰν μὲν οὖν κελεύητε, ἕτοιμός εἰμι λέγειν· εἰ δὲ μή, καὶ σιωπᾶν ἔχει μοι καλῶς. |

ΙΘ [Κ]

1 Καὶ δίκαιον, ὦ ἄνδρες Ἀθηναῖοι, καὶ συμφέρον ὑμῖν ἡγοῦμαι τὰς μὲν αἰτίας καὶ τὰς κατηγορίας, ὅταν βουλεύεσθαι δέῃ, παραλείπειν, περὶ τῶν παρόντων δὲ λέγειν ὅ τι βέλτιστον ἕκαστος ἡγεῖται. Ὅτι μὲν γάρ τινων αἰτίων ὄντων κακῶς τὰ πράγματ' ἔχει, πάντες ἐπιστάμεθα· ἐξ ὅτου δὲ τρόπου βελτίω δύναιτ' ἂν γενέσθαι, τοῦτο τοῦ συμβουλεύοντος ἔργον εἰπεῖν. 2 Ἔπειτ' ἔγωγε νομίζω καὶ κατηγόρους εἶναι τῶν ἀδικούντων χαλεποὺς οὐ τοὺς ἐν τοιούτοις καιροῖς ἐξετάζοντας τὰ πεπραγμένα, ὅτ' οὐδεμίαν δώσουσι δίκην, ἀλλὰ τοὺς τοιοῦτό τι συμβουλεῦσαι δυνηθέντας ἀφ' οὗ βελτίω τὰ παρόντα γένοιτ' ἄν· διὰ γὰρ τούτους ἐφ' ἡσυχίας καὶ παρ' ἐκείνων ἐγγένοιτ' ἂν ὑμῖν δίκην λαβεῖν·

Y deficit C auxilio adhibetur.

ΙΗ (ΙΘ)

8 ὑπομείναιτ' DCrW^a : ὑπομείνετ' SW^{b}FQ ‖ 13 γε post μὴ add. Qγρ.

ΙΘ (Κ)

1 3 παραλείπειν SDFQ : παραλιπεῖν CrW^{a}W^b ‖ 7 τοῦ om. r ‖ **2** 5-6 ἐφ' ἡσυχίας : καθ' ἡσυχίαν rW^a.

ces gens-là. **3** Tous les autres sujets sont hors de saison [1], à mes yeux; en revanche, ce que je pense utile dans l'examen de la question présente, je vais tâcher de vous le dire. Mais auparavant une petite prière [2] : si je rappelle un point du passé, ne pensez pas que je parle pour dresser un acte d'accusation [3], mais afin de vous montrer vos erreurs de ce temps-là et de vous épargner aujourd'hui de subir le même malheur.

XX [XXI]

[*Délibérer à loisir, exécuter promptement.*]

1 Si dans tout le passé, Athéniens, nous ne nous étions inféodés à aucun homme politique, si nous étions restés aussi pacifiques que dans le moment présent, je crois que ce qui est arrivé de nos jours ne se serait pas produit et je pense que dans bien d'autres domaines votre situation serait meilleure. Malheureusement, aujourd'hui, l'impudence de quelques-uns est cause qu'on ne peut ni monter à la tribune, ni parler, ni en un mot obtenir le droit de s'exprimer [4]. **2** Il en résulte bien des conséquences qui ne sont sans doute pas avantageuses. Si vous voulez sans cesse vous enquérir des mêmes problèmes [5], examiner ce qu'il faut faire, subir les mêmes malheurs que maintenant, vous voterez exactement les mêmes mesures que par le passé : la mise à l'eau de trières, un embarquement de troupes, des contributions extraordinaires [6] — et tout cela, sur l'heure. Mais, au bout de trois ou cinq jours, si les rumeurs venues des ennemis se taisent, si les adversaires restent tranquilles, de nouveau vous croirez que l'occasion d'agir est passée — et c'est justement ce qui s'est produit à la nouvelle que Philippe était dans l'Hellespont [7] et de

1. Démosthène, fort habilement, se réfugie derrière l'obligation de ne traiter à la tribune que l'ordre du jour, pour esquiver des explications désagréables et pour lui et pour ses partisans.

2. Même mouvement, *Première Philippique*, 13.

3. Entendons que Démosthène évitera l'invective (voir *Notice*, p. 45).

3 Τοὺς μὲν οὖν ἄλλους λόγους πάντας περιέργους ἡγοῦμαι, ἃ δ' ἂν οἶμαι συνενεγκεῖν περὶ ὧν νυνὶ σκοπεῖτε, ταῦτ' εἰπεῖν πειράσομαι, τοσοῦτον ἀξιώσας μόνον· ἂν ἄρα του μεμνῶμαι τῶν πεπραγμένων, μὴ κατηγορίας μ' ἕνεχ' ἡγεῖσθε λέγειν, ἀλλ' ἵνα δείξας ἃ τόθ' ἡμάρτετε, νῦν ἀποτρέψω ταὐτὰ παθεῖν.

Κ [ΚΑ]

1 Εἰ καὶ τὸν ἄλλον ἅπαντα χρόνον, ὦ ἄνδρες Ἀθηναῖοι, μηδενὶ συμπολιτευόμενοι τοσαύτην ἤγομεν ἡσυχίαν ὅσηνπερ ἐν τῷ παρόντι, οὔτε τὰ νῦν ἂν γεγενημένα συμβῆναι νομίζω, τῶν τ' ἄλλων οἶμαι πολλὰ βέλτιον ἂν ὑμῖν ἔχειν· νῦν δ' ὑπὸ τῆς ἐνίων ἀσελγείας οὔτε παρελθεῖν οὔτ' εἰπεῖν οὔθ' ὅλως λόγου τυχεῖν ἔστιν. 2 Ὅθεν συμβαίνει πολλὰ καὶ οὐκ ἐπιτήδει' ἴσως. Εἰ μὲν οὖν ἀεὶ ταὐτὰ πυνθάνεσθαι, καὶ σκοπεῖν ὅ τι χρὴ ποιῆσαι, καὶ πάσχειν οἷάπερ νυνὶ | βούλεσθε, ψηφιεῖσθ' ἅπερ ἐκ τῶν παρεληλυθότων χρόνων, καθέλκειν τριήρεις, ἐμβαίνειν, εἰσφέρειν, πάντα ταῦτ' ἤδη· ἃ τριῶν ἡμερῶν ἢ πέντε, ἂν σιωπηθῇ τὰ παρὰ τῶν πολεμίων καὶ σχῶσιν ἡσυχίαν ἐκεῖνοι, πάλιν οὐκέτι καιρὸν εἶναι πράττειν ὑπολήψεσθε, ὅπερ ἡνίκ' ἐν Ἑλλησπόντῳ Φίλιππον

Y deficit C adhibetur

3 5 ἡγεῖσθε W^b : ἡγεῖσθαι cett. ‖ ταὐτὰ margo Lutetianae : ταυτα S ταῦτα $DCrW^bFQ$ om. W^a.

Κ (ΚΑ)

1 1 ἅπαντα rW^a : om. cett. ‖ 2 μηδενὶ συμπολιτευόμενοι : μηδενὶ σὺν νῷ πολιτευόμενοι W^a ‖ 4 τ' : δ' rW^a ‖ 5 ὑμῖν ἔχειν : ἔχειν ὑμῖν W^b ‖ 5-6 οὔτε παρελθεῖν om. W^a ‖ οὔτ' εἰπεῖν om. rW^a ‖ 2 2 οὖν : οὔτε r ‖ ἀεὶ $SDCW^b$: δεῖ FQ αὐτοὶ rW^a ‖ ταὐτὰ Dobree : ταῦτα codd. ‖ πυνθάνεσθαι DCFQ : πυνθάνεσθε SrW^aW^b ‖ 2-3 καὶ σκοπεῖν — βούλεσθε om. W^b ‖ νυνὶ : νῦν rW^a ‖ βούλεσθε $SCDW^aF$: βούλεσθαι Q βούλεσθ].αι. F^{sl} βουλεύεσθε r ‖ ψηφιεῖσθ' rW^a : ψηφιεῖσθαι cett. ‖ 5 ἤδη ἃ SFQ : ἤδη W^a διὰ $DCrW^b$ ‖ 6 post ἂν add. δὲ rW^b.

nouveau au moment où des trières de corsaires accostèrent à Marathon.

3 La méthode permettant de bien utiliser, Athéniens, une armée tout équipée, vous l'utilisez dans le train ordinaire de vos délibérations : c'est la promptitude; or, il faut délibérer à loisir, mais exécuter les décisions en hâte, [1] et bien réfléchir qu'à moins de fournir des vivres suffisants, de préposer à la guerre un général avisé et de consentir à respecter ces décisions, vous n'y gagnerez que des décrets [2] et vous gaspillerez à plaisir tout l'argent que vous dépenserez, sans améliorer le moins du monde la situation, quittes à juger qui bon vous semblera [3] dans un accès de colère. Pour moi, je veux qu'on vous voie repousser les ennemis avant de juger les citoyens : nous n'avons pas raison de nous faire la guerre à nous-mêmes plutôt qu'à eux. **4** Pour ne pas me borner — tâche facile entre toutes — à vous adresser des critiques, je vais vous montrer comment vous pourriez, à mon avis, exécuter ce programme : de grâce ne protestez pas et ne croyez pas que je diffère ni que je suscite un ajournement. Ce ne sont pas ceux qui disent : « Vite » et « Aujourd'hui », qui parlent le plus à propos (aussi bien n'est-ce pas avec notre corps auxiliaire [4] que nous pourrions arrêter les événements accomplis); c'est celui qui montre quels armements nous devons nous procurer capables de durer jusqu'à ce que nous triomphions de nos ennemis ou que nous mettions un terme à la guerre de gré à gré. Voilà le moyen de ne plus subir de vexations à l'avenir.

1. Voir la fin du prologue 17 (18). — On comparera ces conseils avec le jugement que les Corinthiens portent sur les Athéniens dans Thucydide : « Eux, sont novateurs, vifs pour imaginer et pour réaliser leurs idées » (I, 70, 2, trad. Romilly).

2. Même mot, *Sur l'Organisation financière*, 5. Tout le paragraphe, au reste, rappelle notre prologue. Voir aussi la n. 1 du prol. 47 (48).

3. Dans la *Première Philippique* (46), Démosthène est enclin à défendre le stratège Charès contre les manœuvres des orateurs démagogues : quoi qu'en dise Weil, ce sont ces derniers, et non les stratèges, qui font de trompeuses promesses et lancent des attaques « contre leurs adversaires ou contre des généraux malheureux » (Ragon).

ἠκούσαμεν συνέβη, καὶ πάλιν ἡνίκ' εἰς Μαραθῶνα τριήρεις αἱ λῃστρίδες προσέσχον.

3 Ὡς γὰρ ἂν χρήσαιτό τις, ὦ ἄνδρες Ἀθηναῖοι, καλῶς δυνάμει παρεσκευασμένῃ, οὕτως ὑμεῖς εἰώθατε τῷ βουλεύεσθαι χρῆσθαι, ὀξέως. Δεῖ δὲ βουλεύεσθαι μὲν ἐφ' ἡσυχίας, ποιεῖν δὲ τὰ δόξαντα μετὰ σπουδῆς, καὶ λογίσασθαι τοῦθ' ὅτι εἰ μὴ καὶ τροφὴν ἱκανὴνποριεῖτε καὶ στρατηγόν τινα τοῦ πολέμου νοῦν ἔχοντα προστήσεσθε καὶ μένειν ἐπὶ τῶν οὕτω δοξάντων ἐθελήσετε, ψηφίσμαθ' ὑμῖν περιέσται, καὶ παραναλώσετε μὲν πάνθ' ὅσ' ἂν δαπανήσητε, βελτίω δ' οὐδ' ὁτιοῦν τὰ πράγματ' ἔσται, κρινεῖτε δ' ὃν ἂν βούλησθ' ὀργισθέντες. Ἐγὼ δὲ βούλομαι τοὺς ἐχθροὺς ὑμᾶς ἀμυνομένους ὀφθῆναι πρότερον ἢ τοὺς πολίτας κρίνοντας· οὐ γὰρ ἡμῖν αὐτοῖς πολεμεῖν μᾶλλον ἢ 'κείνοις ἐσμὲν δίκαιοι.

4 Ἵν' οὖν μή, τὸ ῥᾷστον ἁπάντων, ἐπιτιμήσω μόνον, ὃν τρόπον ἄν μοι δοκεῖτε ταῦτα ποιῆσαι διδάξω, δεηθεὶς ὑμῶν μὴ θορυβῆσαι μηδ' ἀναβάλλειν νομίσαι με καὶ χρόνον ἐμποιεῖν· οὐ γὰρ οἱ « ταχύ » καὶ « τήμερον » εἰπόντες μάλιστ' εἰς τὸ δέον λέγουσιν (οὐ γὰρ ἂν τά γ' ἤδη γεγενημένα κωλῦσαι δυνηθείημεν τῇ βοηθείᾳ), ἀλλ' ὃς ἂν δείξῃ τίς πορισθεῖσα παρασκευὴ διαμεῖναι δυνήσεται, τέως ἂν ἢ περιγενώμεθα τῶν | ἐχθρῶν ἢ πεισθέντες διαλυσώμεθα τὸν πόλεμον· οὕτω γὰρ οὐκέτι τοῦ λοιποῦ πάσχοιμεν ἂν κακῶς.

2 10 αἱ om. rW^a ‖ **3** 5 εἰ μὴ καὶ SW^bFQ : εἰ καὶ μὴ $DCrW^a$ ‖ 10 κρινεῖτε DrW^a : κρίνετε SCW^bFQ ‖ ὃν $DCrW^aW^b$: ὧν SFQ ‖ ἂν om. W^b ‖ 11 ὑμᾶς ἀμυνομένους : ἀμ- ὑμ- rW^a ‖ **4** 1 πάντων rW^a ‖ 3 ἀναβάλλειν DCW^aW^b (cf. IV, 14) : -βαλεῖν Sr -λαβεῖν FQ ‖ 5 τὸ : om. D^{pc}, servavi neglegens IV, 14; XX, 26, 41; Pr. 49 (50); 53 (54) ‖ 6 νυνὶ post τῇ add. rW^a (ex. IV, 14) post παρασκευὴ add. $SDCrW^bFQ$ (ex prava insertione, cf. *Notitiam*, p. 53) ‖ 8 τέως : ἕως rW^a ‖ 9 διαλύσωμεν rW^a ‖ 10 πάσχοιμεν $DCrW^aW^b$: σχοῖμεν SFQ.

XXI [XXII]

[*La justice dans les rapports internationaux.*]

1 Vous en conviendriez, je crois, d'une seule voix, Athéniens : le devoir de notre Cité lorsqu'elle délibère sur une de ses affaires privées, c'est de veiller tout autant à son intérêt qu'à la justice [1], mais quand il s'agit des alliés [2] ou de la communauté, comme c'est le cas maintenant, elle ne doit rien avoir plus à cœur que la justice; dans le premier cas, l'utilité suffit, mais dans un cas comme celui-ci il faut faire aussi entrer l'honneur en ligne de compte. **2** Les entreprises, ce sont ceux à qui elles incombent qui en disposent souverainement; mais le bruit fait autour d'elles, personne n'est assez puissant pour en disposer; c'est au contraire le bruit que suscitent ces entreprises, qui règle celui que le vulgaire répand sur le compte de leurs auteurs [3]. Aussi faut-il veiller attentivement à ce qu'elles soient justes sans contestation. **3** Naturellement, il est nécessaire que tous aient à l'égard des opprimés les sentiments que chacun de nous, s'il nous arrivait malheur — ce qu'à Dieu ne plaise [4] — exigerait des autres à son égard; mais puisque quelques-uns, au mépris de leur conscience, sont d'avis contraire, je leur répondrai brièvement; après quoi, je vous recommanderai ce que j'estime le meilleur pour vous [5].

XXII [XXIII]

[*Inconséquences des Athéniens.*]

1 Ce ne serait pas, me semble-t-il, un mince préjudice à vos yeux, Athéniens, si un bruit désagréable et indigne de notre Cité prévalait contre elle chez la majorité des

1. Voir la n. 3 du prologue 17 (18). — Sur le rôle de la justice dans les affaires publiques et privées, on comparera avec la *Deuxième Olynthienne*, 10.

2. Il faut entendre par là les alliés qui ont fait défection pendant la guerre sociale, mais qui reviennent vers Athènes à cause de leurs difficultés avec le Grand Roi : on songera plus spécialement aux Rhodiens à propos desquels Démosthène tient à peu près le même langage qu'ici (voir la *Notice*, p. 16).

ΚΑ [ΚΒ]

1 Οἶμαι πάντας ἂν ὑμᾶς, ὦ ἄνδρες Ἀθηναῖοι, ὁμολογῆσαι ὅτι δεῖ τὴν πόλιν ἡμῶν, ὅταν μὲν περὶ τῶν ἰδίων τινὸς τῶν αὑτῆς βουλεύηται, ἴσην πρόνοιαν ἔχειν τοῦ συμφέροντος ὅσηνπερ τοῦ δικαίου, ὅταν δ' ὑπὲρ τῶν συμμαχικῶν ἢ τῶν κοινῶν, οἷον καὶ τὸ νυνὶ παρόν, μηδενὸς οὕτως ὡς τοῦ δικαίου φροντίζειν· ἐν μὲν γὰρ ἐκείνοις τὸ λυσιτελὲς ἐξαρκεῖ, ἐν δὲ τοῖς τοιούτοις καὶ τὸ καλὸν προσεῖναι δεῖ. 2 Τῶν μὲν γὰρ πράξεων, εἰς οὓς ἂν ἥκωσι, κύριοι καθίστανται· τῆς δ' ὑπὲρ τούτων δόξης οὐδεὶς τηλικοῦτός ἐσθ' ὅστις ἔσται κύριος, ἀλλ' ὁποίαν ἄν τινα τὰ πραχθέντ' ἔχῃ δόξαν, τοιαύτην οἱ πολλοὶ περὶ τῶν πραξάντων διήγγειλαν. Διὸ δεῖ σκοπεῖν καὶ προσέχειν ὅπως δίκαια φανεῖται. 3 Χρὴ μὲν οὖν οὕτως ἅπαντας ἔχειν τὴν διάνοιαν περὶ τῶν ἀδικουμένων ὥσπερ ἄν, εἴ τι γένοιτο, ὃ μὴ συμβαίη, τοὺς ἄλλους ἀξιώσειε πρὸς αὑτὸν ἕκαστος ἔχειν. Ἐπειδὴ δὲ καὶ παρὰ τὴν αὑτῶν γνώμην ἐναντιοῦνταί τινες, μικρὰ πρὸς τούτους εἰπών, ἃ βέλτισθ' ὑμῖν ὑπολαμβάνω, ταῦτ' ἤδη συμβουλεύσω.

ΚΒ [ΚΓ]

1 Οὐ μικρὰν ἄν μοι δοκεῖτε, ὦ ἄνδρες Ἀθηναῖοι, ζημίαν νομίσαι, εἴ τις ἀηδὴς δόξα καὶ μὴ προσήκουσα τῇ πόλει παρὰ τοῖς πολλοῖς περιγίγνοιτο· τοῦτο τοίνυν

Y deficit, adhibetur C
ΚΑ (ΚΒ)
1 4 ὅσηνπερ rW^a : ὅσην ὑπὲρ SDCFQ ὅσην περὶ W^b (cf. Pr. 15 (16), 11) ‖ 7 λυσιτελὲς SW^{a}FQ : λυσιτελοῦν DCrW^b ‖ τοιούτοις : κοινοῖς Qγρ. ‖ 2 4 ἂν post τινα transp. Uhle ‖ 6-7 ὅπως — ἔχειν om. W^a.
ΚΒ (ΚΓ)
1 2 ζημίαν νομίσαι : νομίσαι ζημίαν D.

gens [1]. Bien que vous ayez sur ce point des idées si justes, vous ne vous conduisez pas en conséquence; au contraire vous êtes à chaque occasion entraînés à faire des choses que, de vous-mêmes, vous ne qualifieriez pas de justes. Pour ma part, je sais que tout le monde accueille plus volontiers les louanges que les critiques : toutefois, je ne me crois pas tenu, pour rechercher ce genre de popularité, de trahir l'idée que je me fais de votre intérêt [2].

[XXIII *bis*]

2 Si d'emblée vous formiez des idées justes, vous vous croiriez obligés de ne rien faire en public de ce que vous méprisez dans le privé, pour ne pas voir arriver ce qui précisément se produit aujourd'hui. Chacun d'entre vous dit en circulant dans les rues [3] : « Quelle honte ! Quel scandale ! » et encore : « Jusqu'où cela ira-t-il? » Mais, chacun, une fois assis à l'Assemblée, est lui-même l'un de ceux qui commettent ces fautes [4].

Il vous est utile d'écouter l'orateur qui vous donne les meilleurs conseils, j'en suis sûr. Pour ma part, je voudrais de même être sûr qu'il lui sera utile de dire le meilleur avis [5]. Je me sentirais bien plus à l'aise; en fait, j'ai quelque appréhension [6]; toutefois, je ne renoncerai pas à dire au moins ce qui, d'après ma conviction, se révélera profitable, même si de votre côté vous ne devez pas en être persuadés.

XXIII [XXIV]

[*Charge contre les oligarques rhodiens*].

1 Même [7] si un orateur n'avait encore jamais pris la parole devant vous, Athéniens, il me semble qu'aujourd'hui il obtiendrait de vous tous une indulgence méritée

1. Sur l'unité de ce prologue, voir la *Notice*, p. 12. — Démosthène est fort sensible au jugement que les Grecs portent sur les Athéniens, qu'il s'agisse d'ambassadeurs étrangers qui parlent devant l'Assemblée (voir le prologue suivant), ou de bruits colportés à l'étranger sur ses compatriotes (outre notre prologue, voir la *Lettre II*, 3, et la *Lettre III*, 5).

οὕτω καλῶς ἐγνωκότες οὐκ ἀκόλουθα ποιεῖτε τὰ λοιπά, ἀλλ' ὑπάγεσθ' ἑκάστοτε πράττειν ἔνια, ἃ οὐδ' ἂν αὐτοὶ φήσαιτε καλῶς ἔχειν. Ἐγὼ δ' οἶδα μὲν τοῦθ' ὅτι τοὺς ἐπαινοῦντας ἥδιον προσδέχονται πάντες τῶν ἐπιτιμώντων· οὐ μὴν οἴομαι δεῖν, ταύτην τὴν φιλανθρω|πίαν διώκων, λέγειν παρ' ἃ συμφέρειν ὑμῖν ἡγοῦμαι.

[κγ]

2 Τὴν μὲν οὖν ἀρχὴν εἰ καλῶς ἐγιγνώσκετε, οὐδὲν δεῖν κοινῇ ποιεῖν ὑποληπτέον ἣν ὧν ἰδίᾳ μέμφεσθε, ἵνα μὴ συνέβαινεν ὅπερ νυνὶ γίγνεται· περιιὼν μὲν ἕκαστος « ὡς αἰσχρὰ καὶ δεινά » λέγει καὶ « μέχρι τοῦ προβήσεται τὰ πράγματα; » συγκαθεζόμενος δ' αὐτὸς ἕκαστός ἐστι τῶν τὰ τοιαῦτα ποιούντων.

Ἐγὼ μὲν οὖν ἐβουλόμην ἄν, ὥσπερ ὅτι ὑμῖν συμφέρει τοῦ τὰ βέλτιστα λέγοντος ἀκούειν οἶδα, οὕτως εἰδέναι συνοῖσον καὶ τῷ τὰ βέλτιστ' εἰπόντι· πολλῷ γὰρ ἂν ἥδιον εἶχον. Νῦν δὲ φοβοῦμαι μέν, ὅμως δ' ἅ γε πιστεύω χρηστὰ φανεῖσθαι, κἂν ὑμεῖς μὴ πεισθῆτε, οὐκ ἀποτρέψομαι λέγειν.

ΚΓ [ΚΔ]

1 Εἰ καὶ μηδὲν ἄλλο τις, ὦ ἄνδρες Ἀθηναῖοι, πρότερον παρ' ὑμῖν εἰρηκὼς εἴη, νῦν γε λέγων περὶ ὧν οὐκ ὀρθῶς ἐγκαλοῦσιν οἱ πρέσβεις τῇ πόλει, παρὰ πάντων

Y deficit C adhibetur

1 6 φήσαιτε DC : φήσετε cett. ‖ **2** 2 δεῖν... ἣν Sauppe : ἔδει... εἶναι codd. ‖ 3 ὅπερ SDCW^{b}FQ : ἅπερ rW^{a} ‖ περιιὼν rW^{a}W^{b}. : περὶ ὧν DCM^{a}F περιων Q περι ὼν S ‖ 5 συγκαθεζόμενος CW^{a} : συγκαθιζόμενος SDrW^{b}FQ ‖ 6 ἐστι om. SC ‖ 9 συνοῖσον r (cf. IV, 51) : τὸ συν — SDCW^{b}FQ συνοίσειν W^{a} ‖ εἰπόντι Sγρ. rW^{a} (cf. IV, 51) : ἔχοντι SDCW^{b}FQ ‖ 10 ἥδιον DCrW^{a}W^{b} : πλεῖον SFQ ‖ εἶχον ex IV, 51 : εἶπον rW^{a} εἶχε SDCW^{b}FQ.

ΚΓ (ΚΔ)

1 2 εἴη : ἦν W^{a} ‖ γε Wolf : δὲ SCrW^{b}FQ om. DW^{a} ‖ καὶ ante περὶ hab. SCr.

en relevant les griefs injustes que les ambassadeurs adressent à notre Cité. En d'autres circonstances, en effet, il peut sembler que succomber sous ses adversaires soit moins une honte qu'un malheur : car il tient en partie au hasard, aux chefs, et à beaucoup d'autres raisons que l'on ait fait bonne ou mauvaise figure dans un combat [1] qui vient de se dérouler. Mais dans le cas où il s'agit de parler pour défendre ses droits, nous trouverons que ne pas être à la hauteur de la situation est une honte humiliante pour l'intelligence même de ceux qui sont victimes de cette mésaventure [2]. **2** Si les gens devant lesquels les discours qui vous concernent ont été prononcés étaient différents, je crois que ces orateurs n'auraient pas menti aussi aisément et que l'auditoire n'aurait pas toléré nombre d'opinions qui ont été exprimées. Mais hélas ! il me semble qu'en général les orateurs exploitent votre naïveté, tous tant qu'ils sont, et particulièrement ceux-ci dans le cas présent. Ils ont pour vous charger trouvé en vous des auditeurs comme ils ne pourraient jamais en avoir d'autres, je le sais avec certitude.

3 Raison de plus, me semble-t-il, pour remercier les dieux [3], Athéniens, et pour haïr ces gens-là [4]. Oui, que ces gens-là voient les démocrates [5] de Rhodes, qui naguère vous adressaient des propos bien plus grossiers que les leurs, se faire maintenant vos suppliants, j'estime que c'est une chance pour votre Cité; en revanche, que ces insensés ne considèrent ni cette vérité, qui pourtant saute tellement aux yeux, ni ce fait que souvent vous avez, vous, sauvé l'un après l'autre chacun d'entre eux et que, quand ils entreprennent une guerre pour leur compte [6], vous avez plus de tracas pour corriger leur présomption et leur malchance que pour vous acquitter de vos propres tâches, voilà qui devrait normalement provoquer chez vous le

1. Démosthène sera confirmé dans son opinion après le désastre de Chéronée (*Epitaphios*, 19-21).
2. La protestation a belle allure.
3. Tour paradoxal que prend volontiers le prologue démosthénien après des propos pessimistes (voir *Prem. Phil.*, 2; prol. 29 (30), § 3, et la *Notice*, p. 40, n. 1).
4. Mêmes sentiments, *Pour la lib. des Rhod.*, 15.

ἄν μοι δοκεῖ δικαίως συγγνώμης τυχεῖν. Καὶ γὰρ ἐν ἄλλοις μέν τισιν ἡττᾶσθαι τῶν ἐναντίων οὐχ οὕτως ὄνειδος ὡς ἀτύχημ' ἂν φανείη· καὶ γὰρ τῇ τύχῃ καὶ τοῖς ἐφεστηκόσι καὶ πολλοῖς ἄλλοις μέτεστι τοῦ καλῶς ἢ μὴ πρότερον ἀγωνίσασθαι· ἐν δὲ τῷ τὰ δίκαι' ὑπὲρ αὑτῶν μὴ ἔχειν ἀξίως τῶν ὑπαρχόντων εἰπεῖν αὐτῆς τῆς γνώμης τῆς τῶν τοῦτο παθόντων τὸ ὄνειδος εὑρήσομεν. 2 Εἰ μὲν οὖν ἕτεροί τινες ἦσαν ἐν οἷς ἐγίγνονθ' οἱ λόγοι περὶ ὑμῶν, οὔτε τούτους ἂν οἶμαι ῥᾳδίως οὕτω ψεύδεσθαι, οὔτε τοὺς ἀκούοντας πολλὰ τῶν εἰρημένων ἀνασχέσθαι. Νῦν δὲ τἄλλα τ' οἶμαι τῆς ὑμετέρας πλεονεκτοῦσιν εὐηθείας ἅπαντες, καὶ δὴ καὶ τοῦτο νῦν οὗτοι· ἀκροαταῖς γὰρ ἐχρήσαντο καθ' | ὑμῶν ὑμῖν οἵοις οὐδέσιν ἂν τῶν ἄλλων, ἀκριβῶς οἶδα τοῦτ' ἐγώ.

3 Ἄξιον δ' εἶναί μοι δοκεῖ διὰ ταῦτα τοῖς θεοῖς χάριν ὑμᾶς ἔχειν, ὦ ἄνδρες Ἀθηναῖοι, καὶ τούτους μισεῖν. Τὸ μὲν γὰρ ὁρᾶν τούτους τὸν Ῥοδίων δῆμον, τὸν πολὺ τούτων ποτ' ἀσελγεστέρους λόγους λέγοντα πρὸς ὑμᾶς, ἱκέτην ὑμέτερον γεγενημένον εὐτύχημ' εἶναι νομίζω τῆς πόλεως· τὸ δὲ τοὺς ἀνοήτους τούτους μήτε τοῦτο λογίζεσθαι, παρὸν οὕτως ἐναργὲς ἰδεῖν, μήθ' ὅτι πολλάκις καθ' ἕν' αὐτῶν ἕκαστον ὑμεῖς σεσώκατε, καὶ πλείω πράγματ' ἐσχήκατε τὴν τούτων θρασύτητα καὶ κακοδαιμονίαν ἐπανορθοῦντες, ἐπειδὰν δι' ἑαυτοὺς ἀνέλωνται πόλεμον, ἢ τὰ ὑμέτερ' αὐτῶν πράττοντες, τοῦτο παμπόλλην ὑμῖν ὀργὴν εἰκότως ἂν παρα-

1 6 φανείη rW^a Fγρ. Qγρ : φαίη SCDW^{b}FQ ‖ καὶ ante τῇ hab. DCW^b ‖ 7 ἄλλοις om. SW^{b}FQ ‖ 8 πρότερον codd. : delev. Reiske, alii, injuria ‖ 9 εἰπεῖν om. SCW^{b}FQ ‖ **2** 4 τἄλλα : ἄλλα rW^a ‖ 5 εὐηθείας SDW^{a}FQ : εὐνοίας CrW^b ‖ 6 ὑμῖν om. Qγρ. ‖ οἵοις : οἷς DQγρ. ‖ οὐδέσιν ἂν SrW^a : οὐδέ τις ἂν W^b οὐδέ τισιν ἂν C οὐδεὶς ἂν DQγρ. οὐδ' ἔστιν FQ ‖ **3** 11-12 πράττοντες τοῦτο : τοῦτο πράττοντες W^a ‖ 12 ὑμῖν — ἂν SDCW^{b}FQ : ἂν ὑμῖν εἰκότως ὀργὴν rW^a.

plus vif accès de colère. **4** Toutefois, il se peut que ces gens-là soient condamnés à ne jamais raisonner bien [1] tant que le sort les traitera bien [2]; mais nous, il nous appartient, étant donné ce que nous sommes et toute l'histoire de notre ville, de nous appliquer à montrer au monde entier que jadis, maintenant et de tout temps nous préférons pratiquer la justice, mais que d'autres, par désir d'asservir leurs concitoyens, les calomnient [3] devant nous.

XXIV [XXV]

[*Limites de la responsabilité des orateurs.*]

1 Athéniens, si vous apportiez les mêmes dispositions pour écouter les discours de vos conseillers et pour juger les faits, rien ne serait moins périlleux que la tâche du conseiller [4]. Que les choses tournent bien ou autrement (car il faut parler toujours avec euphémisme), la responsabilité serait partagée entre vous et votre guide. Malheureusement vous écoutez avec délices ceux qui flattent vos désirs, quittes à les accuser souvent de vous tromper si tout ne va pas comme vous le désirez [5] : **2** vous ne réfléchissez pas à une chose, c'est que, s'il ne s'agit que de chercher et de peser le parti le meilleur (humainement parlant), s'il ne s'agit que de vous l'exposer, chaque orateur reste le maître souverain; mais l'exécution de ces idées, mais leur efficacité, tout cela incombe essentiellement à la Fortune [6]. Il faut se contenter, comme homme, de rendre compte de sa propre pensée : quant à rendre compte aussi de la Fortune [7], c'est une tâche impossible. **3** Si l'on avait trouvé le moyen de vous faire des discours sans risque

1. Sur ce dédain professé pour les Rhodiens, voir *Pour la lib. des Rhod.*, 16 : « Fortunés, je me demande s'ils auraient jamais consenti à être raisonnables, étant Rhodiens. » Nul doute que l'hostilité politique ne soit ici renforcée par le mépris voué aux Doriens : on comparera avec le jugement porté sur les Péloponnésiens, *Deux. Phil.*, 26.

2. Noter le parallélisme de la construction : Démosthène cherche une formule emporte-pièce (voir la n. 4 du prol. 1).

στῆσαί μοι δοκεῖ. 4 Οὐ μὴν ἀλλ' ἴσως τούτοις μὲν εἵμαρται μηδέποτ' εὖ πράττουσιν εὖ φρονῆσαι· ἡμῖν δὲ προσήκει καὶ δι' ἡμᾶς αὐτοὺς καὶ διὰ τἄλλ' ἃ πέπρακται τῇ πόλει, σπουδάσαι δεῖξαι πᾶσιν ἀνθρώποις ὅτι καὶ πρότερον καὶ νῦν καὶ ἀεὶ ἡμεῖς μὲν τὰ δίκαια προαιρούμεθα πράττειν, ἕτεροι δέ τινες καταδουλοῦσθαι βουλόμενοι τοὺς αὑτῶν πολίτας διαβάλλουσιν πρὸς ἡμᾶς.

ΚΔ [ΚΕ]

1 Εἰ μετὰ τῆς αὐτῆς γνώμης, ὦ ἄνδρες Ἀθηναῖοι, τούς τε λόγους ἠκούετε τῶν συμβουλευόντων καὶ τὰ πράγματ' ἐκρίνετε, πάντων ἀσφαλέστατον ἦν ἂν τὸ συμβουλεύειν. Καὶ γὰρ εὐτυχῶς καὶ ἄλλως πράξασι (λέγειν γὰρ εὐφήμως πάντα δεῖ) κοίν' ἂν ἦν τὰ τῆς αἰτίας ὑμῖν καὶ τῷ πείσαντι. Νῦν δ' ἀκούετε μὲν τῶν ἃ βούλεσθε λεγόντων ἥδιστα, αἰτιᾶσθε δὲ πολλάκις ἐξαπατᾶν ὑμᾶς αὐτούς, ἐὰν μὴ πάνθ' ὃν ἂν ὑμεῖς | τρόπον βούλησθε γένηται, 2 οὐ λογιζόμενοι τοῦθ' ὅτι τοῦ μὲν ζητῆσαι καὶ λογίσασθαι τὰ βέλτιστα, ὡς ἄνθρωπος, καὶ πρὸς ὑμᾶς εἰπεῖν αὐτὸς ἕκαστός ἐστιν κύριος, τοῦ δὲ πραχθῆναι ταῦτα καὶ συνενεγκεῖν ἐν τῇ τύχῃ τὸ πλεῖστον μέρος γίγνεται. Ἔστιν δ' ἄνθρωπον ὄντ' ἀγαπητὸν τῆς αὑτοῦ διανοίας λόγον ὑπέχειν· τῆς δὲ τύχης προσυποσχεῖν ἕν τι τῶν ἀδυνάτων. 3 Εἰ μὲν οὖν ηὑρημένον ἦν πῶς ἄν τις ἀσφαλῶς ἄνευ κινδύνου

Y denuo incipit ab ΚΔ 1,2 (ἠκούετε)

4 4 καὶ post ὅτι om. S ‖ 7 ἡμᾶς SFQ αὑτούς ἡμ- DC ὑμᾶς αὐτούς rW^{a}W^b.

ΚΔ (ΚΕ)

1 4 ἄλλως Dobree : καλῶς codd. ‖ 5 ἦν hic habent SYDFQ mg : post ὑμῖν rW^{a}W^b ‖ **2** 2 τὰ βέλτιστα : τὰ δέοντα rW^a ‖ ἄνθρωπος SYDW^b : ἂν ἄνθρωπος rW^a ἀνθρώποις FQ ‖ 6 καὶ ante pr. τῆς add. rW^a ‖ ὑμῖν post λόγον hab. rW^a ‖ ὑπέχειν : ἐπέχειν W^a ‖ **3** 2 ηὑρημένον SY^{2}rW^{a}W^{b}FQ : εἰρημένον YD.

et sans péril [1], ce serait folie de renoncer à ce procédé; mais puisque fatalement celui qui expose son opinion sur les faits à venir est associé [2] aux conséquences qui en découlent et se trouve enveloppé dans les accusations qui en résultent [3], je trouve honteux de parler comme un bon patriote [4], sans faire front devant tout péril qui peut naître de là.

Je prie les dieux de nous inspirer à moi de dire et à vous de choisir ce qui doit servir les intérêts de la Cité et les miens [5]. Mais de chercher coûte que coûte à triompher [6], je serais tenté de dire que c'est la marque d'un homme passionné qui obéit, de deux choses l'une, ou bien à la folie ou bien à la vénalité.

XXV [XXVI]

[*Contre l'obstruction.*]

1 Plaise au Ciel, Athéniens, que pour les questions actuellement soumises à l'Assemblée et pour toutes les autres questions, ce qui vous semble le meilleur le soit aussi en réalité [7]. Toutefois, il faut consentir, si vous délibérez sur des affaires importantes et d'intérêt général, à écouter, me semble-t-il, tous les conseillers sans exception, en réfléchissant qu'il est honteux, Athéniens, de protester aujourd'hui, quand certains orateurs veulent vous recommander un avis, et d'écouter plus tard avec plaisir ces

1. Redondance oratoire dont il y a maint exemple chez Démosthène (voir *Sur la Couronne*, 305).

2. Emploi correct en ce sens de κοινωνεῖν avec le datif (voir Dém., *Sur la Cour.* 58).

3. Autre redondance oratoire qu'il n'y a pas lieu de supprimer.

4. Le mot d'εὔνους désigne le patriote (voir prol. 4 (5), 1; 34 (35), 2; *Sur la Couronne*, 6 : εὔνους ὑμῖν καὶ δημοτικός). Le contraire est κακόνους (voir prol. 33 (34), 2; cf. Thc., VI, 24, 4).

5. Formule solennelle qu'on retrouve, en partie, en tête du discours *sur la Couronne* (1 et 8) et de la *Lettre I*.

δημηγοροίη, μανί' ἂν παραλιπεῖν τοῦτον ἦν τὸν τρόπον· ἐπεὶ δ' ἀνάγκη τὸν περὶ τῶν μελλόντων πραγμάτων γνώμην ἀποφαινόμενον κοινωνεῖν τοῖς ἀπ' αὐτῶν γενομένοις καὶ μετέχειν τῆς ἀπὸ τούτων αἰτίας, αἰσχρὸν ἡγοῦμαι λέγειν μὲν ὡς εὔνους, μὴ ὑπομένειν δέ, εἴ τις ἐκ τούτου κίνδυνος ἔσται.

Εὔχομαι δὲ τοῖς θεοῖς, ἃ καὶ τῇ πόλει καὶ ἐμοὶ συμφέρειν μέλλει, ταῦτ' ἐμοί τ' εἰπεῖν ἐλθεῖν ἐπὶ νοῦν καὶ ὑμῖν ἑλέσθαι. Τὸ γὰρ πάντα τρόπον ζητεῖν νικῆσαι, δυοῖν θάτερον, ἢ μανίας ἢ κέρδους ἕνεκ' ἐσπουδακότος φήσαιμ' ἂν εἶναι.

ΚΕ [ΚϚ]

1 Εἴη μέν, ὦ ἄνδρες Ἀθηναῖοι, καὶ περὶ ὧν νυνὶ τυγχάνετ' ἐκκλησιάζοντες καὶ περὶ τῶν ἄλλων ἁπάντων ταὐτὰ καὶ δοκοῦντα βέλτισθ' ὑμῖν εἶναι καὶ ὄνθ' ὡς ἀληθῶς. Δεῖ μέντοι περὶ πραγμάτων μεγάλων βουλευομένους καὶ κοινῶν, ἁπάντων ἐθέλειν ἀκούειν τῶν συμβουλευόντων, ὡς ἐμοὶ δοκεῖ, ἐνθυμουμένους ὅτι αἰσχρόν ἐστιν, ὦ ἄνδρες Ἀθηναῖοι, νῦν μὲν βουλομένων τι παραινεῖν ἐνίων θορυβεῖν, ὕστερον δὲ κατηγορούντων

3 3 δημηγοροίη SYDrW^aFQ : δημηγορφώηW^b δημηγορεῖν Qγρ. ‖ μανί' ἂν May : μανίαν C Vat. gr. 68 μανία SYDr$W^a$$W^b$FQ ‖ παραλιπεῖν YDr$W^a$$W^b$: παραλείπειν SFQ ‖ 4 ἀνάγκη τὸν rW^aFQ Y^2 : ἀγαπητον (S^{ac}?) Y^{ac}C DW^b ἀγαπηταν S^{pc} ‖ 9 ἐμοί Dr$W^a$$W^b$ $F^{pc}$$Y^2$: μοι SYF^{ac}Q.

ΚΕ (ΚϚ)

Ab ΚΕ (1,4 μεγά]λων) usque ad (ΚΗ, 3,6 πρῶτον]) papyro utimur; quotiens cumque silet, silet apparatus, paucis exceptis lectionibus ubi silentium confirmatur

1 1 γὰρ post μέν habent rW^b ‖ 3 ταὐτὰ Wolf : ταῦτα codd. ‖ καὶ ante βέλτισθ' add. Y^2 ‖ ὄνθ' ὡς (ὄντα ὡς D) Dr$W^a$$W^b$: ὄντως SYFQ ‖ 4 ab μεγά]λων incipit Pap. ‖ 5 κοινῶν Π r$W^a$$W^b$: κοινῶς SYDFQ ‖ 6 ἐμοὶ Π SYDW^bFQ : ἔμοιγε rW^a ‖ 7 μὲν βουλομένων codd. : βεβουλευμένων Π.

mêmes orateurs critiquer les faits accomplis. **2** Je sais, et vous aussi, je pense, qu'aujourd'hui les gens qui vous plaisent le plus sont ceux qui disent précisément ce que vous voulez [1]; mais, s'il arrive un accident qui démente vos opinions actuelles (ce qu'à Dieu ne plaise !), vous penserez que ces gens-là vous ont trompés [2]; en revanche ceux que vous ne tolérez pas aujourd'hui vous sembleront alors avoir raison. Mais ce sont les orateurs qui ont le plus réussi à vous persuader d'adopter les avis auxquels vous vous rangez aujourd'hui, qui ont le plus grand intérêt à laisser la parole à leurs contradicteurs [3]. **3** Si ces derniers peuvent leur montrer que leurs avis ne sont pas excellents et qu'ils y parviennent avant qu'aucune faute ne soit encore commise, ils les tireront d'un mauvais pas; s'ils n'y parviennent pas, ils ne pourront du moins les critiquer plus tard; au contraire, après avoir obtenu toutes les facilités qu'il appartenait à des hommes de s'accorder, l'attention, l'approbation, la contradiction [4], s'ils ont le dessous, ils se résigneront avec juste raison [5], et ils seront associés [6] avec tout le monde aux suites, quelles soient-elles, qui en résulteront.

XXVI [XXVII[7]]

[*Doublet du début du discours* pour la liberté des Rhodiens.]

1 Je vous crois tenus, Athéniens, quand vous délibérez sur de si graves questions, d'accorder à chaque conseiller une entière liberté de parole. Personnellement [8], je n'ai jamais trouvé difficile de vous enseigner le parti le plus

1. Comparer prol. 9 (10).
2. Même idée prol. 24 (25) : voir le n. 5 p. 105.
3. Ce prologue offre un exemple fort instructif de la manière utilisée par l'orateur pour retourner l'opinion en sa faveur et pour agir sur les collègues opposés à lui. Il commence par inviter les auditeurs à l'impartialité; puis (fin du § 2) il avise ses collègues qui n'oseront affronter un public ainsi amadoué.

τῶν αὐτῶν τούτων τῶν πεπραγμένων ἡδέως ἀκούειν. **2** Ἐγὼ γὰρ οἶδα, νομίζω δὲ καὶ ὑμᾶς, ὅτι νῦν | μὲν ἀρέσκουσι μάλισθ' ὑμῖν οἱ ταῦθ' οἷς ὑμεῖς βούλεσθε λέγοντες· ἂν δέ τι συμβῇ παρ' ἃ νῦν οἴεσθε, ὃ μὴ συμβαίη, τούτους μὲν ἐξηπατηκέναι νομιεῖθ' ὑμᾶς, ὧν δὲ νῦν οὐκ ἀνέχεσθε, τότ' ὀρθῶς δόξουσι λέγειν. Ἔστι δὲ τοῖς μάλιστα πεπεικόσιν ὑμᾶς ταῦτ' ἐφ' ὧν νῦν ἐστε, τούτοις καὶ μάλιστα συμφέρον τὸ λόγου τυχεῖν τοὺς ἀντιλέγοντας. **3** Ἂν μὲν γὰρ διδάξαι δυνηθῶσιν ὡς οὐκ ἔστιν ἄρισθ' ἃ τούτοις δοκεῖ, ὅτ' οὐδὲν ἡμάρτηταί πω, τοῦτο πράξαντες ἀθῴους τοῦ κινδύνου ποιήσουσιν αὐτούς· ἐὰν δὲ μὴ δυνηθῶσιν, οὔκουν ὕστερόν γ' ἐπιτιμᾶν ἕξουσιν, ἀλλ' ὅσ' ἀνθρώπων ἦν ἔργον, ἀκοῦσαι, συνειπεῖν, ἀντειπεῖν, τούτων τετυχηκότες, ἂν ἡττῶνται δικαίως στέρξουσιν, καὶ μεθ' ἁπάντων τῶν ἀποβαινόντων, ὁποῖ' ἄττ' ἂν ᾖ, κοινωνήσουσιν.

ΚϚ [ΚΖ]

1 Οἶμαι δεῖν ὑμᾶς, ὦ ἄνδρες Ἀθηναῖοι, περὶ τηλικούτων βουλευομένους διδόναι παρρησίαν ἑκάστῳ τῶν συμβουλευόντων. Ἐγὼ δ' οὐδεπώποθ' ἡγησάμην χαλεπὸν τὸ διδάξαι τὰ βέλτισθ' ὑμᾶς (ὡς γὰρ ἁπλῶς εἰπεῖν,

1 9 prius τῶν expunxit Π ‖ alter τῶν hab. ΠrW^{a}W^{b} : om. SYDFQ ‖ **2** 2 ταῦθ' οἷς Schaefer : ταυτα οις Π ταῦτα οἷς Q ταῦτα οἷα SYDW^{b}F τοιοῦτοι οἷα ἂν rW^{a} ‖ βούλεσθε SYDFQW^{b} : βούλησθε rW^{a} βουλεύεσθε Qγρ. ‖ 6 ἐστε Π DrW^{a}W^{b}F^{pc} : ἔσται SYQF^{ac}(?) ‖ **3** 2 ἡμάρτηταί Π SYDW^{b}FQ : ἡμάρτετε rW^{a} ‖ 3 τοῦ κινδύνου rW^{a}W^{b} : τοὺς κινδύνους Π SYDFQ ‖ ποιήσουσι : παρέξουσι W^{b} ‖ 4 αὐτούς Dobree : ἑαυτούς rW^{a}W^{b} αὐτοῖς Π SYDFQ ‖ 5 ἦν ἔργον SYDW^{b}FQ : ἔργα ἦν rW^{a} ‖ ἀκοῦσαι. συνειπεῖν. ἀντειπεῖν. rW^{a}Mª Urb. gr. 115 : ἀκοῦσαι συνειπεῖν Y (συνειπεῖν exp. Y^{2}) DW^{b} ἀκοῦσαι συν] Π (qui hic deficit) ἀκοῦσαι SFQ.

ΚϚ (ΚΖ) cf. XV, 1-2

1 4 ἁπλῶς εἰπεῖν codd. : εἰπεῖν ἁπλῶς XV, 1.

avantageux (en général vous me semblez tous le connaître d'avance), mais de vous déterminer à l'exécuter. Une mesure est-elle adoptée et votée, elle est encore aussi éloignée de l'exécution qu'avant d'être adoptée [1]. **2** Cela dit, un des bienfaits dont je crois que vous devez remercier les dieux, c'est que les gens qui vous ont fait la guerre par outrecuidance il n'y a pas longtemps, n'ont plus maintenant d'espérance de salut qu'en vous. Vous devez vous féliciter de l'occasion présente : si vous prenez les mesures qu'elle exige, vous y gagnerez de repousser efficacement — tout en acquérant une belle réputation — les médisances de ceux qui calomnient notre Cité.

XXVII [XXVIII]

[*Riposte aux flatteries des orateurs.*]

1 Athéniens, les espérances qu'ont éveillées les discours de mes prédécesseurs sont grandes et belles, mais je crois que l'impression qu'elles ont faite sur la majorité d'entre vous est déraisonnable [2]. Personnellement, je n'ai jamais consenti à vous dire, pour le plaisir d'un moment, une chose qui pût, à mes yeux, ne pas vous être utile aussi par la suite [3]. Sans doute l'habitude commune à la plupart des gens est-elle d'aimer ceux qui appuient tous leurs actes de leur approbation et de faire triste figure à ceux qui les critiquent. Toutefois, il faut que l'homme sensé tâche de faire toujours triompher la raison sur ses passions [4]. **2** Quant à moi, j'aimerais vous voir exécuter [5] avec plaisir ce

1. La pensée revêt un tour gnomique : comparer Hésiode, *Travaux et Jours*, 290-291.

2. Démosthène ne pouvait guère en moins de mots se situer par rapport à ses collègues et à son public.

3. Voir la n. 3 du prologue 8 (9).

4. Tour gnomique (voir la n. 2 du prologue précédent).

5. L'orateur, en feignant de flatter son auditoire et de vouloir son plaisir, rend sa critique encore plus acerbe : il *aimerait* voir les Athéniens exécuter leur devoir avec joie; mais c'est un rêve.

πάντες ὑπάρχειν ἐγνωκότες ἔμοιγε δοκεῖτε), ἀλλὰ τὸ πεῖσαι πράττειν ταῦτα· ἐπειδὰν γάρ τι δόξῃ καὶ ψηφισθῇ, τότ' ἴσον τοῦ πραχθῆναι ἀπέχει ὅσονπερ πρὶν δόξαι. 2 Ἔστιν μὲν οὖν ὧν ἐγὼ νομίζω χάριν ὑμᾶς τοῖς θεοῖς ὀφείλειν, τὸ τοὺς διὰ τὴν αὑτῶν ὕϐριν ὑμῖν πολεμήσαντας ⟨οὐ⟩ πάλαι, νῦν ἐν ὑμῖν μόνοις τῆς αὑτῶν σωτηρίας ἔχειν τὰς ἐλπίδας. Ἄξιον δ' ἡσθῆναι τῷ παρόντι καιρῷ· συμϐήσεται γὰρ ὑμῖν, ἂν ἃ χρὴ βουλεύσησθ' ὑπὲρ αὐτοῦ, τὰς παρὰ τῶν διαϐαλλόντων τὴν πόλιν | ἡμῶν βλασφημίας ἔργῳ μετὰ δόξης καλῆς ἀπολύσασθαι.

ΚΖ [ΚΗ]

1 Αἱ μὲν ἐλπίδες, ὦ ἄνδρες Ἀθηναῖοι, μεγάλαι καὶ καλαὶ τῶν προειρημένων, πρὸς ἃς οἴομαι τοὺς πολλοὺς ἄνευ λογισμοῦ τι πεπονθέναι. Ἐγὼ δ' οὐδεπώποτ' ἔγνων ἕνεκα τοῦ παραχρῆμ' ἀρέσαι λέγειν τι πρὸς ὑμᾶς ὅ τι ἂν μὴ καὶ μετὰ ταῦτα συνοίσειν ἡγῶμαι. Ἔστι μὲν οὖν τὸ κοινὸν ἔθος τῶν πλείστων τοὺς μὲν συνεπαινοῦντας ἑαυτοῖς ὅ τι ἂν πράττωσι φιλεῖν, πρὸς δὲ τοὺς ἐπιτιμῶντας ἀηδῶς ἔχειν. Οὐ μὴν ἀλλὰ δεῖ τὸν εὖ φρονοῦντα τὸν λογισμὸν ἀεὶ τῶν ἐπιθυμιῶν κρείττω πειρᾶσθαι ποιεῖν. 2 Ἐγὼ δ' ἡδέως μὲν ἂν ἑώρων, ἃ καὶ συνοίσειν

1 5 ἔμοιγε ΠSYDrW[b]FQ : μοι W[a] (cf. XV, 1) ‖ 7 τότ' ἴσον ΠSYDFQ (cf. XVI, 1) : τοσοῦτον rW[a]W[b] τοῦτ' ἴσον Π mg. ‖ πρὶν Π codd. : τοῦ πρὶν Π mg. ‖ **2** 1 ὧν XV, 2 (ubi ἓν ὧν SYrFQ alii habent, ἐξ ὧν A) : ὡς Π codd. ‖ 2 τὸ τοὺς W[a] : τῷ τοὺς r τοῦ τοὺς Y W[b] τούτους SYDFQ ‖ ὑμῖν (S[ac]?) W[a] (cf. XV, 2) : ἡμῖν S[pc]YDrW[b]FQ (Π def.) ‖ 3 οὐ add. Schaefer ex XV, 2 ‖ 6 διαϐαλλόντων : διαϐαλόντων Π.

ΚΖ (ΚΗ)

Test 1.8-10 (δεῖ — ποιεῖν) habet fideliter Stobaeus (III, 7, 20, W. H.)

1 3 οὐδεπώποτε codd. : οὐδέποτε Π ‖ **2** 1 μὲν ἂν rW[a] : om. SYDW[b]FQ.

qui doit vous servir, pour qu'il fût bien démontré et que je vous suis agréable et que je vous tiens des propos utiles [1]. Mais comme je vous vois prendre le contre-pied de ces conseils, je me crois tenu de vous contredire, dussé-je encourir l'antipathie de quelques-uns. Si vous ne supportez même pas d'entendre le moindre mot de moi, vous semblerez prendre votre parti non par suite d'une erreur de jugement, mais d'un vicieux penchant [2]; en revanche, si vous m'écoutez, peut-être qu'à la rigueur vous changerez d'avis, ce que j'estime de votre plus haut intérêt; sinon, les uns diront que vous méconnaissez votre intérêt, les autres — ils diront ce qu'ils voudront [3].

XXVIII [XXIX]

[*Contre les remises en délibération.*]

1 Et d'abord, Athéniens, il n'est pas du tout nouveau de trouver chez vous des orateurs pour s'inscrire en faux contre vos décisions, au moment où il faut passer à l'exécution. Si vous les voyiez agir ainsi après leur avoir laissé la parole au moment où vous délibériez, vous les accuseriez avec juste raison s'ils vous extorquaient le droit de parler de nouveau sur des questions où ils auraient déjà eu le dessous. Mais aujourd'hui, il n'est pas étonnant qu'ils veuillent dire ce qu'alors vous n'avez pas eu la patience d'écouter, **2** et l'on serait fondé à vous blâmer, Athéniens, de ne pas laisser chacun exprimer son avis toutes les fois que vous mettez une question en délibération et de n'être pas du tout disposés à écouter un parti, pour peu que l'autre parti vous ait accaparés [4] par ses discours. Il en résulte une situation peu plaisante pour vous : voilà

1. Démosthène se loue en ayant l'air de louer les autres.
2. On notera combien le ton a vite changé.
3. Violente anacoluthe, comme souvent en fin de phrase chez Démosthène : voir *Première Philippique*, 48.

Tout le prologue est une brillante « improvisation » qui doit répondre à un objet précis (voir la première phrase) bien qu'aucune allusion historique ne permette de la dater.

ἔμελλε, ταῦτ' ἐν ἡδονῇ πράττειν ὄνθ' ὑμῖν, ἵνα καὶ χαριζόμενος καὶ χρηστὰ λέγων ἐφαινόμην· ἐπειδὴ δὲ τἀναντί' ὁρῶ τούτων ἐπιχειροῦντας ὑμᾶς, οἴομαι δεῖν ἀντειπεῖν, εἰ καί τισιν μέλλω ἀπεχθήσεσθαι· ἂν μὲν οὖν μηδ' ὑπομείνητ' ἀκοῦσαι μηδὲ ἕν, οὐ τῷ δοκιμάζοντες διαμαρτεῖν, ἀλλὰ τῷ φύσει πονήρ' ἐπιθυμεῖν πράττειν τοιαῦτα προαιρεῖσθαι δόξετε· ἐὰν δ' ἀκούσητε, τυχὸν μὲν ἴσως κἂν μεταπεισθείητε, ὃ μάλιστ' ἐγὼ νομίζω συνενεγκεῖν ἂν ὑμῖν· εἰ δὲ μή, οἱ μὲν ἀγνοεῖν τὸ συμφέρον, οἱ δὲ—ὅ τι ἄν τις βούληται, τοῦτ' ἐρεῖ.

ΚΗ [ΚΘ]

1 Πρῶτον μὲν οὐδέν ἐστιν καινόν, ὦ ἄνδρες Ἀθηναῖοι, τοῖς δόξασιν παρ' ὑμῖν εἶναί τινας οἵτινες ἀντεροῦσιν, ἐπειδὰν πράττειν τι δέῃ· εἰ μὲν οὖν ἀποδόντων ὑμῶν λόγον αὐτοῖς, ὅτ' ἐβουλεύεσθε, τοῦτ' ἐποίουν, τούτων ἂν ἦν ἄξιον κατηγορεῖν, εἰ περὶ ὧν ἥττηντ' | ἐβιάζοντο πάλιν λέγειν· νῦν δὲ τούτους μὲν οὐδέν ἐστ' ἄτοπον εἰπεῖν βουληθῆναι ταῦθ' ἃ τότ' οὐχ ὑπεμείνατ' ἀκοῦσαι, **2** ὑμῖν δ' ἄν τις εἰκότως ἐπιτιμήσειεν, ἄνδρες Ἀθηναῖοι, ὅτι ὁπόταν περί του βουλεύησθε, οὐκ ἐᾶτε λέγειν ἕκαστον ἃ γιγνώσκει, ἀλλ' ἂν ἕτεροι τῷ λόγῳ προλάβωσιν ὑμᾶς, οὐδὲν ἂν τῶν ἑτέρων ἀκούσαιτε. Ἐκ δὲ τούτου συμβαίνει πρᾶγμ' ἀηδὲς ὑμῖν· οἷς γὰρ

2 5 ἂν : ἐὰν Π W^a ‖ 6 μηδὲ ἓν Π SDW^bFQ : μηδὲν YrW^a ‖ 9 κἂν YDW^b : καὶ SrW^aFQ ‖ 11 ἄν τις $SYrW^bFQ$: ἂν ἕκαστος W^a ἄν τις ἕκαστος D ‖ ἐρεῖ SYDFQ : ἐρεῖν rW^aW^b.

ΚΗ (ΚΘ)

1 3 εἰ — ἀποδόν]των om. SY (add. Y^2) Vat. gr. 68 ‖ 4 ὑμῶν Π SYDFQ om. rW^aW^b ‖ τοῦτ' codd. : τότ' Π. ‖ **2** 2 ἄνδρες Ἀθ. $SYDW^b$: ὦ ἄνδρες Ἀθ. FQ ὦ Ἀθηναῖοι rW^a ‖ 3 ἕκαστον ἃ $SYDW^bFQ$: ἃ ἕκαστος rW^a ‖ 4 ἔτι post ἑτέρων add. rW^aW^b ‖ ἀκούσαιτε YD : ἀκούσετε $SFQW^b$ ἀκούσητε rW^a.

des gens aux conseils desquels vous pouviez vous rendre avant de commettre des fautes et vous les approuvez après coup de vous accuser. **3** Vous allez, me semble-t-il, être de nouveau exposés au même malheur si vous ne prêtez pas, dans le cas présent, une oreille impartiale à tous les orateurs, et si, après vous être imposé cette peine, vous ne tenez pas pour méprisables ceux qui critiquent sur quelque point que ce soit les avis les meilleurs que vous avez adoptés [1]. Pour moi, j'ai estimé juste, avant toutes choses, de dire mon avis personnel sur les questions soumises à votre examen, afin que, s'il vous agrée, je vous éclaire aussi sur le reste, et que, dans le cas contraire, j'évite et de vous agacer et de me rompre la tête [2].

XXIX [XXX]

[*Débat concernant la guerre d'Olynthe.*]

1 Il fallait, Athéniens, avant de faire la guerre, bien examiner quels préparatifs vous auriez à votre disposition pour la guerre qui allait avoir lieu; et, si vraiment [3] elle n'était pas prévisible, vous deviez, dès que vous avez délibéré sur elle une fois qu'elle fut évidente, bien examiner aussi la question des préparatifs. Si vous dites que vous avez fourni beaucoup de troupes [4] et que leurs chefs les ont anéanties [5], personne parmi vous n'acceptera cette explication. On ne peut à la fois absoudre ceux qui dirigent les opérations et dire qu'ils sont responsables de la mauvaise tournure qu'elles ont prise. **2** Mais comme le passé ne saurait être changé [6] et qu'il faut remédier à la situation en utilisant les ressources présentes, je ne vois aucune opportunité à intenter des accusations, et je vais tâcher de vous donner les conseils que j'estime les plus salutaires.

1. On songe à la peinture féroce de l'homme démocratique selon Platon : « Souvent il est homme d'État, et, bondissant à la tribune, il dit et fait ce qui lui passe par la tête » (*République,* 561 d, trad. Chambry).

πρὶν ἁμαρτεῖν ὑμῖν ἐξῆν συμβουλεύουσιν πείθεσθαι, τούτους ὕστερον κατηγοροῦντας ἐπαινεῖτε. 3 Ταὐτὸ δὴ τοῦτό μοι πάλιν δοκεῖτε πείσεσθαι, εἰ μὴ παρασχόντες ἴσους ἀκροατὰς πάντων ὑμᾶς αὐτοὺς ἐν τῷ παρόντι, καὶ τοῦτον τὸν πόνον ὑπομείναντες, ἑλόμενοι τὰ κράτιστα τοὺς ὁτιοῦν τούτοις ἐπιτιμῶντας φαύλους νομιεῖτε. Ἐγὼ μὲν δὴ δίκαιον ὑπείληφα πρῶτον ἁπάντων αὐτὸς εἰπεῖν τί μοι δοκεῖ περὶ ὧν σκοπεῖσθε, ἵνα, ἂν μὲν ὑμῖν ἀρέσκῃ, καὶ τὰ λοιπὰ διδάσκω, εἰ δὲ μή, μήθ' ὑμῖν ἐνοχλῶ μήτ' ἐμαυτὸν κόπτω.

ΚΘ [Λ]

1 Ἔδει μέν, ὦ ἄνδρες Ἀθηναῖοι, πρὸ τοῦ πολεμεῖν ἐσκέφθαι τίς ὑπάρξει παρασκευὴ τῷ γενησομένῳ πολέμῳ· εἰ δ' ἄρα μὴ πρόδηλος ἦν, ὅτε πρῶτον ἐβουλεύεσθ' ὑπὲρ αὐτοῦ φανεροῦ γενομένου, τότε καὶ περὶ τῆς παρασκευῆς ἐσκέφθαι. Εἰ δὲ φήσετε πολλὰς ἐγκεχειρικέναι δυνάμεις, ἃς λελυμάνθαι τοὺς ἐπιστάντας, οὐκ ἀποδέξεται τοῦθ' ὑμῶν οὐδείς· οὐ γάρ ἐστι τῶν αὐτῶν τούς ⟨τ'⟩ ἐπὶ τῶν πραγμάτων ἀπολύειν, καὶ λέγειν ὡς διὰ τούτους κακῶς ταῦτ' ἔχει. 2 Ἐπειδὴ δὲ τὰ μὲν παρεληλυθότ' οὐκ ἂν ἄλλως ἔχοι, δεῖ δ' ἐκ τῶν παρόντων ἐπαμῦναι τοῖς πράγμασιν, τοῦ μὲν κατη|γορεῖν οὐδένα καιρὸν ὁρῶ, πειράσομαι δ' ἃ κράτιστα νομίζω συμβουλεῦσαι.

2 6 ὑμῖν ἐξῆν Π SYDW^a^FQ : ἐξῆν ὑμῖν rW^b^ ‖ 7 κατηγοροῦντας : εἰπόντας Dγρ ‖ 3 1-2 ταὐτὸ δὴ Π rW^a^ : ταὐτὸ M^a^ τοῦτο δὴ SYDW^b^FQ ‖ 5 ὁτιοῦν SYDrW^b^FQ : ἐπὶ W^a^ ἔτι Π ‖ νομιεῖτε Π^ac^ SYDrW^b^FQ : νομίζετε Π^pc^ νομίζοιτε W^a^ ‖ 6 πρῶτον Π (hic desinit) SYDFQ (cf. 36 (37), § 2) : πρῶτος rW^a^W^b^ ‖ αὐτὸς DrW^a^W^b^ : αὐτοῖς SYFQ ‖ 7 τί SYDFQ : ὅ τι rW^a^W^b^.

ΚΘ (Λ)

1 5 ἐγκεχειρικέναι rW^a^ : ἐγκεχειρηκέναι SYDFQW^b^ ‖ 6 ἃς SYDFQ : αἷς rW^a^W^b^ ‖ 7 τ' add. Blass (coll. 30 (31), 1; 49 (50), 1; cf. 43 (44), 1).

En premier lieu, il est une vérité que vous devez reconnaître, c'est que tout homme doit dans ses affaires se surpasser en zèle et en émulation... autant qu'en insouciance au temps jadis[1] : c'est tout juste si à ce prix vous avez un espoir de saisir, en les poursuivant de loin, les choses que vous avez laissé échapper [2]. **3** En second lieu, vous ne devez pas vous décourager de la situation [3] : ce qu'il y a de pire dans le passé est un gage excellent pour l'avenir. Qu'est-ce à dire, Athéniens? C'est que vos affaires vont mal parce que vous n'avez rien fait de ce qu'il faudrait. Car, en vérité, si vous aviez fait tout ce qui convenait et qu'elles en fussent là, il n'y aurait pas le moindre espoir qu'elles s'améliorent.

XXX [XXXI]

[*Contre les factions et les injures.*]

1 Rien n'est plus pénible, Athéniens, que de voir les orateurs adopter précisément les usages qu'ils critiquent. Les factions intestines, les accusations mutuelles sans décision judiciaire [4], personne n'est assez insensé pour dire qu'elles ne sauraient gâter le reste de nos affaires. Je crois que ces gens-là feraient mieux de détourner leur esprit de rivalité contre les ennemis de notre Cité dans les harangues qu'ils adressent au peuple; quant à vous, je vous recommande de ne vous associer à aucune de ces deux factions et de ne pas veiller aux moyens d'assurer le triomphe [5] de

1. Plaisanterie παρὰ προσδοκίαν; voir la n. 5 du prol. 54 (55). Le mot d'ὑπερβολή ici est laudatif et ne s'associe correctement dans cette phrase qu'avec le mot *zèle*.

2. Les occasions sont comme traquées à la chasse (voir *Prem. Phil.*, 9). Cette image de Démosthène est (comme presque toutes celles qu'il utilise) empruntée aux occupations violentes : voir p. 43, n. 1, Cette poursuite des occasions perdues hante Démosthène : on trouve dans la *Première Philippique* (39) cette même image combinée avec celle du général qui dirige ses troupes. L'action pour lui « n'est pas la sœur du rêve ».

Πρῶτον μὲν οὖν ὑμᾶς ἐκεῖν' ἐγνωκέναι δεῖ, ὅτι τὴν
ἴσην ὑπερβολὴν τῆς σπουδῆς καὶ φιλονικίας ἐπὶ τοῖς
πράγμασι πάντ' ἄνδρα παρασχέσθαι δεῖ, ὅσηνπερ ἐκ τῶν
ἄνωθεν χρόνων ἀμελείας· μόλις γὰρ οὕτως ἐλπὶς ἐκ
πολλοῦ διώκοντας τὰ προειμέν' ἑλεῖν δυνηθῆναι. 3
Ἔπειτ' οὐκ ἀθυμητέον τοῖς γεγενημένοις· ὃ γάρ ἐστι
τῶν παρεληλυθότων χείριστον, τοῦτο πρὸς τὰ μέλλοντα
βέλτιστον ὑπάρχει. Τί οὖν τοῦτ' ἔστιν, ὦ ἄνδρες Ἀθηναῖοι; Ὅτι οὐδὲν ὑμῶν τῶν δεόντων ποιούντων κακῶς ἔχει τὰ πράγματα· ἐπεὶ εἴ γε πάνθ' ἃ προσῆκε πραττόντων οὕτως εἶχεν, οὐδ' ἂν ἐλπὶς ἦν αὐτὰ γενέσθαι βελτίω.

Λ [ΛΑ]

1 Οὐδέν ἐστιν, ὦ ἄνδρες Ἀθηναῖοι, χαλεπώτερον ἢ τὸ τοῖς αὐτοῖς ἔθεσιν ἐπιτιμᾶν τε καὶ χρῆσθαι τοὺς δημηγοροῦντας. Τὸ γὰρ στασιάζειν πρὸς αὑτοὺς καὶ κατηγορεῖν ἀλλήλων ἄνευ κρίσεως, οὐδείς ἐστιν οὕτως ἀγνώμων ὅστις οὐ φήσειεν ἂν βλάβην εἶναι τοῖς λοιποῖς πράγμασιν. Ἐγὼ δ' οἴομαι τούτους μὲν ἂν εἶναι βελτίους, εἰ τὴν πρὸς αὑτοὺς φιλονικίαν ἐπὶ τοὺς τῆς πόλεως ἐχθροὺς τρέψαντες ἐδημηγόρουν· ὑμῖν δὲ παραινῶ μὴ συστασιάζειν μηδετέροις τούτων, μηδ' ὅπως ἅτεροι

2 5 οὖν om. W^b ‖ ὑμᾶς ἐκεῖνο SYDW^bFQ : ἐκεῖνο ὑμᾶς rW^a. ‖ 6 ἐπὶ SYDr W^aW^b : ἐν FQY^2 ‖ 7 πάντ' ἄνδρα SYDrW^aW^bFQ : πάντα δρᾶν Fγρ. Qγρ. Y^2γρ. ‖ 9 προειμέν' FQ : προιεμένα (-ειεμενα S) S(Y?)CDrW^b προειρημένα Y^2W^a Fγρ. Qγρ. ‖ **3** 3 ὦ ἄνδρες Ἀθηναῖοι hic SYDW^bFQ : post ὅτι Qγρ. post οὐδὲν rW^a (ὦ Ἀθηναῖοι ut solent) fortasse ex IV, 2 ‖ 4 ὑμῶν — ποιούντων SYDW^bFQ : τῶν δεόντων ποιούντων ὑμῶν rW^a (cf. IV, 2, IX, 5) ‖ 5 προσῆκε SYDW^bFQ (cf. IV, 2) : προσήκει rW^a Qγρ. (cf. similes errorem IX, 5) ‖ 6 γενέσθαι : γενήσεσθαι r.

Λ (ΛΑ)

1 2 τὸ rW^aW^b Qγρ. : om. SYDFQ ‖ αὐτοῖς SYDFQ : αὐτῶν rW^aW^b ‖ 5 λοιποῖς rW^a : om. cett. ‖ 9 ἅτεροι YD : ἃ ἕτεροι SFQ ἕτεροι rW^aW^b.

l'une d'elles, mais aux moyens de l'emporter à vous tous sur vos ennemis. **2** Je demande aussi aux dieux [1] que les orateurs qui, par rivalité, par malveillance ou pour tout autre motif, disent autre chose que ce qu'ils croient devoir être utile, cessent ce langage : car, mêler des imprécations à des conseils est sans doute une étrange conduite. Pour ma part, Athéniens, je ne puis rendre responsables du mauvais état de nos affaires que ces gens-là, tous tant qu'ils sont. Sans doute suis-je d'avis qu'il faut leur demander des comptes à tête reposée [2]; mais pour le moment il faut veiller à améliorer la situation.

XXXI [XXXII]

[*Contre les séductions des flatteurs.*]

1 Je voudrais voir, Athéniens, certains de vos orateurs attacher autant de prix à exprimer le meilleur avis qu'à passer pour éloquents : ils seraient considérés comme d'honnêtes gens plutôt que comme d'habiles orateurs [3], et vos affaires, comme il convient, n'en iraient que mieux. Mais, malheureusement, quelques-uns, me semble-t-il, absolument entêtés de leur réputation oratoire, n'ont pas le moindre souci de ce qui en résultera pour vous [4]. **2** Je suis vraiment curieux de savoir si pareille éloquence a la vertu de duper l'orateur aussi bien que son auditoire [5], ou bien si consciemment ces gens-là expriment dans leurs harangues des sentiments contraires à ceux qui leur semblent les meilleurs. S'ils ignorent qu'il faut, pour faire ce qui s'impose, être non pas hardi en paroles mais fort de son armement, et qu'il faut mettre sa confiance non pas

1. Les prières interviennent à l'occasion dans les moments graves des discours (voir la n. 9 du prol. 24 (25); *Contre Leptine*, 25).

2. Voir le prol. 10 (11) et les notes.

3. L'éloge fait passer la critique. Sur l'honorabilité que recherchent les beaux parleurs, voir le prol. 45 (46), § 2.

4. Voir le prol. 24 (25), § 3.

5. Démosthène se joue de ses collègues et de son auditoire.

κρατήσουσι σκοπεῖν, ἀλλ' ὅπως ὑμεῖς ἅπαντες τῶν ἐχθρῶν περιέσεσθε. 2 Εὔχομαι δὲ τοῖς θεοῖς τοὺς ἢ φιλονικίας ἢ ἐπηρείας ἤ τινος ἄλλης ἕνεκ' αἰτίας ἄλλο τι πλὴν ἅ ποθ' ἡγοῦνται συμφέρειν λέγοντας παύσασθαι· τὸ γὰρ καταρᾶσθαι συμϐουλεύοντ' ἴσως ἔστ' | ἄτοπον. Αἰτιασαίμην μὲν οὖν ἔγωγ' ἂν οὐδέν', ὦ ἄνδρες Ἀθηναῖοι, τοῦ κακῶς τὰ πράγματ' ἔχειν ἀλλ' ἢ πάντας τούτους· οἴομαι δὲ δεῖν παρὰ μὲν τούτων ἐφ' ἡσυχίας λόγον ὑμᾶς λαϐεῖν, νῦν δ' ὑπὲρ τῶν παρόντων, ὅπως ἔσται βελτίω, σκοπεῖν.

ΛΑ [ΛΒ]

1 Ἐϐουλόμην ἄν, ὦ ἄνδρες Ἀθηναῖοι, τὴν ἴσην σπουδὴν ἐνίους τῶν λεγόντων ποιεῖσθαι ὅπως τὰ βέλτιστ' ἐροῦσιν, ὅσηνπερ ὅπως εὖ δόξουσι λέγειν, ἵν' οὗτοι μὲν ἀντὶ τοῦ δεινοὶ λέγειν ἐπιεικεῖς ἐνομίζοντ' εἶναι, τὰ δ' ὑμέτερα, ὥσπερ ἐστὶν προσῆκον, βέλτιον εἶχεν. Νῦν δ' ἔνιοί μοι δοκοῦσι παντάπασι τὴν ἀπὸ τοῦ λόγου δόξαν ἠγαπηκότες τῶν μετὰ ταῦτα συμϐησομένων ὑμῖν μηδὲν φροντίζειν. 2 Καὶ δῆτα θαυμάζω πότερά ποθ' οἱ τοιοῦτοι λόγοι τὸν λέγονθ' ὁμοίως πεφύκασιν ἐξαπατᾶν ὥσπερ πρὸς οὓς ἂν λέγωνται, ἢ συνιέντες οὗτοι τἀναντία τοῖς δοκοῦσιν ἑαυτοῖς εἶναι βελτίστοις δημηγοροῦσιν. Εἰ μὲν γὰρ ἀγνοοῦσιν ὅτι τὸν μέλλοντα πράξειν τὰ δέοντα οὐκ ἐπὶ τῶν λόγων θρασύν, ἀλλ' ἐπὶ τῆς παρασκευῆς ἰσχυρὸν εἶναι δεῖ, οὐδ' ἐπὶ τῷ τοὺς

2 4 καταρᾶσθαι SYDrW^{a}W^b : καταράσασθαι FQY^2 ‖ συμϐουλεύοντ' ἴσως W^b : συμϐουλεύονθ' ἴσως SD(Y?)Cr συμϐουλεύοντι ἴσως FQY^2 συμϐουλεύοντας ὡς W^a.

ΛΑ (ΛΒ)

1 1 ἄν SYDW^{a}FQ : μέν rW^b ‖ 4 δεινοὶ : δεινῶς rW^a ‖ 5 εἶχε(ν) SYDrW^{b}FQ εἶχον W^a ἔχειν Qγρ. ‖ 8 μηδὲν codd. : οὐδὲν Aldina, Wolf, alii, injuria, quippe cum subsit sensus volendi.

dans l'impuissance des ennemis, mais dans la victoire qu'on remportera sur eux malgré leur puissance [1], c'est que les fioritures [2] de leur éloquence les empêchent, semble-t-il, de voir les plus grands problèmes. Si en revanche ils prétendaient qu'ils sont loin d'ignorer ces questions, mais qu'il y a un motif secret [3] qui les pousse à prendre ce parti, comment croire que ce motif, quel qu'il soit, n'est pas vil?

3 Pour moi, je ne laisserai pas de dire mon avis, bien que je vous voie déjà envoûtés [4]. Car enfin, il serait absurde, si vous avez été, vous, éblouis [5], contre toute raison, par un discours, qu'un discours décontenançât également l'orateur [6] en mesure de vous donner des conseils meilleurs et plus utiles. De votre côté, je vous demande de patienter, en réfléchissant que vous seriez loin d'avoir pris le parti que vous avez pris aujourd'hui, si vous n'aviez écouté les discours qui vous ont persuadés. **4** De même que si vous vouliez juger la valeur d'une monnaie, vous trouveriez normal d'en faire l'épreuve [7], de même, je trouve bon que vous examiniez le discours qui a été prononcé en vous appuyant sur les arguments que nous pouvons lui opposer, et que, si vous le trouvez profitable, vous le suiviez en vous en remettant à la Bonne Fortune, mais que si d'aventure, en le considérant en détail, il se révèle trop décevant, vous vous ravisiez avant de vous égarer, et vous adoptiez les bons avis.

XXXII [XXXIII]

[*Contre les lieux communs stériles.*]

1 Par-dessus tout, Athéniens, je voudrais que vous vous laissiez persuader par ce que je vais vous dire; si toutefois il en allait autrement, j'attacherais du moins le plus grand prix à vous l'avoir exposé. La difficulté n'est pas seulement, comme il semble, de vous dire ce qu'il faut,

1. On notera dans les deux membres de phrase les oppositions de mots (θρασύν... ἰσχυρόν), ou leur répétition (δυνήσεσθαι... δύνωνται) : voir la n. 4 du prol. 1.

ἐχθροὺς μὴ δυνήσεσθαι θαρρεῖν, ἀλλ' ἐπὶ τῷ κἂν δύνωνται κρατήσειν, τὰ τῶν λόγων ἀστεῖ' ὡς ἔοικεν τοῦ τὰ μέγιστ' αἰσθάνεσθαι κεκώλυκεν αὐτούς· εἰ δὲ ταῦτα μὲν μηδ' ἂν φήσαιεν ἀγνοεῖν, πρόφασις δ' ἄλλη τις ὕπεστι δι' ἣν ταῦτα προαιροῦνται, πῶς οὐ χρὴ φαύλην ταύτην ὑπολαμβάνειν, ἥτις ποτ' ἐστίν;

3 'Εγὼ δ' οὐκ ἀποτρέψομαι λέγειν ἃ δοκεῖ μοι, καίπερ ὁρῶν ἠγμένους ὑμᾶς· καὶ γὰρ εὔηθες, λόγῳ ψυχαγωγη|θέντων ὑμῶν οὐκ ὀρθῶς, λόγον αὖ τὸν μέλλοντα βελτίω λέγειν καὶ μᾶλλον συμφέρονθ' ὑμῖν καταδεῖσαι. 'Αξιῶ δὲ καὶ ὑμᾶς ὑπομεῖναι, ἐνθυμηθέντας ὅτι οὐδὲ τὰ νῦν δοκοῦντ' ἔδοξεν ἂν ὑμῖν, εἰ μὴ τοὺς λόγους ἠκούσατ' ἐξ ὧν ἐπείσθητε· 4 ὥσπερ ἂν τοίνυν, εἰ νόμισμ' ἐκρίνεθ' ὁποῖόν τί ποτ' ἐστίν, δοκιμάσαι δεῖν ἂν ᾠήθητε, οὕτω καὶ τὸν λόγον ἀξιῶ τὸν εἰρημένον ἐξ ὧν ἀντειπεῖν ἡμεῖς ἔχομεν σκεψαμένους, ἐὰν μὲν συμφέρονθ' εὕρητε, ἀγαθῇ τύχῃ πείθεσθαι, ἂν δ' ἄρ' ἕκαστα λογιζομένοις ἀλλοιότερος φανῇ, πρὶν ἁμαρτεῖν μεταβουλευσαμένους, τοῖς ὀρθῶς ἔχουσιν χρήσασθαι.

ΛΒ [ΛΓ]

1 Μάλιστα μέν, ὦ ἄνδρες 'Αθηναῖοι, βουλοίμην ἂν ὑμᾶς ἃ μέλλω λέγειν πεισθῆναι· εἰ δ' ἄρα τοῦτ' ἄλλῃ πῃ συμβαίνοι, ἐμαυτῷ γ' ἂν εἰρῆσθαι πρὸ παντὸς αὐτὰ δεξαίμην. Ἔστι δ' οὐ μόνον, ὡς δοκεῖ, τὸ πρὸς ὑμᾶς εἰπεῖν χαλεπὸν τὰ δέοντα, ἀλλὰ καὶ καθ' αὑτὸν σκοπού-

2 8 δυνήσεσθαι FQY[2] : δύνησθαι S δύνασθαι D (Y?)CrW[a]W[b] ‖ 9 κρατήσειν Blass : κρατῆσαι codd. ‖ **3** 4 συμφέρονθ' DrW[a]W[b]FQ : συμφέρον SY ‖ ἔχοντα δεῖξαι post ὑμῖν hab. rW[a] |‖ 6 νῦν τὰ rW[a] ‖ **4** 4 ἔχομεν : ἕξομεν Q ἕ].ξ.[ομεν F[sl] ‖ 5 εὕρητε : εὑρήσετε F.

ΛΒ (ΛΓ)

1 3 αὐτὰ rW[a] : αὐτὸ SYDW[b]FQ.

mais encore de le trouver grâce à un examen personnel [1]. Tout orateur pourrait s'en aviser [2], s'il se disait que vous examinerez non pas son discours mais les difficultés où vous êtes engagés et s'il s'attachait plutôt à sembler honnête [3] qu'à paraître éloquent. **2** Pour moi, en tout cas (et que cela me porte bonheur), quand l'idée m'est venue de réfléchir à la situation présente, j'ai trouvé des arguments vraiment intarissables que vous n'auriez pas écoutés sans plaisir : car enfin pour prouver que vous êtes les plus justes des Grecs, j'ai vu et je vois beaucoup de choses à dire [4], ainsi que sur votre illustre ascendance [5], et sur beaucoup de sujets analogues. Mais ces paroles ne font plaisir que dans le moment où on les dit, après quoi elles s'évanouissent. **3** Ce qu'il faut, c'est que l'orateur apparaisse comme un conseiller dans une entreprise qui même par la suite vous assure la présence [6] d'un avantage : et c'est cela qu'il est rare et difficile de trouver, je le sais par expérience : car il ne suffit même pas d'avoir vu ce genre de solutions, si l'on ne peut vous persuader, vous qui serez nos collaborateurs [7]. Quoi qu'il en soit, mon devoir est sans doute [8] de vous exposer le conseil qui, d'après ma conviction, vous sera utile; le vôtre est de l'écouter, de le juger et, s'il vous agrée, de l'adopter.

XXXIII [XXXIV]

[*Encore contre les remises en délibération.*]

1 On pouvait prévoir [9] l'autre jour, Athéniens, lorsque vous n'avez pas cru utile d'écouter les contradicteurs d'un tel [10], que ce qui se passe présentement arriverait, je veux dire que les orateurs éconduits ce jour-là parleraient à une prochaine assemblée [11]. Eh bien ! si vous recommencez ce

1. Opposition de la forme et du fond : on peut toujours parler par lieux communs (voir le § 2) ; il est difficile de trouver des arguments pertinents. C'est un métier d'être orateur : voir la n. 2 du prol. 8 (9). — Comparer *Pour la lib. des Rhodiens*, 34.

2. Γνοίη ἄν τις : formule toute faite qu'affectionne Démosthène (*Contre Leptine*, 73); *Contre Timocrate*, 89 et 206).

3. Voir la note 3 du prologue 31 (32).

μενον εὑρεῖν. Γνοίη δ' ἂν τις, εἰ μὴ τὸν λόγον ὑμᾶς, ἀλλὰ τὰ πράγματ' ἐφ' ὧν ἐστε σκέψεσθαι νομίσαι, καὶ πλείω σπουδὴν τοῦ δοκεῖν ἐπιεικὴς εἶναι ἢ τοῦ δεινὸς εἰπεῖν φανῆναι ποιοῖτο. 2 'Εγὼ γοῦν (οὕτω τί μοι ἀγαθὸν γένοιτο) ἐπειδὴ περὶ τῶν παρόντων ἐπῄει μοι σκοπεῖν, λόγοις μὲν καὶ μάλ' ἀφθόνοις, οὓς οὐκ ἂν ἀηδῶς ἠκούεθ' ὑμεῖς, ἐνετύγχανον. Καὶ γὰρ ὡς δικαιότατοι τῶν 'Ελλήνων ἐστέ, πόλλ' εἰπεῖν καὶ ἑώρων καὶ ὁρῶ, καὶ ὡς ἀρίστων προγόνων, καὶ πολλὰ τοιαῦτα. 'Αλλὰ ταῦτα μὲν τὸν χρόνον ἡσθῆναι ποιήσανθ' ὅσον ἂν ῥηθῇ, μετὰ ταῦτ' οἴχεται. 3 Δεῖ | δὲ πράξεώς τινος τὸν λέγοντα φανῆναι σύμβουλον, δι' ἣν καὶ μετὰ ταῦτ' ἀγαθοῦ τινος ὑμῖν ἔσται παρουσία. Τοῦτο δ' ἤδη καὶ σπάνιον καὶ χαλεπὸν πεπειραμένος οἶδ' ὂν εὑρεῖν. Οὐδὲ γὰρ αὔταρκες τὸ ἰδεῖν ἐστι τὰ τοιαῦτα, ἂν μὴ καὶ πεῖσαί τις τοὺς συναρουμένους ὑμᾶς δυνηθῇ. Οὐ μὴν ἀλλ' ἐμὸν μὲν ἔργον εἰπεῖν ἴσως ἃ πέπεικ' ἐμαυτὸν συμφέρειν, ὑμέτερον δ' ἀκούσαντας κρῖναι, κἂν ἀρέσκῃ, χρῆσθαι.

ΛΓ [ΛΔ]

1 Οὐκ ἄδηλον ἦν, ὦ ἄνδρες 'Αθηναῖοι, πρώην, ὅτε τῶν ἀντιλέγειν βουλομένων οἷς ὁ δεῖν' ἔλεγεν οὐκ ᾤεσθ' ἀκούειν χρῆναι, ὅτι συμβήσεται τοῦθ' ὃ νυνὶ γίγνεται, ὅτι οἱ τότε κωλυθέντες ἐροῖεν εἰς ἑτέραν

1 7 ἐστε Wolf : ἐστι codd. ‖ σκέψεσθαι Blass. : σκέψασθαι codd. ‖ νομίσαι : βούλοιτο νομίσαι rW^{a} ‖ 8 δεινὸς $S^{ac}YDrW^{a}W^{b}F^{ac}$: δεινῶς $S^{pc}F^{pc}$ Q ‖ **2** 1-2 τί μοι ἀγαθὸν $SYDW^{b}FQ$: ἀγαθόν τί μοι rW^{a} ‖ 4 ἠκούετε $SY^{2}W^{b}FQ$: ἀκούετε (Y?)CD ἠκούσατε rW^{a} ‖ 8 δὲ post μέτα add. SYDFQ ‖ **3** 3 ὑμῖν Bekker : ἡμῖν codd. ‖ δ' ἤδη SYDFQ : δὴ $rW^{a}W^{b}$ ‖ 6 συναρουμένους Reiske (cf. 48 (49), 1) : συναιρουμένους $W^{a}F^{ac}$ συναιρομένους $SYDrW^{b}F^{pc}Q$.

ΛΓ (ΛΔ)

1 4 τὴν post εἰς add. perperam YD.

que vous avez fait auparavant, et que vous refusiez d'écouter ceux qui veulent appuyer les décisions qui ont été prises alors, derechef ces gens-là s'empareront de ce sujet à la prochaine assemblée et incrimineront vos résolutions [1]. **2** Non, Athéniens ! Il serait impossible que la situation empirât et que l'on vous vît pousser plus loin votre extravagance, s'il devait arriver qu'aucune de vos décisions ne semblât définitivement arrêtée [2], et si, repoussant ce qui vous est utile, vous ne meniez à bonne fin aucune entreprise fructueuse, mais étiez comme un public [3] à la merci de la première invasion [4] d'orateurs. Non [5], Athéniens ! pas de cela; au contraire, faites l'effort demandé, prêtez une égale attention aux deux partis; commencez par prendre une décision que vous exécuterez vraiment; ensuite considérez comme pervers et mauvais patriote [6] tout orateur qui s'opposera aux mesures que vous aurez une fois approuvées.

3 En effet, être persuadé, quand on n'a pas obtenu le droit de parler [7], que l'on a en tête une idée supérieure à celles qui vous agréent, passe; mais, quand vous avez, vous, écouté et pesé le pour et le contre, payer encore d'audace [8] et refuser de donner son accord et de s'abandonner à l'opinion de la majorité [9], voilà qui laisse soupçonner quelque autre motif peu honnête [10]. Pour moi, je me croirais tenu de me taire en ce moment, si je voyais que vous persistez dans vos premières résolutions [11] : en effet, je suis de ceux qui sont persuadés de leur utilité; mais comme certains me semblent retournés par les discours de ces gens-là, je vais vous montrer que leurs arguments ne sont ni fondés ni utiles pour vous; sans doute le savez-vous; toutefois je veux vous instruire aussi pour le cas où vous l'ignoreriez.

1. Τούτων est au neutre et reprend pour insister ταῦτα complément du participe : cf. Dém., *Contre Aphobos*, III, 7 et la grammaire de Kühner-Gerth, I, p. 648. Les « résolutions » incriminées sont celles de la séance du jour, opposées aux « décisions » arrêtées dans une séance antérieure.

2. Voir Thucydide III, 37, 3.

ἐκκλησίαν. Ἂν τοίνυν ταὔθ' ἅπερ πρότερον ποιήσητε, καὶ τῶν τοῖς τότε δόξασι συνειπεῖν βουλομένων μὴ 'θελήσητ' ἀκοῦσαι, πάλιν ταῦτ' εἰς τὴν ἑτέραν ἐκκλησίαν οὗτοι λαβόντες τούτων κατηγορήσουσιν. 2 Οὐδαμῶς ἄν, ἄνδρες Ἀθηναῖοι, οὔτε τὰ πράγματα χείρω γένοιτο, οὔθ' ὑμεῖς ἀτοπώτεροι φανείητε, εἰ μήτε τῶν δοξάντων ὑμῖν πέρας μηδὲν ἔχειν δοκοίη, μήτ', ἀφέντες ἃ συμφέρει, τῶν πρὸ ὁδοῦ τι περαίνοιτε, εἴητε δ' ὥσπερ τὰ θέατρα τῶν προκαταλαμβανόντων. Μηδαμῶς, ὦ ἄνδρες Ἀθηναῖοι, ἀλλὰ πονήσαντες τὸν πόνον τοῦτον καὶ παρασχόντες ἴσους ἀκροατὰς ἀμφοτέροις ὑμᾶς αὐτοὺς πρῶτον μὲν ἕλεσθ' ὅ τι καὶ ποιήσετε, ἔπειθ' ὑπολαμβάνετε, ἐάν τις ἐναντιῶται τοῖς ἅπαξ οὕτω δοκιμασθεῖσι, πονηρὸν καὶ κακόνουν ὑμῖν.

3 Τὸ μὲν γὰρ λόγου μὴ τυχόντα πεπεῖσθαι βέλτιον τῶν ὑμῖν δοκούντων αὐτὸν ἐντεθυμῆσθαι, συγγνώμη· τὸ δ' ἀκουσάντων ὑ|μῶν καὶ διακρινάντων ἔτ' ἀναισχυντεῖν, καὶ μὴ συγχωρεῖν ἐνδόντα τῇ τῶν πλειόνων γνώμῃ, ἄλλην τιν' ὑποψίαν οὐχὶ δικαίαν ⟨ἂν⟩ ἔχειν φανείη. Ἐγὼ μὲν δὴ σιωπᾶν ⟨ἂν⟩ ᾤμην δεῖν ἐν τῷ παρόντι, εἰ μένοντας ὑμᾶς ἑώρων ἐφ' ὧν ἔδοξεν· εἰμὶ γὰρ τῶν ἐκεῖνα πεπεισμένων συμφέρειν ὑμῖν· ἐπειδὴ δ' ὑπὸ τῶν παρὰ τούτων λόγων μεταβεβλῆσθαί μοί τινες δοκοῦσιν, ὡς οὔτ' ἀληθῆ λέγουσιν οὔθ' ὑμῖν συμφέροντα, ἴσως μὲν εἰδότας, οὐ μὴν ἀλλ' εἰ καὶ τυγχάνετ' ἀγνοοῦντες, διδάξω·

2 2 ἂν W^b : ὦ cett. ‖ ἂν post γένοιτο hab. rW^a ‖ 3 ἢ ante εἰ add. appendix Lutetianae ‖ 4 μήτ' rW^a : μήδ' $SYDW^bFQ$ ‖ μὴ post ἃ add. rW^a ‖ 5-6 τὰ θέατρα τῶν Blass : τῶν τὰ θέατρα codd. ‖ 6 προκαταλαμβανόντων : καταλαμβανόντων FQ ‖| **3** 1 βέλτιον SYW^bFQ : βελτίω D rW^a (post δοκούντων transpos. rW^a) ‖ 5 ἂν add. Blass ‖ 6 ἂν add. Schaefer ‖ 8 παρὰ $SYDrW^aW^bFQ$: om. Fγρ. Qγρ. Y^2γρ. ‖ 9 τούτων $SYDrW^aW^bFQ$: τοιούτων Fγρ. Y^2γρ.

XXXIV [XXXV]

[*Contre les orateurs qui veulent tout remettre en cause à la séance suivante.*]

1 Il aurait fallu, Athéniens, il aurait été juste, que chaque orateur ne vous déterminât à prendre ce qu'il pensait être le meilleur parti qu'au moment où vous délibériez pour la première fois sur ces questions; ainsi vous auriez évité les deux inconvénients qui sont entre tous dommageables à la Cité : ne voir aucune de vos décisions définitivement arrêtée [1], et vous accuser vous-mêmes de folie parce que vous changez d'opinion. Mais puisque quelques-uns, muets alors, vous blâment maintenant, je veux leur adresser deux mots. **2** Oui, je m'étonne de leur attitude politique, ou plutôt, je la trouve mesquine; si, pouvant vous faire leurs recommandations quand vous délibérez, ils préfèrent vous accuser une fois les décisions prises, ils font là métier de sycophantes et non, comme ils disent, de patriotes [2]. Il est une question que je voudrais bien leur poser (et que ce que je vais dire ne soit l'occasion d'aucune apostrophe [3]) : pourquoi eux qui prônent les Lacédémoniens [4] en toute circonstance, n'imitent-ils pas le trait le plus admirable [5] de ce peuple, ou plutôt, pourquoi font-ils précisément le contraire? **3** On dit [6] en effet, Athéniens, que chez eux chacun n'exprime son opinion que jusqu'à la ratification, mais que, du moment où les décisions ont force de loi, ils les approuvent et les appuient tous, y compris les opposants [7]. Voilà pourquoi leur petit nombre [8] l'emporte sur des troupes nombreuses : ce qu'ils ne peuvent prendre à la guerre, ils le prennent à la faveur des circonstances [9], et aucune occasion, aucun moyen d'aboutir au mieux de leurs intérêts ne leur échappent [10].

1. Pour l'interprétation des faits, voir la *Notice*, p. 27. Ce prologue ne peut avoir été écrit après la guerre de Messénie de 344 et la menace de Philippe qui paralysa pour longtemps l'ingérence de Sparte dans les affaires du Péloponnèse (voir G. Glotz et R. Cohen, *Histoire grecque*, t. III, p. 316). — Voir la note 2 du prol. 33 (34).

ΛΔ [ΛΕ]

1 Ἔδει μέν, ὦ ἄνδρες Ἀθηναῖοι, καὶ δίκαιον ἦν τότε πείθειν ὑμᾶς ὅ τι ἄριστον ἕκαστος ἡγεῖτο, ὅτ' ἐβουλεύεσθε τὸ πρῶτον περὶ τούτων, ἵνα μὴ συνέβαινεν ἃ δὴ δύο πάντων ἐστὶν ἀλυσιτελέστατα τῇ πόλει, μήτε πέρας μηδὲν ἔχειν τῶν ὑμῖν δόξαντων, παρανοίας θ' ὑμεῖς κατεγιγνώσκεθ' ὑμῶν αὐτῶν μεταβουλευόμενοι. Ἐπειδὴ δὲ σιωπήσαντες τότε νῦν ἐπιτιμῶσί τινες, βούλομαι μικρὰ πρὸς αὐτοὺς εἰπεῖν. **2** Ἐγὼ γὰρ θαυμάζω τὸν τρόπον τῆς πολιτείας τῆς τούτων, μᾶλλον δ' ἡγοῦμαι φαῦλον. Εἰ γὰρ ἐξὸν παραινεῖν ὅταν σκοπῆτε, βεβουλευμένων κατηγορεῖν αἱροῦνται, συκοφαντῶν ἔργον, οὐχ, ὡς φασίν, εὔνων ποιοῦσιν ἀνθρώπων. Ἡδέως δ' ἂν ἐροίμην αὐτούς (καὶ μηδεμιᾶς λοιδορίας ὃ μέλλω λέγειν ἀρχὴ γενέσθω) τί δὴ τἆλλ' ἐπαινοῦντες Λακεδαιμονίους, ὃ μάλιστ' ἄξιόν ἐστιν τῶν παρ' ἐκείνοις ἄγασθαι, τοῦτ' οὐ μιμοῦνται, μᾶλλον δ' αὐτὸ τοὐναντίον ποιοῦσιν; **3** Φασὶ γάρ, ὦ ἄνδρες Ἀθηναῖοι, παρ' ἐκείνοις μέχρι μὲν τοῦ δόξαι γνώμην, ἣν ἂν ἕκαστος ἔχῃ, λέγειν, ἐπειδὰν δ' ἐπικυρωθῇ, | ταῦθ' ἅπαντας ἐπαινεῖν καὶ συμπράττειν, καὶ τοὺς ἀντειπόντας. Τοιγάρτοι πολλῶν μὲν ὄντες οὐ πολλοὶ περιγίγνονται, λαμβάνουσι δέ, ὅσ' ἂν μὴ τῷ πολέμῳ δύνωνται, τοῖς καιροῖς, οὐδεὶς δ' αὐτοὺς ἐκφεύγει χρόνος οὐδὲ τρόπος τοῦ τὰ συμφέ-

ΛΔ (ΛΕ)

1 5 ἔχειν : εἶχεν Blass ex mg. Lutetianae, temere ‖ 6 κατεγιγνώσκεθ' codd : καταγιγνώσκειν voluit Wolf, perperam. De inconcinnitate, cf. Soph., *O. C.*, 1020-1022 auctore Uhle ‖ **2** 2-3 μᾶλλον — φαῦλον om. r ‖ 3 ὅτε r ‖ σκοπεῖτε r^2 ‖ 5 εὔνων $YDrW^aF^{pc}$: εὐνόων $SW^bF^{ac}Q$ ‖ 9 αὐτὸ W^a : αὐτῷ $SYDrW^bQ$ αὐτ].ῷ. F^{sl} αὐτοι F ‖ οὑτωσὶ ante τοὐναντίον hab. W^a ‖ **3** 2 τοῦ : τῷ r ‖ 3 ἐπειδὴ W^a ‖ ταῦθ' ἅπαντας $SYDW^b$ FQ : ταῦτα πάντα r πάντα ταῦτα W^a ‖ 4 πολλῶν Y^2 πολλ].ων. F^{sl} : πολλοὶ $SYDrW^aW^bFQ$.

Bien différents de nous, par Zeus ! A cause de ces gens-là et de leurs émules, en tâchant de l'emporter les uns sur les autres et non sur nos ennemis [1], nous avons gaspillé tout notre temps; **4** haïssant celui qui nous procure la paix après la guerre et luttant contre celui qui parle de guerre après la paix, refusant même de donner raison à celui qui nous recommande de rester tranquilles et de nous occuper de nos affaires personnelles : en un mot, peuple rempli de griefs et d'espérances creuses. Mais, dira-t-on [2], que recommandes-tu, toi, pour nous critiquer ainsi? Eh bien ! par Zeus, je vais vous le dire.

XXXV [XXXVI]

[*Sortie contre les orateurs salariés.*]

1 Tout d'abord, Athéniens, on aurait grand tort, me semble-t-il, de craindre à votre sujet que votre refus d'écouter [3] vos conseillers ne vous fît délibérer avec moins de succès. Car, en premier lieu, la Fortune, par bonheur, arrange beaucoup d'affaires au gré de vos désirs sans que vous y mettiez la main [4] : aussi bien s'il ne tenait qu'à la prévoyance de vos dirigeants, peu d'entre elles se présenteraient favorablement. Ensuite, non seulement vous connaissez d'avance les discours que chaque orateur pourrait vous adresser, mais encore les motifs qui dictent à chacun son allocution au peuple, je dirais même (si ce n'était provocant) son salaire [5]. **2** Dans ces conditions, il me semble vraiment que vous êtes bien inspirés de réduire au minimum le temps réservé à vous laisser mystifier. Si je m'apprêtais à tenir à peu près le même langage que les autres, je jugerais inutile de vous importuner en vous parlant de ce que vous connaissez. Mais en fait, c'est, je crois, un dis-

1. Comparer le prol. 30 (31), § 1.
2. Voir un pareil dialogue dans le discours *sur l'Org. fin.*, 12-13.
4. Même expression au prol. 40, 2, mais là-bas, Démosthène insiste sur la nécessité d'aider la Fortune; ici, pour stigmatiser les incapables, il dit qu'il faut s'en remettre à elle : argument d'avocat.

ρονθ' ἑαυτοῖς περαίνειν, οὐ μὰ Δί' οὐχ ὥσπερ ἡμεῖς καὶ διὰ τούτους καὶ τοὺς ὁμοίους τούτοις, ἀλλήλων περιγιγνόμενοι καὶ οὐχὶ τῶν ἐχθρῶν, πάντ' ἀνηλώκαμεν τὸν χρόνον, **4** ἂν μὲν εἰρήνην τις ἐκ πολέμου ποιήσῃ, τοῦτον μισοῦντες, ἂν δ' ἐξ εἰρήνης πόλεμόν τις λέγῃ, τούτῳ μαχόμενοι, ἂν δ' ἔχειν ἡσυχίαν τις παραινῇ καὶ τὰ ἡμέτερ' αὐτῶν πράττειν, οὐδὲ τοῦτον ὀρθῶς λέγειν φάσκοντες, ὅλως δ' αἰτιῶν καὶ κενῶν ἐλπίδων ὄντες πλήρεις. « Τί οὖν', ἄν τις εἴποι, σὺ παραινεῖς, ἐπειδὴ ταῦτ' ἐπιτιμᾷς; » Ἐγὼ νὴ Δί' ἐρῶ.

ΛΕ [ΛϚ]

1 Πρῶτον μέν, ὦ ἄνδρες Ἀθηναῖοι, οὐ πάνυ μοι δοκεῖ τις ἂν εἰκότως περὶ ὑμῶν δεῖσαι, μὴ παρὰ τὸ τῶν συμβουλευόντων οὐκ ἐθέλειν ἀκούειν χεῖρον βουλεύσησθε. Πρῶτον μὲν γὰρ ἡ τύχη, καλῶς ποιοῦσα, πολλὰ τῶν πραγμάτων ὑμῖν αὐτόματα, ὡς ἂν εὔξαισθε, παρίστησιν, ἐπεὶ τῇ γε τῶν προεστηκότων προνοίᾳ βραχέ' αὐτῶν εἶχεν ἂν καλῶς. Ἔπειθ' ὑμεῖς οὐ μόνον τοὺς λόγους οὓς ἂν ἕκαστος εἴποι πρόϊστε, ἀλλὰ καὶ ὧν ἕνεκ' αὐτῶν ἕκαστος δημηγορεῖ, εἰ δὲ μὴ φιλαπέχθημον ἦν, εἶπον ἂν καὶ πόσου. **2** Τὸν δὴ τοῦ φενακίζεσθαι χρόνον ὡς εἰς μικρότατον συνάγοντες σωφρονεῖν ἔμοιγε δοκεῖτε. Εἰ μὲν δή τι τῶν αὐτῶν ἔμελλον τοῖς ἄλλοις ἐρεῖν, οὐκ ἂν ᾤμην περὶ ὧν ἴστε δεῖν λέγων ἐνοχλεῖν· νῦν δὲ συμφέροντα μὲν ὑμῖν ἀκοῦσαι, παντά-|

3 8 περαίνειν YD : παραινεῖν SY²rWªWᵇ FQ ‖ **4** 1 ἂν Schaefer : κἂν codd. ‖ 3 τις om. Y (add. Y²).

ΛΕ (ΛϚ)

1 3 χεῖρον YDrWªWᵇ : χεῖρόν τι Qγρ. χείρω FQ χειρων S ‖ 4 μὲν om. rWᵇ ‖ 7 εἶχεν SYDrWªWᵇ : ἔχειν FQ ‖ 9 φιλαπέχθημον YDWᵇ : φιλαπεχθήμων SY²rWªFQ ‖ **2** 2 συνάγοντες : συναγαγόντες Y² Qγρ. ‖ 4 περὶ ὧν ἴστε rWª : om. cett.

cours que vous aurez intérêt à écouter et complètement différent de ceux qu'attend la foule [1], que je vais prononcer [2] : autant dire [3] que ce discours sera bref : écoutez-le, examinez-le, et, s'il vous agrée, adoptez-le [4].

XXXVI [XXXVII]

[*Gravité de la situation de Mytilène.*]

1 Bref et judicieux [5] : tel sera, Athéniens, le début de mon discours, et je ne vous exposerai même pas tous les détails [6]. A mon avis, c'est la marque d'une intention maligne que de rechercher les moyens de vous dissimuler sous des paroles les difficultés de la situation, à vous qui nous écoutez; en revanche, la première marque d'un désir sincère de franchise dans les rapports qu'on a avec vous, c'est de dire lequel des deux partis [7] on a choisi en montant à la tribune, **2** pour qu'à cette nouvelle, si vous êtes disposés à écouter la suite, on vous montre et vous explique l'avis qui semble le meilleur, et que, si vous le réprouvez, on vous quitte la place en évitant et de vous importuner et de se rompre la tête [8]. Pour moi, voici ce que je vais dire pour commencer : il me semble que la démocratie de Mytilène est injustement opprimée et qu'il vous appartient de faire justice en son nom; le moyen, je peux vous le dire, mais une fois que je vous aurai montré que ce peuple est opprimé et qu'il vous appartient de lui venir en aide [9].

XXXVII [XXXVIII]

[*Laisser parler les orateurs véridiques.*]

1 Tout d'abord, il n'y a pas du tout lieu de s'étonner, Athéniens, des difficultés qu'éprouvent à prendre la parole

1. Façon ingénieuse d'inviter la foule à ressembler à l'élite des auditeurs.

2. La traduction de cette phrase reproduit, autant que possible, l'ordre des mots, insolite et expressif, de l'original.

πασι δ' ἀφεστηκότα τῶν ὑπὸ τῶν πολλῶν προσδοκωμένων οἴομαι λόγον ἐρεῖν· βραχὺς δ' ἄρα ἔσται ὁ λόγος· σκέψασθε δ' ἀκούσαντες, κἂν ὑμῖν ἀρέσκῃ, χρήσασθε.

ΛϚ [ΛΖ]

1 Καὶ βραχεῖαν, ὦ ἄνδρες Ἀθηναῖοι, καὶ δικαίαν ποιήσομαι τὴν ἀρχὴν τοῦ λόγου καὶ οὐδὲ τὰ πάντ' ἐρῶ. Ἡγοῦμαι γὰρ ἐξαπατᾶν μὲν εἶναι βουλομένου σκοπεῖν ὅντιν' ὑμᾶς τρόπον τοὺς ἀκούοντας [καὶ] τὰ τοῦ πράγματος δυσχερῆ τῷ λόγῳ συγκρύψεται, ἁπλῶς δὲ πεπεικότος αὐτὸν ὑμῖν προσφέρεσθαι τοῦτο πρῶτον εἶναι, εἰπεῖν πότερ' ἐγνωκὼς παρελήλυθεν, 2 ἵν' ἐὰν μὲν ἀκούσαντες τοῦτο τοὺς μετὰ ταῦτα λόγους βούλησθ' ἀκούειν, καὶ διδάσκῃ καὶ φράζῃ τὰ βέλτισθ' αὑτῷ δοκοῦντα, ἂν δ' ἀποδοκιμάσητε, ἀπηλλαγμένος ᾖ καὶ μήθ' ὑμῖν ἐνοχλῇ μήθ' αὑτὸν κόπτῃ. Ἐγὼ δὲ τοῦτο πρῶτον ἐρῶ· ἐμοὶ δοκεῖ Μυτιληναίων ὁ δῆμος ἠδικῆσθαι, καὶ δίκην ὑμῖν ὑπὲρ αὐτοῦ προσήκειν λαβεῖν. Καὶ ὅπως λήψεσθ' ἔχω λέγειν, ἐπειδὰν ὡς ἠδίκηνται καὶ ὑμῖν προσήκει βοηθεῖν ἐπιδείξω.

ΛΖ [ΛΗ]

1 Πρῶτον μὲν οὐ πάνυ θαυμαστόν ἐστιν, ὦ ἄνδρες Ἀθηναῖοι, τὸ μὴ ῥᾳδίους τοῖς συμβουλεύειν βουλο-

2 7 ἐρεῖν rW[a] : ἔχειν cett. ‖ ἄρα rW[a] : om. cett. ‖ ὁ λόγος rW[a] : χρόνος cett. ‖ 8 χρήσασθε : χρῆσθε rW[a] (fortasse recte, cf. 32 (33), in fine).

ΛϚ (ΛΖ)

1 2 οὐδὲ SY[pc]DrW[a]W[b]FQ : οὐδὲν Y[ac] C ‖ τὰ om. W[a] ‖ πολλὰ post ἐρῶ add. rW[a] ‖ 3 βουλομένου rW[a]F[pc] Y[2] : βουλομένους SYDW[b]F[ac]Q ‖ 4 ὑμᾶς r[2] : ὑμεῖς cett. (et r) ‖ τοὺς ἀκούοντας : τοῦτ' ἀκούοντες W[a] ‖ καὶ del. Schaefer ‖ 5 συγκρύψεται r : συγκρύψετε W[b] συγκρύψαι W[a] συγκρύψητε SYDFQ. ‖ 2 6 αἴτιον post πρῶτον add. r.

ΛΖ (ΛΗ)

1 2 ῥᾳδίους YDrW[a] : ῥᾳδίως SYW[b]FQ.

ceux qui veulent vous conseiller. La situation qu'il faut examiner est-elle mal en point, fatalement vous trouvez fâcheux aussi les conseils qu'on vous donne à son sujet. Ah ! sans doute, si vous avez l'espoir qu'en refusant d'écouter elle s'améliorera, c'est là ce qu'il faut faire; mais si ce procédé fait tout empirer, si aucun progrès n'en résulte, pourquoi laisser les choses se gâter au dernier degré pour tâcher ensuite de les tirer d'une situation plus inextricable [1] que maintenant et plus difficile, alors que vous pourriez, avec les moyens actuels, les redresser encore aujourd'hui et les mettre en meilleur état? **2** Il est normal que vous soyez irrités de ce qui vous arrive; en revanche, que vous ne vous irritiez pas contre les responsables, mais contre tout le monde à tour de rôle, voilà qui n'est plus normal ni logique. Ceux qui ne sont pas du tout responsables du passé [2], et qui peuvent vous dire comment améliorer l'avenir, devraient normalement recueillir votre reconnaissance et non votre animosité; si vous regimbez mal à propos, vous les ferez hésiter à se lever. **3** Pour moi, certes, je n'ignore pas que souvent ce ne sont pas les responsables qui ont à essuyer quelque avanie, mais ceux qui s'opposent à un public irrité. Toutefois, je me suis levé pour vous donner des conseils [3] : je me flatte, moi, Athéniens, qu'on ne me trouvera responsable d'aucune mesure fâcheuse et que je puis vous donner de meilleurs conseils que les autres.

XXXVIII [XXXIX]

[*Lendemain de défaite.*]

1 Oui, les événements, Athéniens, sont tels que vous venez tous de l'apprendre [4]. Mais il ne faut point rester perplexes : songez que si vous êtes découragés devant

1. La situation est grave, mais non désespérée; il est difficile de la dater. — Πλείονος. Il ne faut rien changer au texte. On sait que πολύς prend souvent un sens qualitatif. Ce sens est ici précisé par χαλεπωτέρου. Toute la phrase utilise des adjectifs neutres substantivés dont elle tire des effets variés d'opposition.

μένοις εἶναι τοὺς λόγους· ὅταν γὰρ τὰ πράγματ' ἔχῃ φαύλως περὶ ὧν δεῖ σκοπεῖν, δυσχερεῖς ἀνάγκη περὶ αὐτῶν εἶναι καὶ τὰς συμβουλίας. Εἰ μὲν οὖν ἐκ τοῦ μὴ 'θέλειν ἀκούειν ἐλπὶς ταῦτα γενέσθαι βελτίω, τοῦτο χρὴ πράττειν· εἰ δὲ χείρω μὲν ἅπαντα, βέλτιον δ' οὐδὲν ἐκ τούτου γενήσεται, τί δεῖ, πρὸς τὸ φαυλότατον ἐλθεῖν ἐάσαντας, ἐκ πλείονος ἢ νῦν καὶ χαλεπωτέρου σῴζειν πειρᾶσθαι, ἐξὸν ἐκ | τῶν παρόντων ἔτι καὶ νῦν ἐπανορθώσασθαι καὶ προαγαγεῖν ἐπὶ τὸ βέλτιον; 2 Τὸ μὲν οὖν ὀργίλως ὑμᾶς ἔχειν εἰκός ἐστιν ταῦτα πάσχοντας· τὸ δὲ μὴ τοῖς αἰτίοις, ἀλλὰ πᾶσιν ἐφεξῆς ὀργίζεσθαι, τοῦτ' οὐκέτ' εἰκὸς οὐδ' ὀρθῶς ἔχον ἐστίν. Οἱ γὰρ μηδενὸς μὲν αἴτιοι τῶν παρεληλυθότων, τὰ δὲ λοιπὰ πῶς ἔσται βελτίω λέγειν ἔχοντες, χάριν, οὐκ ἀπέχθειαν κομίσαιντ' ἂν δικαίως παρ' ὑμῶν· οὕς, ἐὰν ἀκαίρως δυσκολαίνητε, ὀκνεῖν ἀνίστασθαι ποιήσετε. 3 Καίτοι ἔγωγ' οὐκ ἀγνοῶ ὅτι πολλάκις οὐ τοῖς αἰτίοις, ἀλλὰ τοῖς ἐμποδὼν οὖσι τοῖς ὀργιζομένοις ἀηδές τι παθεῖν συνέβη. Ὅμως δ' ἀνέστην συμβουλεύσων· πιστεύω γὰρ ἔγωγε, ὦ ἄνδρες Ἀθηναῖοι, φλαύρου μὲν μηδενὸς αἴτιος ὢν εὑρεθήσεσθαι, βελτίω δ' ἑτέρων ὑμῖν ἔχειν συμβουλεῦσαι.

ΛΗ [ΛΘ]

1 Τὰ μὲν γεγενημένα, ὦ ἄνδρες Ἀθηναῖοι, τοιαῦθ' οἷα πάντες ἀκηκόατε· δεῖ δ' ὑμᾶς μηδὲν ἐκπεπληγμένως διακεῖσθαι, λογιζομένους ὅτι πρὸς μὲν τὰ παρόντ' ἀθύ-

1 5 συμβουλίας : συμβουλάς rW[a] ‖ 9 χαλεπωτέρου SYDrW[a]W[b] : χαλεπωτέρους FQ χαλεπωτέρως volebat Wolf ‖ 10 ἐκ τῶν παρόντων om. rW[b] ‖ **2** 2 ταῦτα : τοιαῦτα rW[a] ‖ 7 δικαίως ante κομίσαιντ' transpos. rW[b] ‖ **3** 5 αἴτιος ὢν : ὢν αἴτιος YC.

ΛΗ (ΛΘ)

1 2 ἐκπεπληγμένως Reiske : ἐκπεπληγμένους codd.

cette situation, cela n'est ni favorable à vos entreprises ni digne de vous, mais que si vous pensez qu'il vous revient, à vous, de redresser cette situation, du même coup cela semblera digne de votre réputation. Il convient, quand on est tel que sans doute vous prétendez être, de se montrer supérieur aux autres dans les dangers. **2** Pour moi, je n'aurais point voulu que cela arrivât à notre Cité, ni que vous subissiez aucun revers. Mais si vraiment cela devait se produire, si cela nous était réservé [1] comme un coup venu du Ciel, je crois que ces événements nous sont utiles tels qu'ils se sont réalisés. Les faveurs de la Fortune [2] ont des revirements subits et ont pour les deux camps d'égales assiduités; en revanche, les catastrophes imputables à la lâcheté des hommes rendent les défaites durables. **3** A mon avis les vainqueurs eux-mêmes n'ignorent pas que, si vous le voulez et si vous êtes stimulés par l'événement, on ne peut pas encore vraiment savoir si cette opération est un succès pour eux ou le contraire. Toutefois, si l'affaire leur monte à la tête [3] et les rend arrogants, dès lors elle peut tourner à votre avantage : car plus ils vous mépriseront, plus vite ils commettront des fautes.

XXXIX [XL]

[*Charge contre les stratèges.*]

1 Il me semble, Athéniens, qu'en ce moment vous ne délibérez pas seulement sur la Cité à laquelle vous pensez, mais sur toutes les Cités alliées : la décision que vous prendrez sur cette Cité, il est normal que les autres peuples y prêtent attention et qu'ils s'attendent chacun à obtenir

1. Voir la même image, employée dans le discours *sur la Couronne*, 198, à propos d'Eschine qui se « réserve » d'exploiter les malheurs publics.

2. Sur cette philosophie de l'histoire, voir la *Notice*, p. 21.

3. Vieille doctrine de la *Némésis* qui est moins ici une profession de foi qu'un procédé rhétorique de consolation.

μως ἔχειν οὔτε τοῖς πράγμασι συμφέρον οὔθ' ὑμῶν ἄξιόν ἐστιν, τὸ δὲ ταῦτ' ἐπανορθοῦν αὐτοὺς ἡγεῖσθαι προσῆκον καὶ τῆς ὑμετέρας δόξης ἄξιον ἂν φανείη. Χρὴ δὲ τοὺς ὄντας οἵοι φήσαιτ' ἂν ὑμεῖς εἶναι, ἐν τοῖς δεινοῖς ἑτέρων διαφέροντας φαίνεσθαι. 2 Ἐγὼ δ' οὐδαμῶς μὲν ἂν ἐβουλόμην ταῦτα συμβῆναι τῇ πόλει, οὐδ' ἀτυχεῖν ὑμᾶς οὐδέν· εἰ δ' ἄρ' ἔδει γενέσθαι καί τι δαιμόνιον τοῦτ' ἀπέκειτο, ὥσπερ πέπρακται τὰ γεγενημένα, λυσιτελεῖν οἴομαι. Τὰ μὲν γὰρ τῆς τύχης ὀξείας ἔχει τὰς μεταβολὰς καὶ κοινὰς ἀμφοτέροις | τὰς παρουσίας· ἃ δ' ἂν δι' ἀνδρῶν κακίαν πραχθῇ, βεβαίους ποιεῖ τὰς ἥττας. 3 Οἴομαι μὲν οὖν οὐδὲ τοὺς κεκρατηκότας ἀγνοεῖν ὅτι βουληθέντων ὑμῶν καὶ παροξυνθέντων τῷ γεγενημένῳ, οὐ πάνυ πω δῆλον πότερον εὐτύχημ' ἢ καὶ τοὐναντίον αὐτοῖς ἐστιν τὸ πεπραγμένον· εἰ δ' ἄρ' ἐπῆρκε τὸ πρᾶγμ' αὐτοὺς θρασύνεσθαι, κἂν τοῦτο πρὸς ὑμῶν ἤδη γίγνοιτο· ὅσῳ γὰρ ἂν μᾶλλον καταφρονήσωσι, τοσούτῳ θᾶττον ἁμαρτήσονται.

ΛΘ [Μ]

1 Οὔ μοι δοκεῖτε, ὦ ἄνδρες Ἀθηναῖοι, περὶ ἧς οἴεσθε πόλεως νυνὶ μόνον βουλεύεσθαι, ἀλλ' ὑπὲρ πασῶν τῶν συμμαχίδων. Ὅπως γὰρ ἂν περὶ ταύτης γνῶτε, πρὸς ταῦτ' εἰκὸς ἀποβλέποντας τοὺς ἄλλους ἑκάστους τῶν

1 4 συμφέρον : συμφέρειν F ‖ 5 ἐπανορθοῦν : ἐπανορθώσειν W^a ‖ αὐτοὺς DrW^aFQ : αὑτοὺς YS^{pc} (αυτους S^{ac}) αὐτοῖς W^b ‖ **2** 7 κακίαν : κακίας r ‖ ποιεῖ τὰς $rW^aW^bY^2$ Qγρ. : ποιεῖται SYDFQ ‖ **3** 5 ἐπῆρκε $SYDrW^bFQ$: ἐπαίρει Y^2W^a ἐπαίροι Qγρ. ‖ κἂν τοῦτο Wolf : ἐὰν τοῦτο SFQ ἓν ἂν τοῦτο rW^a τοῦτο YDW^b om. Qγρ. ‖ 6 πρὸς ὑμῶν : προθύμως Sγρ.

ΛΘ (Μ)

1 2 ὑπὲρ om. FQ (habet Qγρ.) ‖ 4 τοὺς ἄλλους ἑκάστους DQγρ. (cf. *Epist.* **1**, 7) : τοὺς ἄλλους καὶ τοὺς SYW^bFQ τῶν ἄλλων ἑκάστους rW^a.

le même sort [1]. Aussi faut-il par souci et de votre intérêt supérieur [2] et de votre propre réputation, mettre votre zèle à prouver que vous prenez des décisions à la fois utiles et justes. **2** L'origine de tous les embarras de cette sorte remonte aux stratèges. Parmi eux, la majorité de ceux qui quittent vos ports, ne se croient pas tenus de cultiver l'affection de vos propres amis, qui ont pourtant participé sans désemparer aux mêmes dangers que vous avant de passer entre leurs mains : chaque stratège se fait des amis personnels et prétend que vous considériez ses propres flatteurs comme des amis à vous [3]. Tout au contraire, **3** vous ne sauriez trouver de gens plus ennemis que cette engeance, d'ennemis plus inévitables. Plus ils accaparent de biens en vous grugeant, plus ils pensent qu'ils ont de fautes à expier [4] : or, aucun homme ne saurait être bienveillant pour ceux dont il attend un mauvais traitement. Mais peut-être n'est-ce pas maintenant le moment de les accuser; aussi vais-je vous donner les conseils que je crois de votre intérêt.

XL [XLI]

[*Contre les flatteurs.*]

1 Personne, Athéniens, parmi vous tous n'est, je pense, assez malintentionné à l'égard de notre Cité pour ne pas supporter impatiemment et pour ne pas déplorer les événements. S'il était possible d'en annuler une partie par votre indignation, personnellement je vous recommanderais à tous cette solution [5]. Mais puisque ces événements ne sauraient changer et qu'il faut prévoir pour l'avenir les moyens de ne pas subir le même sort, il convient, Athéniens, de montrer, pour éviter un pareil retour, le

1. Pour les allusions historiques, voir la *Notice*, p. 22. — Sur ce souci de la réputation d'Athènes à l'étranger, voir la n. 1 du prologue 22 (23) et surtout un passage analogue de la *Lettre* I, 7. Il est bien difficile de déterminer la ville dont il est ici question.

αὐτῶν τεύξεσθαι νομίζειν. Ὥστε δεῖ καὶ τοῦ βελτίστου καὶ τῆς ὑμετέρας αὐτῶν ἕνεκα δόξης σπουδάσαι ὅπως ἅμα καὶ συμφέροντα καὶ δίκαια φανήσεσθε βουλευόμενοι. **2** Ἡ μὲν οὖν ἀρχὴ τῶν τοιούτων πραγμάτων ἁπάντων ἐστὶν τῶν στρατηγῶν· ὧν οἱ πλεῖστοι τῶν παρ' ὑμῶν ἐκπλεόντων οὐ τοὺς ὑμετέρους φίλους, οὓς διὰ παντὸς τοῦ χρόνου τῶν αὐτῶν κινδύνων μετεσχηκότας παρειλήφασιν, τούτους θεραπεύειν οἴονται δεῖν, ἀλλ' ἰδίους φίλους ἕκαστος ἑαυτῷ κατασκευάσας ὑμᾶς ἀξιοῖ τοὺς αὑτῶν κόλακας καὶ ὑμετέρους ἡγεῖσθαι φίλους· οὗ πᾶν ἐστι τοὐναντίον. **3** Οὔτε γὰρ ἐχθροτέρους οὔτ' ἀναγκαίους μᾶλλον ἐχθροὺς ἂν τούτων εὕροιτε. Ὅσῳ γὰρ πλείω παρακρουόμενοι πλεονεκτοῦσιν, τοσούτῳ πλειόνων ὀφείλειν ἡγοῦνται δίκην δοῦναι· οὐδεὶς δ' ἂν γένοιτ' εὔνους | τούτοις ὑφ' ὧν ἄν τι κακὸν πείσεσθαι προσδοκᾷ. Τοῦ μὲν οὖν κατηγορεῖν ἴσως οὐχ ὁ παρὼν καιρός· ἃ δ' ἡγοῦμαι συμφέρειν ὑμῖν, ταῦτα συμβουλεύσω.

Μ [ΜΑ]

1 Οὐδένα, ὦ ἄνδρες Ἀθηναῖοι, τῶν πάντων ὑμῶν οὕτως οἴομαι κακόνουν εἶναι τῇ πόλει ὥστε μὴ χαλεπῶς φέρειν μηδὲ λυπεῖσθαι τοῖς γεγενημένοις. Εἰ μὲν τοίνυν ἀγανακτοῦντας ἦν ἄπρακτόν τι ποιῆσαι τούτων, τοῦτ' ἂν ἔγωγε παρῄνουν ὑμῖν ἅπασιν· ἐπειδὴ δὲ ταῦτα μὲν οὐκ ἂν ἄλλως ἔχοι, δεῖ δ' ὑπὲρ τῶν λοιπῶν προνοηθῆναι ὅπως μὴ ταὐτὰ πείσεσθε, ὥσπερ, ὦ ἄνδρες Ἀθηναῖοι, περὶ τῶν νῦν γεγενημένων ἀγανακτεῖτε, οὕτω χρὴ

1 5 ante βελτίστου add. τούτοις rW[a] ‖ **2** 5 τούτους θεραπεύειν rW[a] : θεραπεύειν τούτους cett. ‖ ἀλλὰ rW[a] : ἀλλὰ καὶ cett. ‖ **3** 3-4 πλειόνων rW[a] : πλεόνων YDW[b] πλέον SFQ ‖ 4 ὀφείλειν W[a] : ὄφλειν (sic) cett.

Μ (ΜΑ)

1 7 ταὐτὰ SD : ταῦτα cett. ‖ 8 περὶ τῶν DrW[a] Fγρ. Qγρ. : om. SYW[b]FQ ‖ νυνὶ D.

même zèle que vous mettez à vous indigner des événements actuels et songer qu'aucun de vos conseillers ne peut vous adresser de discours qui ait la vertu de sauver la situation présente, sans la moindre coopération de votre part [1] : car ce n'est pas un discours, mais un dieu qui pourrait remplir ces conditions.

2 L'origine de cet état de choses se rattache [2] à l'habitude qu'ont certains de vos orateurs, pour obtenir une popularité immédiate parmi vous, de dire à cette tribune qu'il ne faut ni verser de contributions ni servir comme soldats et que les choses s'arrangeront toutes seules [3]. Ah ! il faudrait que ces propos fussent réfutés par un autre orateur, recourant à la seule réfutation qui servît les intérêts de notre Cité. Pour moi, il me semble qu'en un sens la Fortune nous est, même aujourd'hui, plus favorable que nos chefs [4] : **3** en effet, que nous perdions chacune de nos possessions, cela doit nous apporter la preuve de l'incapacité de ceux qui veillent sur nos intérêts; mais qu'elles ne soient pas toutes depuis longtemps perdues, je vois là un bienfait de votre bonne Fortune. Eh bien ! tant que la Fortune nous laisse un répit [5] et retient nos ennemis, veillez à l'avenir; sinon, faites attention à ce que, en traduisant en justice les chefs préposés à la direction de chaque poste, vous ne fassiez du même coup, Athéniens, péricliter vos affaires. Impossible en effet que ces malheurs s'arrêtent sans un grand miracle [6], si personne ne met la main à l'ouvrage.

XLI [XLII]

[*Contre les partisans de l'oligarchie.*]

1 Il n'est pas du tout illogique, Athéniens, que ceux qui professent toujours et constamment des opinions politiques favorables aux oligarchies soient encore aujourd'hui convaincus de le faire. Ce qui pourrait légitimer bien plus

1. Voir prol. 32 (33), n. 7.
2. Même tournure dans le prologue 39 (40), § 2.

σπουδάσαι ὑπὲρ τοῦ μὴ πάλιν ταὐτὰ συμβῆναι, καὶ νομίζειν μηδέν' ἔχειν λόγον εἰπεῖν τῶν συμβουλευόντων τοιοῦτον, ὃς δυνήσεται σῶσαι τὰ παρόντα μηδενὸς ὑμῶν μηδὲν συναραμένου· οὐ γὰρ ἂν λόγος, ἀλλὰ θεός τις ὁ τοιοῦτος εἴη.

2 Ἡ μὲν οὖν ἀρχὴ τοῦ ταῦθ' οὕτως ἔχειν ἐκεῖθεν ἤρτηται, ἐκ τοῦ τῆς παραχρῆμα πρὸς ὑμᾶς ἕνεκα χάριτος ἐνίους τῶν λεγόντων ἐνταυθοῖ δημηγορεῖν, ὡς οὔτ' εἰσφέρειν οὔτε στρατεύεσθαι δεῖ, πάντα δ' αὐτόματ' ἔσται. Ἔδει μὲν οὖν ταῦθ' ὑπ' ἄλλου τινὸς ἐξελέγχεσθαι μετὰ τοῦ λυσιτελοῦντος ἐλέγχου τῇ πόλει· δοκεῖ δέ μοι τρόπον τινὰ καὶ νῦν ἀμείνων ἡ τύχη περὶ ὑμᾶς τῶν ἐφεστηκότων εἶναι. **3** Τὸ μὲν γὰρ ἕκαστ' ἀπόλλυσθαι τῆς τῶν ἐπιμελουμένων κακίας σημεῖον προσήκει ποιεῖσθαι· τὸ δὲ μὴ πάλαι πάντ' ἀπολωλέναι τῆς ὑμετέρας τύχης εὐεργέτημ' ἔγωγε κρίνω. Ἐν ᾧ τοίνυν ἡ τύχη διαλείπει καὶ τοὺς ἐχθροὺς ἀνέχει, τῶν λοιπῶν ἐπιμελήθητε· εἰ | δὲ μή, σκοπεῖθ' ὅπως μὴ ἅμα τούς τ' ἐφεστῶτας ἑκάστοις ὑμεῖς κρίνητε, καὶ τὰ πράγμαθ' ὑμῶν, ὦ ἄνδρες Ἀθηναῖοι, κλινεῖ. Οὐ γὰρ ἔσθ' ὅπως ταῦτ' ἄνευ μεγάλου τινὸς στήσεται, μηδενὸς ἀντιλαμβανομένου.

ΜΑ [ΜΒ]

1 Οὐδέν ἐστιν, ὦ ἄνδρες Ἀθηναῖοι, τοῦτ' ἄλογον, τοὺς αἰεὶ καὶ συνεχῶς ὑπὲρ τῶν ὀλιγαρχιῶν πολιτευομένους καὶ νῦν ταῦτα ποιοῦντας ἐξελέγχεσθαι. Ἀλλ' ἐκεῖνο

1 9 ταὐτὰ S ταυτα Q ταῦτα cett. ‖ 10 νομίζειν om. rW^a. ‖ 13 τις YDrW^aW^b Fγρ. Qγρ. : om. SFQ ‖ **2** 7 ὑμᾶς rW^a ἡμᾶς SYDW^bFQ ‖ **3** 6 τούς τ' SYFQ : τοὺς τότε rW^a τοῦ ὅτ' W^b om. D ‖ 7 ἑκάστοις SYrW^aW^bF ἑκάστους Y^2DQ ἑκάστο].υ.[ς F^{sl} ‖ κρίνητε S^{sl}YDrW^aW^b FQ κρίνετε S ‖ 8 κλινεῖ codd. Nil mutandum : de inconcinnitate, cf. 13 (14), 3 ‖ 9 τινὸς om. D.
ΜΑ (ΜΒ)
1 2 τοὺς : τὸ τοὺς rW^a ‖ αἰεὶ SYDrW^bQ : ἀεὶ W^aF^{ec}.

l'étonnement, c'est que vous, qui le savez, vous écoutiez souvent plus volontiers ces gens-là que les orateurs dévoués à votre cause [1]. Peut-être la perfection absolue est-elle aussi peu aisée dans la vie publique que dans la vie privée : du moins ne faut-il pas jeter un regard distrait sur les affaires les plus importantes. **2** Tout le reste est secondaire : mais lorsque vous entendez de gaîté de cœur parler de Constitution idéale [2], de meurtres, de démocratie renversée [3], comment ne pas croire que c'est vous qui avez perdu la raison? Tous les autres hommes profitent de l'exemple d'autrui pour devenir eux-mêmes plus circonspects [4]; mais vous, vous ne pouvez même pas éprouver de la crainte en apprenant le malheur des autres. Quand, dans la vie privée, des gens attendent calmement les dangers, vous les jugez par trop stupides; mais ces dangers, vous-mêmes, dans la vie publique, vous les attendez froidement, semble-t-il, pour les connaître à vos dépens.

XLII [XLIII]

[*Il faut veiller au danger.*]

1 Parmi vous, jamais peut-être personne n'a cherché à savoir au juste, Athéniens, pourquoi on délibérait mieux sur ses intérêts dans l'adversité que dans la prospérité. Cela est dû à l'unique raison que, dans un cas, les hommes n'ont ni à craindre quoi que ce soit, ni à considérer comme les concernant les dangers dont ils peuvent entendre parler, et que, dans l'autre, lorsqu'ils sont près de leurs fautes, après être tombés dans l'adversité, ils se trouvent assagis et réservés devant l'avenir [5]. **2** C'est donc la marque

1. Sur les idées exprimées dans ce prologue, voir la *Notice*, p. 23 et le prologue 34 (35). Pour la date et les allusions historiques, voir la *Notice*, p. 19. — Même langage dans le prologue 2.

2. Tel est ici le sens de πολιτεία. Il s'agit de cercles aristocratiques où l'on discute sur le meilleur gouvernement. On se rappelle le titre de la *République* de Platon : Πολιτεία. De même, sous les Trente, les démocrates étaient réputés hostiles à la « Constitution », τῇ πολιτείᾳ ἀχθόμενοι (Lysias, *Contre Eratosthène*, 6).

μᾶλλον ἄν τις εἰκότως θαυμάσαι, τὸ τοὺς εἰδότας ὑμᾶς ταῦτα πολλάκις ἥδιον τούτων ἀκούειν ἢ τῶν ὑπὲρ ὑμῶν λεγόντων. Ἴσως μὲν οὖν ὥσπερ οὐδ' ἰδίᾳ ῥᾴδιόν ἐστιν ἅπαντ' ὀρθῶς πράττειν, οὕτως οὐδὲ κοινῇ· ἀλλ' οὐ δὴ τὰ μέγιστά γε χρὴ παρορᾶν. 2 Τὰ μὲν οὖν ἄλλα πάντ' ἐστὶν ἐλάττω· ὅταν δ' ὑπὲρ πολιτείας καὶ σφαγῶν καὶ δήμου καταλύσεως εὐχερῶς ἀκούητε, πῶς οὐκ ἔξω χρὴ τοῦ φρονεῖν ὑμᾶς αὐτοὺς ἡγεῖσθαι; Οἱ μὲν γὰρ ἄλλοι πάντες ἄνθρωποι τοῖς ἑτέρων παραδείγμασι χρώμενοι μᾶλλον εὐλαβεῖς αὐτοὶ γίγνονται· ὑμεῖς δ' οὐδὲ τὰ τοῖς ἄλλοις συμβαίνοντ' ἀκούοντες φοβηθῆναι δύνασθε, ἀλλ' ἃ τοὺς ἰδίᾳ περιμένοντας ἀβελτέρους νομίζετε, ταῦτ' αὐτοὶ δημοσίᾳ μοι δοκεῖτ' ἀναμένειν παθόντες αἰσθέσθαι.

ΜΒ [ΜΓ]

1 Οὐδεὶς πώποτ' ἴσως ὑμῶν ἐζήτησεν, ὦ ἄνδρες Ἀθηναῖοι, τί δήποθ' οἱ κακῶς πράττοντες ἄμεινον περὶ τῶν πραγμάτων τῶν εὖ πραττόντων βουλεύονται. Ἔστι δ' οὐχ ἑτέρωθέν ποθεν τοῦτο γιγνόμενον, ἀλλ' ὅτι συμβαίνει τοῖς μὲν μήτε φοβεῖσθαι μηδὲν μήθ' ἅ τις ἂν λέγοι δεινὰ προσήκονθ' αὐτοῖς ἡγεῖσθαι, τοὺς δὲ πλησίον ὄντας τῶν ἁμαρτημάτων, ὅταν εἰς τὸ κακῶς πρά|ττειν ἀφίκωνται, σώφρονας πρὸς τὰ λοιπὰ καὶ μετρίους ὑπάρχειν. 2 Σπουδαίων τοίνυν ἐστὶν ἀνθρώ-

2 3 δήμου SY²rWᵃFQ : δήμων YDWᵇ ‖ 4 αὐτούς secl. Blass perperam : cf. Plat., *Apol.*, 23a ‖ 8 post περιμένοντας add. παθεῖν rWᵃ ‖ 9 μοι parvis litteris inseruit S, et ante et post δημοσίᾳ habet Y ‖ 10 αἰσθέσθαι S²Y²Dγρ. rWᵃFQ : ἐσθεσθαι S ἔσεσθαι (Y?) CDWᵇ.

ΜΒ (ΜΓ)

1 5 μηθ' rWᵃ : μηδ' cett. ‖ 5-6 ἅ τις ἂν Sᵖᶜ (ἄν τις Sᵃᶜ) YrWᵃWᵇFQ : ἅ τις D ‖ 9 ὑπάρχειν rWᵃ : παρέχει cett.

des hommes zélés de montrer, au moment même où la fortune présente leur sourit le plus, le plus grand zèle pour la sagesse [1] : si l'on y prend garde, aucun danger n'est assez redoutable pour nous surprendre; mais, si l'on est négligent, il n'est rien qu'il ne faille s'attendre à subir [2].

Ce que je dis là n'est pas pour vous effrayer inutilement, mais pour éviter que vous ne méprisiez, à cause de votre prospérité actuelle, la nouvelle de dangers qui pourraient vous arriver faute de pourvoir à vos affaires; il faut que, sans avoir été éprouvés, vous fassiez ce qui convient à des hommes qui se flattent de n'être distancés par personne en sagesse : ouvrez l'œil [3].

XLIII [XLIV]

[*Que le parti adverse écoute la vérité.*]

1 Non [4], Athéniens, à mon sens, le moment de vous flatter et celui de vous dire ce que je tiens pour le meilleur avis ne se confondent pas. Je vois que souvent une flatterie forcée soulève une plus grande réprobation qu'une opposition immédiate. Naturellement, si vous aviez tous la même opinion, je me garderais de monter à la tribune, aussi bien dans le cas où vous me sembleriez prendre le bon parti (car je jugerais superflu de parler à des gens qui font par eux-mêmes ce qu'il faut), que dans le cas contraire (car je me dirais qu'à moi tout seul j'ai plus de chance que vous tous d'ignorer l'avis le meilleur [5]). **2** Mais comme

1. L'analyse de Démosthène à la finesse précise de celle d'Aristote (*Ethique à Nicomaque*, 6, 5, 1140a 25).

2. Même pensée, exprimée dans un rythme semblable mais avec des mots différents, dans la *Prem. Phil.*, 3. Noter ici les jeux symétriques de sonorités : ἀφύλακτον... ἀπροσδόκητον; ces balancements ne vont toutefois pas jusqu'à la raideur de Gorgias : φυλαττομένοις et ὀλιγωροῦσι se font pendant sans se faire écho (cf. la n. 4 du prol. 1).

3. Ce verbe à lui tout seul sert de butée à toute la phrase, tandis que le verbe καταφρονῆτε qui lui fait pendant un peu plus haut, est appuyé sur deux autres mots. La rapidité de cet effet final devait agir sur l'auditoire (voir la *Notice*, p. 43, n. 2).

πων, ὅταν βελτίστῃ τῇ παρούσῃ τύχῃ χρῶνται, τότε πλείστην σπουδὴν πρὸς τὸ σωφρονεῖν ἔχειν· οὐδὲν γὰρ οὔτε φυλαττομένοις οὕτω δεινὸν ὥστ' ἀφύλακτον εἶναι, οὔτ' ὀλιγωροῦσιν ἀπροσδόκητον παθεῖν.

Λέγω δὲ ταῦτ' οὐχ ἵνα τὴν ἄλλως ὑμᾶς δεδίττωμαι, ἀλλ' ἵνα μὴ διὰ τὴν παροῦσαν εὐπραξίαν, ἃ γένοιτ' ἄν, εἰ μὴ προνοήσεσθε τῶν πραγμάτων, δείν' ἀκούοντες καταφρονῆτε, ἀλλ' ἄνευ τοῦ παθεῖν, ὥσπερ ἐστὶν προσῆκον φάσκοντάς γε μηδένων ἀπολείπεσθαι τῷ σωφρονεῖν, φυλάξησθε.

ΜΓ [ΜΔ]

1 Οὐχὶ τὸν αὐτὸν εἶναι καιρὸν ὑπείληφα, ὦ ἄνδρες Ἀθηναῖοι, τοῦ τε χαρίζεσθαι καὶ τοῦ τὰ δοκοῦντά μοι βέλτιστα παραινεῖν. Πολλάκις γὰρ ὁρῶ τὸ χαρίζεσθαί τι παρὰ γνώμην πλείον' ἀπέχθειαν ἐνεγκὸν τοῦ τὸ πρῶτον ἐναντιωθῆναι. Εἰ μὲν οὖν ἅπαντες ἐγιγνώσκετε ταὐτά, οὔτ' ἄν, εἴ μοι τὰ δέοντ' ἐδοκεῖτε προαιρεῖσθαι, [οὔτ'] ἂν παρῆλθον, περίεργον ἡγούμενος τοῖς ἀφ' αὑτῶν ἃ χρὴ ποιοῦσι λέγειν, οὔτ' ἂν εἰ τοὐναντίον· μᾶλλον γὰρ ἂν ἡγησάμην ἕν' ὄντ' ἐμαυτὸν ἀγνοεῖν τὰ κράτιστ' ἢ πάντας ὑμᾶς. 2 Ἐπειδὴ δ' ὁρῶ τινὰς ὑμῶν ταὐτὰ

2 3 πλείστην W^a : πλείω τὴν cett. ‖ πρὸς τὸ : τῷ W^a ‖ 10 μηδένων : μηδένος D ‖ 10-11 τῷ σωφρονεῖν SYW^bFQ : τῷ φρονεῖν DrW^a.

ΜΓ (ΜΔ)

1 2 τε rW^a : om. cett. (cf. 29 (30) 1,7) ‖ 6-8 ταὐτά — τοὐναντίον locum corruptum restituit aliquando Schaefer. Priore parte (οὔτ' ἂν εἴ) olim male intellecta necesse erat altera pars (οὔτ' ἂν εἰ l. 8) perturbaretur, mediaque sententia (οὔτ' ἂν παρῆλθον) laboraret. ‖ 6 ταὐτά S : ταῦτα cett. ‖ εἴ μοι Schaefer : ἐμοὶ codd. ‖ ἐδοκεῖτε : δοκεῖτε S ‖ 7 οὔτ' del. Schaefer (simul cum ἄν, injuria cf. VI, 16) ‖ μὴ ante παρῆλθον add. perperam W^a ‖ ἀφ' : ἀμφ' W^a ‖ 8 οὔτ' ἂν εἰ Schaefer : ὅταν ᾖ YFQ ὅτι ἂν ᾖ S DrW^aW^b ‖ 9 ἕν' ὄντ' DrY^2W^aFQ : ἐνδόντ' SYW^b.

je vois que quelques-uns parmi vous partagent mon opinion et sont opposés à d'autres, je vais essayer, avec leur aide, de persuader le parti adverse [1]. Dans ces conditions, si vous croyez bon de me refuser votre audience, vous aurez tort; mais si vous m'écoutez en silence et que vous supportiez cette épreuve, vous profiterez de l'un de ces deux avantages : ou bien vous serez persuadés, s'il vous semble que nous disons quelque avis utile; ou vous resterez plus solidement confirmés dans votre opinion. Si en effet les raisons qui nous font croire, à nous, que vous vous trompez se révèlent inconsistantes, il vous sera donné d'adopter en connaissance de cause les résolutions qui vous agréent maintenant [2].

XLIV [XLV]

[*Il ne faut pas déclarer la guerre à Thèbes.*]

1 Je voudrais, Athéniens, qu'un tel [3] obtînt autant d'éloges au moment d'exécuter son programme, qu'il a eu de succès parmi vous en vous l'exposant : car, au nom des dieux, je ne suis pas défavorable à cet homme et je vous veux du bien. Toutefois, prenez-y garde, Athéniens : ce sont deux qualités distinctes que l'art de bien parler et celui de choisir une politique utile. Le premier est le propre d'un orateur; le second, d'un homme sensé. **2** Vous donc, vous la foule et principalement les plus âgés, vous n'êtes pas tenus de savoir parler aussi bien que les plus habiles, car c'est une affaire d'habitude; mais pour du bon sens, vous êtes tenus d'en avoir aussi bien qu'eux et même plus : une longue expérience, le privilège d'avoir beaucoup vu [4], voilà qui donne ce talent. Veillez donc, Athéniens, à ne pas montrer que vous ignorez dans le cas présent que les bravades et les forfanteries de langage, si

1. Les partisans sont groupés et non disséminés. L'orateur a vite fait de démêler ses adversaires d'avec ses amis.

2. La délibération éclaire les esprits; comparer avec le prol. 46 (47), § 2.

μὲν γιγνώσκοντας ἐμοί, τἀναντία δ' ἄλλοις, πειράσομαι μετὰ τούτων τοὺς ἑτέρους πεῖσαι. Εἰ μὲν οὖν οἰήσεσθε δεῖν μὴ 'θέλειν ἀκούειν, οὐκ ὀρθῶς ποιήσετε· ἂν δ' ἀκούσητε σιωπῇ καὶ τοῦθ' ὑπομείνητε, δυοῖν ἀγαθοῖν θάτερον ὑμῖν ὑπάρξει· ἢ γὰρ πεισθήσεσθε, ἄν τι δοκῶμεν συμφέρον λέγειν, ἢ βεβαιότ|ερον περὶ ὧν ἐγνώκατ' ἔσεσθε πεπεισμένοι. Ἂν γάρ, οἷς τι διαμαρτάνειν οἰόμεθ' ἡμεῖς ὑμᾶς, ταῦτα μηδενὸς ἄξια φανῇ, μετ' ἐλέγχου τὰ δεδογμένα νῦν ὑμεῖς ἔσεσθ' ᾑρημένοι.

ΜΔ [ΜΕ]

1 Βουλοίμην ἄν, ὦ ἄνδρες Ἀθηναῖοι, περὶ ὧν ηὐδοκίμηκε λέγων παρ' ὑμῖν ὁ δεῖνα, ἐπὶ τῶν ἔργων πραττομένων ἴσον αὐτῷ τὸν ἔπαινον γενέσθαι· οὔτε γὰρ τούτῳ κακόνους εἰμὶ μὰ τοὺς θεοὺς ὑμῖν τ' ἀγαθὸν βούλομαι ἂν γενέσθαι. Ἀλλ' ὁρᾶτε, ὦ ἄνδρες Ἀθηναῖοι, μὴ κεχωρισμένον ᾖ λόγον εἰπεῖν εὖ καὶ προελέσθαι πράγματα συμφέροντα, καὶ τὸ μὲν ῥήτορος ἔργον ᾖ, τὸ δὲ νοῦν ἔχοντος ἀνθρώπου. 2 Ὑμεῖς τοίνυν οἱ πολλοί, καὶ μάλισθ' οἱ πρεσβύτατοι, λέγειν μὲν οὐκ ὀφείλεθ' ὁμοίως δύνασθαι τοῖς δεινοτάτοις· τῶν γὰρ εἰθισμένων τοῦτο τὸ πρᾶγμα· νοῦν δ' ἔχειν ὀφείλεθ' ὁμοίως καὶ μᾶλλον τούτων· αἱ γὰρ ἐμπειρίαι καὶ τὸ πόλλ' ἑορακέναι τοῦτ' ἐμποιοῦσι. Μὴ τοίνυν, ὦ ἄνδρες Ἀθηναῖοι, φανῆτ' ἀγνοοῦντες ἐν τῷ παρόντι νῦν ὅτι αἱ διὰ τῶν λόγων ἀνδρεῖαι καὶ θρασύτητες, ἐὰν μὴ μεθ' ὑπαρ-

2 7 συμφέρον λέγειν YDr$W^a W^b$: λέγειν συμ- SFQ ‖ 8 Ἂν Y^2Dr$W^a W^b F^{pc}$ Qγρ. : ἃ SYF^{ac}Q ‖ γὰρ : παρ' W^a ‖ 10 ὑμεῖς SYDrW^bFQ : ὑμῖν Qγρ. om. W^a.

ΜΔ (ΜΕ)

1 5 βούλομαι (βουλοίμην D) ἂν γενέσθαι SYDW^bFQ : ἄν τι γενέσθαι βουλοίμην rW^a ‖ **2** 2 πρεσβύτατοι SY^2Dr$W^a W^b$FQ : πρεσβύτεροι Y ‖ 3 δεινοτάτοις SYDFQ : δεινοῖς rW^a δεινοτέροις W^b ‖ 4 τοῦτο τὸ πρᾶγμα SrW^aFQ : τὸ πρ- τοῦτο YD W^b.

elles ne sont pas assorties d'un équipement et d'une force armée effective [1], sont agréables à entendre mais périlleuses à exécuter. **3** Sans aller plus loin, voyez la beauté de cette maxime : « Ne tolère pas l'injustice ». Eh bien ! Considérez d'abord la réalité en face : il faut triompher de ses ennemis dans un combat si l'on veut réellement s'approprier la majesté de cette maxime. En parole, Athéniens, tout est facile ; mais tout ne l'est pas dans la pratique : il n'y a pas autant de peine et de sueur avant de parler qu'avant d'agir [2]. **4** Pour moi, je ne vous tiens pas pour inférieurs de nature aux Thébains (ce serait folie), mais pour moins bien préparés [3]. Je dis donc qu'il faut à présent (puisque jusqu'ici vous étiez négligents), commencer à vous préparer et non à livrer un combat décisif [4]. Je ne repousse pas l'ensemble du projet [5], c'est sur la façon de procéder que je fais opposition.

XLV [XLVI]

[*Diatribe contre les médisances de députés étrangers.*]

1 Quel acharnement, Athéniens, ont mis les députés à accuser notre Cité, c'est ce que vous avez tous vu [6] : sauf un point — je ne sais plus lequel — ils ont tâché de vous attribuer tous les torts. Si leurs accusations étaient fondées, vous auriez raison de les remercier de vous avoir accusés ainsi devant vous et non devant d'autres Grecs. **2** Mais puisque c'est en donnant une entorse à la vérité, tantôt en omettant les qualités qui pourraient vous mériter de

1. Voir le prol. 31 (32), § 2.
2. Le scholiaste renvoie à Hésiode, *Travaux et Jours*, 289-290.
3. Malgré ce correctif, Démosthène ne déprécie pas les Thébains : il connaît l'existence du fameux Bataillon sacré (voir notre *Notice* de l'*Epitaphios*, p. 30). De même pour les batailles rangées, il trouve que les Athéniens ne valent pas Philippe (voir *Trois. Phil.*, 52).

χούσης ὦσι παρασκευῆς καὶ ῥώμης, ἀκοῦσαι μέν εἰσιν ἡδεῖαι, πράττειν δ' ἐπικίνδυνοι. 3 Αὐτίκα γὰρ τὸ μὴ 'πιτρέπειν τοῖς ἀδικοῦσιν, ὁρᾶθ' ὡς καλὸν τὸ ῥῆμα. 'Αποβλέψατε δὴ πρῶτον πρὸς τὸ ἔργον αὐτό. Δεῖ κρατῆσαι μαχομένους τῶν ἐχθρῶν τοὺς τὴν τοῦ ῥήματος τούτου σεμνότητ' ἔργῳ ληψομένους. Εἰπεῖν μὲν γάρ, ὦ ἄνδρες 'Αθηναῖοι, πάντα πέφυκε ῥᾴδιον, πρᾶξαι δ' οὐχ ἅπαντα. Οὐ γὰρ ἴσος πόνος καὶ ἱδρὼς πρό τε τοῦ λέγειν καὶ πρὸ τοῦ πράττειν | ἐστίν. 4 'Εγὼ δ' οὐ χείρους ὑμᾶς ἡγοῦμαι φύσει Θηβαίων (καὶ γὰρ ἂν μαινοίμην), ἀλλ' ἀπαρασκευοτέρους. Φημὶ δὴ δεῖν τοῦ παρασκευάζεσθαι νῦν ποιεῖσθαι τὴν ἀρχήν, ἐπειδὴ τέως ἠμελεῖτε, μὴ τοῦ διαγωνίζεσθαι· οὐ γὰρ ἀντιλέγω τὸ ὅλον, ἀλλ' ὑπὲρ τοῦ τρόπου τῆς ἐγχειρήσεως ἐναντιοῦμαι.

ΜΕ [Μϛ]

1 Ὅσην μέν, ὦ ἄνδρες 'Αθηναῖοι, πεποίηνται σπουδὴν οἱ πρέσβεις κατηγορῆσαι τῆς πόλεως ἡμῶν, ἅπαντες ἑοράκατε· πλὴν γὰρ οὐκ ἔχω τίνος εἴπω, τἆλλα πάνθ' ὑμῖν ἀναθεῖναι πεπείρανται. Εἰ μὲν οὖν ἦσαν αὐτῶν ἀληθεῖς αἱ κατηγορίαι, χάριν γ' αὐτοῖς εἴχετ' εἰκότως ἄν, εἰ πρὸς ὑμᾶς οὕτως ὑμῶν κατηγόρουν καὶ μὴ πρὸς ἄλλους. 2 'Επειδὴ δὲ διαστρέψαντες τἀληθῆ, καὶ τὰ μὲν παραβάντες, ἀφ' ὧν ἂν μεγάλους ἐπαίνους κομίσαισθε δικαίως,

3 2 μὴ om. Y (add. Y^{2}) W^{b} ‖ οὐ ante καλὸν add. Y^{2} rW^{b} ‖ 3 πρῶτον SYW^{b}FQ : om. DrW^{a} ‖ 4 Δεῖ YDrW^{a}W^{b}F^{pc} Qγρ. : δὴ SY^{2} F^{ac} Q ‖ **4** 5 μὴ τοῦ διαγωνίζεσθαι nos : μηδ' ἀγωνίζεσθαι rW^{a} τοῦ διαγωνίζεσθαι SYDW^{b}FQ.

ΜΕ (Μϛ)

1 3 πλὴν : πλέον rW^{a} ‖ 4 αὐτῶν ἀληθεῖς SYDW^{b}FQ : ἀληθεῖς αὐτῶν rW^{a} ‖ 5 γε Lutetiana : τε SFQ om. YDrW^{a}W^{b} ‖ αὐτοῖς rW^{a} : om. cett. ‖ εἴχετ' YDrW^{a}W^{b} : ἔχετε FQ εχειτε S ‖ **2** 1-2 παραβάντες rW^{a} : παραβαίνοντες SYDW^{b}FQ ‖ 2 κομίσαισθε D κομίσ].αι.[σθε F^{sl} : κομίσεσθε SYrW^{a}W^{b}FQ.

grands éloges, tantôt en articulant des griefs mensongers et sans rapport avec vous, qu'ils ont usé de leur droit de parole, il est juste, une fois leurs manœuvres démasquées, de les tenir pour malhonnêtes. Car s'ils avaient préféré passer pour des orateurs habiles plutôt que d'être considérés en toute vérité comme des gens équitables, ils n'auraient pas eux-mêmes, semble-t-il, la moindre prétention à l'honorabilité [1]. **3** Certes, il est difficile de monter à la tribune pour embrasser devant vous vos intérêts — de même qu'il est aisé de vous accabler. Pour moi, j'en atteste Athéna, je crois qu'aucun autre peuple au monde ne saurait écouter les reproches qu'il mérite, aussi aisément que vous écoutez les calomnies qui ne s'appliquent pas à vous. Bien mieux : ces gens-là eux-mêmes ne mentiraient pas, je pense, aussi effrontément, s'ils ne connaissaient bien cela et s'il ne sautait aux yeux que vous êtes des plus doués... pour écouter tous les griefs dont on vous accable [2].

4 Ah ! s'il faut que vous expiiez cette naïveté, la punition consisterait à entendre accabler votre ville de reproches qu'elle ne mérite pas. Mais, s'il faut, au nom de la vérité, parler en toute justice, le devoir m'appelle à cette tribune; je me flatte non pas que je pourrai tout seul trouver des mots dignes de votre conduite passée [3], mais que les faits apparaîtront comme justes, de quelque manière qu'on les rapporte. **5** Je voudrais, Athéniens, que vous fussiez des auditeurs impartiaux quand il y va de vos intérêts au lieu de rivaliser d'ardeur une fois que vous vous êtes laissés entraîner à applaudir les discours de ces gens-là [4] : car si vous êtes abusés, après l'intervention

1. Voir le prol. 31 (32), § 3.

2. Chute imprévue (voir la n. 1 du prol. 29 (30), § 2). Pour l'idée, on comparera avec le début du prol. 23 (24), §§ 1 et 2.

3. L'attaque dont Athènes a été l'objet, inspire à Démosthène l'idée de recourir à l'exemple des ancêtres pour mieux la défendre. En d'autres temps, il répugne à utiliser ce lieu commun (voir le prologue 6 (7), § 1).

4. Démosthène méprise les élans irréfléchis (voir dans le prol. 31 (32)), § 3, une diatribe du même genre).

τὰ δ' αἰτιασάμενοι ψευδῆ καὶ οὐ προσήκονθ' ὑμῖν, κέχρηνται τῷ λόγῳ, πονηροὺς δίκαιον αὐτούς, ἐπειδὰν ἐξελεγχθῶσι ταῦτα πεποιηκότες, νομίζειν. Εἰ γὰρ ῥήτορες δεινοὶ μᾶλλον εἶναι δοκεῖν ἢ μετ' ἀληθείας ἐπιεικεῖς ἄνθρωποι νομίζεσθαι προείλοντο, οὐδ' ἂν αὐτοὶ καλοκἀγαθίας ὡς ἔοικεν ἀμφισϐητοῖεν. 3 Ἔστι μὲν οὖν χαλεπὸν τὸ παρ' ὑμῖν ὑπὲρ ὑμῶν ἐροῦντ' ἀνεστηκέναι, ὥσπερ ῥᾴδιον τὸ καθ' ὑμῶν· ἐγὼ γὰρ μὰ τὴν Ἀθηνᾶν οὐδένας ἂν τῶν ἄλλων ἀνθρώπων οὕτως ἡδέως οἶμαι τὰ προσόνθ' αὐτοῖς ἀκοῦσαι νουθετουμένους, ὡς ὑμεῖς τὰ μὴ προσήκοντα κακῶς ἀκούοντες. Οὐ μὴν οὐδὲ τούτους θρασέως ἂν οὕτως ἡγοῦμαι ψεύδεσθαι, εἰ μὴ συνῄδεσαν ταῦτα, καὶ πρόδηλον ἦν ὅτι δεινότατοι πάντων ὑμεῖς ἐστ' ἀκούειν ὅ τι ἄν τις καθ' ὑμῶν λέγῃ.

4 Εἰ μὲν οὖν ταύτης τῆς | εὐηθείας δίκην ὑμᾶς δεῖ διδόναι, λόγους οὐ προσήκοντας κατὰ τῆς πόλεως ἀκούειν τοῦτ' ἂν εἴη· εἰ δ' ὑπὲρ τῶν ἀληθῶν εἴ τι δίκαιον ῥητέον, ἐπὶ τοῦτ' ἐγὼ παρελήλυθα, πιστεύων οὐκ αὐτὸς ἀξίως τῶν ὑμῖν πεπραγμένων εἰπεῖν δυνήσεσθαι, ἀλλὰ τὰ πράγματα, ὅπως ἄν τις εἴπῃ, δίκαια φανεῖσθαι.

5 Βουλοίμην δ' ἂν ὑμᾶς, ὦ ἄνδρες Ἀθηναῖοι, ἴσους ἀκροατὰς ὑπὲρ ὑμῶν αὐτῶν γενέσθαι, καὶ μὴ τῷ προῆχθαι τοὺς λόγους ἐπαινέσαι τοὺς τούτων φιλονικεῖν. Οὐ γὰρ

2 7 ἂν rW^{a} : post καλοκἀγαθίας transpos. cett. ‖ **3** 4 ἂν Y^{2}rW^{a} : om. cett. ‖ ἡδέως rW^{a} Qγρ. Y^{2} : om. SYDW^{b}FQ ‖ 6 προσήκοντα rW^{a} Fγρ. Qγρ. Y^{2} : προσόντα SYDW^{b}FQ ‖ 7 ἂν om. S ‖ **4** 1 ταύτης post εὐηθείας transpos. W^{a} ‖ 1-2 δικὴν — δεῖ διδόναι SDW^{b}FQY (δεῖ om. Y^{ac} add. Y^{pc}) : δίκην — διδόναι δεῖ r (δεῖ supra ras.) ὑμᾶς δεῖ δίκην διδόναι W^{a} ‖ 2 καὶ ante λόγους add. rW^{a} ‖ 3 ἀκούειν post εἴη transpos. Y^{2} Qγρ. ‖ εἴ τι S^{2}rW^{b}FQ : ἤ τι SD(Y?)C ἅ ἐστι Y^{2} ἐστι W^{a} ‖ εἴη post δίκαιον hab. r ‖ 5 τῶν — εἰπεῖν SYDrW^{b}FQ : ὑμῖν εἰπεῖν τῶν πεπραγμένων W^{a} ‖ 6 εἴποι r ‖ καὶ ante δίκαια add. Qγρ. Y^{2}γρ. ‖ **5** 1 δ' om. rW^{a} ‖ 2 προῆχθαι (-ῖχθαι D) SYDr W^{a}W^{b}Q : προσῆχθαι F.

d'un bon orateur, personne dès lors ne saurait vous en faire un grief à vous-mêmes mais bien à ceux qui auront mis tous leurs soins à vous tromper.

XLVI [XLVII]

[*Écouter tous les orateurs sans préjugé.*]

1 Je pense, Athéniens, que vous en conviendriez tous : vous voulez qu'on exécute ce que chacun regarde comme le meilleur pour notre Cité. Malheureusement, ce qui est le meilleur n'est pas jugé selon les mêmes critères par tous : sans quoi, parmi vous, les uns n'engageraient pas à parler, les autres à ne pas parler. Avec ceux qui sont d'accord sur vos intérêts, l'orateur qui s'apprête à parler n'a besoin d'aucun discours : ces gens-là sont persuadés d'avance; quant à ceux qui sont opposés à moi sur vos intérêts, je veux leur dire deux mots. **2** S'ils ne consentent pas à m'écouter, il est, pour sûr, impossible qu'ils s'instruisent, ni plus ni moins que s'ils se taisaient et que personne ne parlât [1]; mais s'ils m'écoutent, ils ne peuvent manquer d'obtenir l'un des deux avantages suivants : ou bien, si vous vous laissez tous persuader et que vous vous rangiez au même avis, vous prendrez vos résolutions avec plus d'impartialité [2] — et rien ne saurait être plus profitable dans la situation actuelle — ou bien l'orateur ne pourra vous éclairer, et vous aurez une confiance plus assurée dans vos premières résolutions [3]. **3** Indépendamment de ces considérations, vous prêtez aussi à des soupçons peu honorables, lorsque vous vous rendez à l'Assemblée comme si vous deviez vous régler sur les avis qui y seront exprimés pour prendre le meilleur parti [4], alors que manifestement, avant de vous être inspirés de ces discours pour vous prononcer, vous êtes déjà intimement persuadés d'une vérité — et ce, avec tellement d'entêtement [5] que vous ne consentez même pas à entendre une opinion différente.

1. Ironie méthodique et humoristique.

ἂν ὑμετέραν κακίαν οὐδεὶς ἔτι κρίναι, εἰ λέγοντός τινος εὖ παρεκρούσθητε, ἀλλὰ τῶν ἐπὶ τούτῳ σπουδὴν ποιησαμένων, ὅπως ὑμᾶς ἐξαπατήσωσιν.

ΜϚ [MZ]

1 Οἶμαι πάντας ἂν ὑμᾶς, ὦ ἄνδρες Ἀθηναῖοι, φῆσαι, ἃ βέλτισθ' ἕκαστος ἡγεῖται τῇ πόλει, βούλεσθαι ταῦτα πραχθῆναι. Συμβαίνει δέ γε μὴ κατὰ ταὐτὸ κεκρίσθαι παρὰ πᾶσι τὸ βέλτιστον· οὐ γὰρ ἂν ὑμῶν οἱ μὲν λέγειν, οἱ δὲ μὴ λέγειν ἐκέλευον. Πρὸς μὲν τοίνυν τοὺς ὑπειληφότας ταὐτὰ συμφέρειν οὐδενὸς δεῖ λόγου τῷ μέλλοντι λέγειν· πεπεισμένοι γὰρ ὑπάρχουσι· πρὸς δὲ τοὺς τἀναντία συμφέρειν ἡγουμένους βραχέ' εἰπεῖν βούλομαι. **2** Μὴ 'θέλουσι μὲν οὖν ἀκούειν οὐκ ἔνι δήπου μαθεῖν, οὐδὲν μᾶλλον ἢ σιωπῶσιν μηδενὸς λέγοντος· ἀκούσασιν δὲ δυοῖν ἀγαθοῖν οὐκ ἔνι θατέρου διαμαρτεῖν. Ἢ γὰρ πεισθέντες πάντες καὶ ταῦτ' ἐγνωκότες κοινότερον βουλεύσεσθε, οὗ μεῖζον εἰς τὰ παρόντ' οὐδὲν ἂν γένοιτ' ἀγαθόν, ἢ μὴ δυνηθέντος τοῦ λέγοντος διδάξαι βεβαιότερον τοῖς ἐγνωσμένοις πιστεύσετε. **3** Χωρὶς δὲ τούτων οὐδὲ καλὴν ὑποψίαν ἔχει ἥκειν μὲν εἰς τὴν ἐκκλησίαν ὡς ἐκ τῶν ῥηθησομένων | τὸ κράτιστον ἑλέσθαι δέον, φανῆναι δέ, πρὶν ἐκ τῶν λόγων δοκιμάσαι, παρ' ὑμῖν αὐτοῖς τι πεπεισμένους, καὶ τοῦθ' οὕτως ἰσχυρὸν ὥστε μηδ' ἐθέλειν παρὰ ταῦτ' ἀκούειν.

5 5 εὖ om. Qγρ. ‖ 6 ἐξαπατήσωσιν codd. (cf. 49 (50), 2) : ἐξαπατήσουσιν Schaefer.

ΜϚ (MZ)

1 3 κατὰ ταὐτὸ rW^{a} : κατ' αὐτὸ SYDW^{b}FQ ‖ 5 λέγειν... μὴ λέγειν SYDW^{b}FQ : μὴ λέγειν... λέγειν rW^{a} ‖ 6 ταὐτὰ S^{2} Y^{2}Q : ταῦτα SYDr$W^{a}W^{b}$F ‖ 8 ἡγουμένους SYDW^{b}FQ : οἰομένους rW^{a} ‖ **2** 4 πάντες καὶ F^{pc} : πάντες SYDr$W^{b}F^{ac}$Q om. W^{a} ‖ 5 βουλεύσεσθε SYDr$W^{a}W^{b}F^{pc}$Q : βουλεύεσθε F^{ac} ‖ 6 δυνηθέντος $S^{2}Y^{2}$Dr$W^{a}W^{b}$FQ : δυνηθέντες S(Y?)C.

XLVII [XLVIII]

[*Vénalité des triérarques.*]

1 Peut-être, Athéniens, semblé-je importun à quelques-uns d'entre vous, en prononçant souvent des discours qui roulent constamment sur les mêmes points. Mais, si vous y regardez bien, vous verrez que ce n'est pas moi qui dois en supporter la responsabilité, mais ceux qui n'obéissent pas à vos décrets [1] : s'ils avaient exécuté vos ordres la première fois, nous ne devrions pas parler une seconde fois; ni revenir à la charge, s'ils les avaient exécutés la seconde fois. Mais en fait, plus vous avez, vous, voté de mesures conformes à vos intérêts, moins ils me semblent, eux, disposés à les exécuter [2]. **2** Oui, par les dieux, auparavant je ne savais au juste le sens de la maxime : « Le pouvoir révèle l'homme » [3]; mais aujourd'hui, il me semble que je pourrais l'expliquer aussi à autrui. Les gens au pouvoir [4], ou du moins quelques-uns d'entre eux, pour ne pas dire tous, ne se soucient pas, mais pas du tout de vos décrets, mais de leurs pots-de-vin. Ah ! si j'avais les moyens de leur en donner, on serait fondé à me faire le reproche bien motivé de vous ennuyer à plaisir, à propos d'une mince dépense; mais en fait, je n'en ai pas les moyens [5], comme ils le savent bien eux-mêmes; **3** et s'ils s'imaginent que je vais ajouter pour leurs beaux yeux une somme compensant la « liturgie » qui vous est due [6], ils rêvent. C'est peut-être cela qu'ils désirent et qu'ils escomptent : mais je n'en ferai rien; au contraire, s'ils versent leur dû, je tirerai le navire à la mer [7], et je ferai mon devoir; sinon, je vous [8] dénoncerai les coupables.

1. Sur ces délibérations répétées, voir la *Notice*, p. 27. Nous avons ici affaire à un cas particulier, celui des délibérations introduites à nouveau, parce qu'on n'a pas exécuté les décrets déjà votés; c'est ce qu'ailleurs Démosthène appelle, de façon expressive, former « une collection superflue de décrets » (prol. 20 (21), § 3).

2. Le prol. 20 (21) donne un bon exemple de ces mesures qu'on ne se soucie pas d'exécuter.

ΜΖ [ΜΗ]

1 Ἴσως ὀχληρός, ὦ ἄνδρες Ἀθηναῖοι, τισὶν ὑμῶν εἶναι δοκῶ, πολλάκις λέγων περὶ τῶν αὐτῶν ἀεί. Ἀλλ' ἐὰν ὀρθῶς σκοπῆτε, οὐκ ἐγὼ φανήσομαι τούτου δίκαιος ὢν ἔχειν τὴν αἰτίαν, ἀλλ' οἱ μὴ πειθόμενοι τοῖς ὑμετέροις ψηφίσμασιν. Εἰ γὰρ ἐκεῖνοι τὸ πρῶτον ἐποίησαν ἃ ὑμεῖς προσετάξατε, οὐδὲν ἂν τὸ δεύτερον ἡμᾶς ἔδει λέγειν, οὐδ' εἰ τὸ δεύτερον, αὖθις· νῦν δ' ὅσῳ πλεονάκις τὰ προσήκονθ' ὑμῖν ὑμεῖς ἐψηφίσασθε, τοσούτῳ μοι δοκοῦσιν ἧττον ἐκεῖνοι παρεσκευάσθαι ποιεῖν. **2** Πρότερον μὲν οὖν ἔγωγε μὰ τοὺς θεοὺς οὐκ ᾔδειν πρὸς τί ποτ' εἴη τοῦτ' εἰρημένον· « Ἀρχὴ ἄνδρα δείκνυσιν· » νῦν δὲ κἂν ἄλλον μοι δοκῶ διδάξαι. Οἱ γὰρ ἄρχοντες ἤ τινές γ' αὐτῶν, ἵνα μὴ πάντας λέγω, τῶν μὲν ὑμετέρων ψηφισμάτων ἀλλ' οὐδὲ τὸ μικρότατον φροντίζουσιν, ὅπως δὲ λήψονται. Εἰ μὲν οὖν ἐνῆν δοῦναι, δικαίως ἂν αὐτὸ τοῦτό μοί τις ἐπέπληξεν, εἰ διὰ μικρὸν ἀνάλωμ' ἐνοχλεῖν ὑμῖν ᾑρούμην· νῦν δ' οὐκ ἔνι, καθάπερ οὐδὲ τούτους λέληθεν· **3** εἰ δ' ὑπὲρ ὧν ὑμῖν λῃτουργεῖν δεῖ, προσθήσειν αὑτοῖς οἴονταί με, ληροῦσιν. Καὶ ταῦτ' ἴσως βούλονται καὶ προσδοκῶσιν· ἐγὼ δ' οὐ ποιήσω ταῦτα, ἀλλ' ἐὰν μὲν δῶσι, καθέλξω τὴν ναῦν καὶ τὰ προσήκοντα ποιήσω, εἰ δὲ μή, τοὺς αἰτίους ὑμῖν ἀποφανῶ.

ΜΖ (ΜΗ)

1 3 φανήσομαι τούτου SYDW^bFQ : τούτου φανήσομαιr rW^a ‖ 6 οὐδὲν : οὐδ' Y^2 Qγρ. ‖ ἡμᾶς S^{pc}YDrW^aFQ : ὑμᾶς S^{ac}Qγρ. W^b ‖ 8 ὑμῖν SYDrW^bFQ : om. W^a Wolf alii, injuria (cf. 23 (24), 2; 43 (44), 2; 50 (51), in fine ‖ **2** 4 τινὰ post ἄλλον hab. rW^a ‖ δοκῶ μοι r W^a ‖ γ' rW^a : om. cett. ‖ 6 τι post δὲ hab. rW^a ‖ 7 εἰ S^2Y^2Dr W^aW^bFQ : ἢ SY ‖ **3** 2 καὶ post ἴσως add. Y^2 ‖ 3 καὶ rW^aY^2 : ἃ SYDW^bFQ.

XLVIII [XLIX]

[*Révision des décrets falsifiés.*]

1 Aucun homme sensé ne saurait, je crois, contester, Athéniens, qu'il est de l'intérêt supérieur de l'État, surtout au début [1] d'une entreprise, de ne rien faire de nuisible, et, dans le cas contraire, de voir tout de suite se présenter les opposants. Encore faut-il que vous consentiez à écouter et à être instruits. Rien ne sert d'avoir un orateur qui puisse donner les meilleurs conseils, s'il n'a pas l'oreille de son auditoire. **2** Il ne saurait non plus paraître inutile, en second lieu, que toutes les fois où l'on vous aura donné des conseils frelatés, en profitant de l'occasion, du moment de la journée [2], ou de tout autre prétexte, il se trouvât un homme pour les examiner à nouveau [3], le jour où vous serez disposés à les écouter en toute indépendance, afin que, s'ils vous apparaissent conformes aux dires des orateurs qui avaient alors voulu vous persuader, vous les exécutiez avec plus de zèle comme ayant fait leurs preuves [4]; mais que si d'aventure ils ne se révèlent pas tels, sans aller plus avant, vous vous absteniez. Car enfin, il serait scandaleux que l'on fût contraint de faire le pire pour s'être mépris sur le meilleur et que l'on ne pût se raviser une seconde fois en écoutant des discours [5]. **3** Je vois, moi, que tous les autres, quand ils se flattent de s'être bien conduits, s'offrent à une reddition de comptes [6]; eux, au contraire, vous incriminent, si vous voulez maintenant vous rétracter de vos erreurs; car ils jugent normal que la tromperie ait plus d'autorité que l'épreuve du temps [7]. Sans doute vous-mêmes n'ignorez-vous pas pour la plupart leur acharnement; mais il faut que chacun, puisque nous avons obtenu le droit de parler [8], dise au sujet de la situation ce qu'il pense être le meilleur parti.

1. A l'idée qu'il est préférable de couper le mal dans sa racine, s'ajoute la croyance au bon augure tiré de l'intervention immédiate d'un orateur qui assure un bon départ aux délibérations (voir *Lettre I*, 1).

ΜΗ [ΜΘ]

1 Οὐδέν᾽ ἂν εὖ φρονοῦντ᾽ ἀντειπεῖν, ὦ ἄνδρες Ἀθηναῖοι, νομίζω, ὡς οὐχ ἁπάντων ἄριστόν ἐστιν τῇ πόλει | μάλιστα μὲν ἐξ ἀρχῆς μηδὲν ἀσύμφορον πράττειν, εἰ δὲ μή, παρεῖναι εὐθὺς τοὺς ἐναντιωσομένους. Δεῖ μέντοι τούτῳ προσεῖναι ἐθέλοντας ἀκούειν ὑμᾶς καὶ διδάσκεσθαι· οὐδὲν γὰρ πλέον εἶναι τὸν ἐροῦντα τὰ βέλτιστα, ἂν μὴ τοὺς ἀκουσομένους ἔχῃ. **2** Οὐ μὴν οὐδ᾽ ἐκεῖν᾽ ἀλυσιτελὲς μετὰ ταῦτ᾽ ἂν φανείη, ὅσ᾽ ἄν τις ὑμᾶς ἢ διὰ καιρὸν ἢ δι᾽ ὥραν ἡμέρας ἢ δι᾽ ἄλλην τιν᾽ αἰτίαν παρακρούσηται, ταῦθ᾽ ὅταν ποτὲ βούλησθ᾽ ὑμῶν αὐτῶν ὄντες ἀκούειν, εἶναι τὸν ἐξετάσοντα πάλιν, ἵν᾽ ἐὰν μὲν οἷά φασιν οἱ τότε πείσαντες φανῇ, προθυμότερον πράττηθ᾽ ὡς ἔλεγχον δεδωκότα, ἐὰν δ᾽ ἄρα μὴ τοιαῦθ᾽ εὑρεθῇ, πρὶν πορρωτέρω προελθεῖν ἐπίσχητε. Καὶ γὰρ ἂν δεινὸν εἴη, εἰ τοῖς τοῦ κρατίστου διαμαρτοῦσι τὸ χείριστον ἀνάγκη πράττειν εἴη, καὶ μὴ τὸ δεύτερον ἐκ τῶν λόγων ἐξείη μεταϐουλεύσασθαι. **3** Τοὺς μὲν οὖν ἄλλους ἅπαντας ἔγωγ᾽ ὁρῶ τὴν ἀειλογίαν προτεινομένους, ὅταν τι πιστεύωσι δικαίως αὑτοῖς πεπρᾶχθαι· οὗτοι δ᾽ αὖ τοὐναντίον ἐγκαλοῦσιν, εἰ περὶ ὧν ἡμάρτετε νῦν ἀναθέσθαι βούλεσθε, τὴν ἀπάτην κυριωτέραν οἰόμενοι δεῖν εἶναι τῆς μετὰ τοῦ χρόνου βασάνου. Τὴν μὲν οὖν τούτων σπουδὴν οὐδ᾽ ὑμῶν ἴσως ἀγνοοῦσιν οἱ πολλοί· δεῖ δ᾽ ὑπὲρ τῶν πραγμάτων, ἐπειδήπερ γέγονε λόγου τυχεῖν, ἅ τις ἡγεῖται κράτιστα, λέγειν.

ΜΗ (ΜΘ)

1 5 τούτῳ SYDFQ : τοῦθ᾽ ὑμῖν rW[a] τοσούτῳ W[b] ‖ καὶ om. rW[a] ‖ **2** 2 ἐκεῖν : τοῦτ᾽ rW[a] ‖ ἀλυσιτελὲς DrW[a] : λυσιτελὲς SYW[b]FQ ‖ 6 οἷά rW[a]Q : ὡς SYDW[b]F ‖ 10 εἴη YDrW[a]W[b] : ἢ εἰ SFQ ‖ 11 λόγων rW[a] : λοιπῶν SYDW[b]FQ ‖ **3** 4 αὖ SYDW[b]FQ : αὐτὸ rW[a] ‖ 5 ἀναθέσθαι SYDW[b]FQ : μεταθέσθαι rW[a] ‖ τὴν cett. : τὴν ἅπαξ rW[a].

XLIX [L]

[*Ne pas déclarer la guerre à la légère.*]

1 Ce qui doit être utile à toute la Cité, je souhaite que [1] tous vos orateurs vous le disent, Athéniens, et que, vous, vous l'adoptiez. Pour ma part, en tout cas, je vais vous dire ce qui, d'après ma conviction intime, vous est le plus profitable. Une prière seulement : les gens qui vous poussent à partir en guerre, ne les croyez pas courageux pour cela; et les gens qui tâchent de les contredire, ne les croyez pas lâches pour cela. L'épreuve des paroles et celle des actes n'est pas la même, Athéniens : à présent il faut qu'on nous voie prendre de bonnes résolutions, puis, si ces mesures nous agréent, montrer les marques de notre bravoure. **2** Certes votre zèle est digne de tout éloge et il se présente comme tout bon patriote le souhaiterait; mais plus il est ardent aujourd'hui et plus il faut aviser aux moyens de l'utiliser à propos. Jamais le choix d'une action n'est glorieux, si elle ne trouve un dénouement utile et beau. Pour moi, je sais qu'un jour, Athéniens, j'ai entendu devant vous un homme qui ne passe ni pour insensé ni pour inexpérimenté à la guerre, je veux dire Iphicrate [2] : **3** il faisait un devoir au stratège de choisir ses risques en se donnant pour objectif non pas ceci ou cela, mais ceci [3]. Telle était l'expression qu'il utilisait, mais il était aisé de comprendre qu'il lui donnait pour objectif de combattre valeureusement; lors donc que vous partez en guerre, celui qui vous conduit a autorité sur vous; mais aujourd'hui chacun de vous est un stratège [4]. Il faut donc que l'on

1. Sur les circonstances historiques, voir la *Notice*, p. 14. — Voir des exemples analogues de formules de souhait dans le prologue 24 (25), 3 et le prologue 30 (31), 2 — et les notes correspondantes. Une pareille intervention des croyances religieuses et du rituel ne doit pas étonner si l'on se rappelle que les séances de l'Assemblée commençaient par une purification (voir prol. 53 et les notes), que le héraut prononçait une prière et des imprécations contre les traîtres.

ΜΘ [N]

1 Ὅ τι μὲν μέλλει συνοίσειν πάσῃ τῇ πόλει, τοῦτο καὶ λέγειν εὔχομαι πάντας, ὦ ἄνδρες Ἀθηναῖοι, καὶ ὑμᾶς ἑλέσθαι. Ἐγὼ δ' οὖν, ἃ πεπεικὼς ἐμαυτὸν τυγχάνω μάλιστα συμφέρειν ὑμῖν, ταῦτ' ἐρῶ, δεη|θεὶς ὑμῶν τοσοῦτον, μήτε τοὺς ἐξιέναι κελεύοντας ὑμᾶς διὰ τοῦτο νομίζειν ἀνδρείους, μήτε τοὺς ἀντιλέγειν ἐπιχειροῦντας διὰ τοῦτο κακούς. Οὐ γὰρ ὁ αὐτὸς ἔλεγχος, ὦ ἄνδρες Ἀθηναῖοι, τῶν τε λόγων καὶ τῶν πραγμάτων ἐστίν, ἀλλὰ δεῖ νῦν μὲν εὖ βεβουλευμένους ἡμᾶς φανῆναι, τότε δέ, ἂν ἄρα ταῦτα δοκῇ, τὰ τῆς ἀνδρείας ἀποδείξασθαι. 2 Ἡ μὲν οὖν ὑμετέρα προθυμία παντὸς ἀξία καὶ τοιαύτη πάρεστιν οἵαν ἄν τις εὔξαιτ' εὔνους ὢν τῇ πόλει· νῦν δ' ὅσῳ τυγχάνει σπουδαιοτέρα, τοσούτῳ δεῖ μᾶλλον προϊδεῖν ὅπως εἰς δέον καταχρήσησθ' αὐτῇ. Οὐδενὸς γὰρ εὐδοκιμεῖ πράγματος ἡ προαίρεσις, ἂν μὴ καὶ τὸ τέλος συμφέρον καὶ καλὸν λάβῃ. Ἐγὼ δ' οἶδά ποτε, ὦ ἄνδρες Ἀθηναῖοι, παρ' ὑμῖν ἀκούσας ἀνδρὸς οὔτ' ἀνοήτου δοκοῦντος εἶναι οὔτ' ἀπείρου πολέμου, Ἰφικράτους λέγω., 3 ὃς ἔφη δεῖν οὕτω προαιρεῖσθαι κινδυνεύειν τὸν στρατηγὸν ὅπως μὴ τὰ ἢ τὰ γενήσεται, ἀλλ' ὅπως τά· οὕτως γὰρ εἶπε τῷ ῥήματι. Ἦν δὴ τοῦτο γνώριμον, ὅτι ὅπως καλῶς ἀγωνιεῖται, ἔλεγεν. Ἐπειδὰν μὲν τοίνυν ἐξέλθητε, ὃς ἂν ἡγῆται, κύριος ὑμῶν ἐστι· νῦν δ' ἕκαστος ὑμῶν αὐτῶν στρατηγεῖ.

ΜΘ (N)

1 1 μέλλει rW^a^FQ : μέλλοι SYDW^b^ ‖ πάσῃ τῇ πόλει SYDW^b^FQ : τῇ πόλει πάσῃ r τῇ πόλει W^a^ ‖ 9 μὲν DrW^a^ : om. SYW^b^FQ ‖ 10 ταῦτα δοκῇ SFQY^2^ : δοκῇ ταῦτα YDrW^b^ τοῦτο δοκῇ W^a^ ‖ **2** 2 εὔνους ὢν : εὐνοῶν Qγρ. Y^2^ ‖ 3 ὅσῳ : ὅσον SQ ‖ 4 καταχρήσησθε SYDrW^a^W^b^Q καταχρήσ].η.]σθ[.ε. F^sl^ (cf. 45 (46), in fine : καταχρήσασθαι F ‖ 7 ποτ' post ὑμῖν transp. rW^a^ ‖ 9 πολέμου SYDW^b^FQ : πολέμων rW^a^ ‖ **3** 6 αὐτῶν SYDW^b^FQ : αὐτῷ rW^a^.

vous voie prendre des résolutions de tout point utiles à l'État, au lieu de céder à des espoirs futurs pour compromettre votre prospérité actuelle.

L [LI]

[*Pour les redditions de comptes.*]

Je n'aurais jamais cru, Athéniens, qu'un homme sûr de ses actions pût incriminer ceux qui s'en font rendre compte : plus souvent [1] on les examine, plus les intéressés doivent en tirer gloire. Toutefois ces gens-là, me semble-t-il, mettent les premiers en évidence qu'ils n'ont pas agi pour le bien de la Cité; en tout cas, comme s'ils s'attendaient à être démasqués à la prochaine reddition [2] de comptes, ils font figure d'accusés et prétendent que notre [3] attitude est indigne. « Eh bien ! lorsque vous taxez d'indignité ceux qui veulent vous démasquer, comment devons-nous dans ces conditions vous qualifier, vous, oui, vous qui avez trompé la Cité [4]? »

LI [LII]

[*Contre les conseillers trompeurs.*]

Il serait juste [5], Athéniens, que l'on vous vît témoigner autant d'animosité à ceux qui essayent de vous tromper qu'à ceux qui y sont parvenus. Ce qui était en leur pouvoir, ils l'ont accompli et ils vous ont fait voir du pays ! Que leur

1. Il s'agit d'examens répétés (voir plus loin πάλιν). On sait que « dix commissaires des comptes, les logistes, étaient tirés au sort, à chaque prytanie, pour vérifier les écritures de tous les fonctionnaires comptables. Cette vérification partielle et provisoire préparait la reddition des comptes totale et définitive, qui avait lieu après l'exercice devant des magistrats spéciaux ». (G. Glotz, *La cité grecque*, Paris, 1968, p. 201, d'après Aristote, *Const. d'Ath.*, 48, 3).

Δεῖ δὴ τοιαῦτα φανῆναι βεβουλευμένους δι' ὧν πανταχῶς συνοίσει τῇ πόλει καὶ μὴ μελλουσῶν ἕνεκ' ἐλπίδων τῆς παρούσης εὐδαιμονίας χεῖρόν τι ποιήσετε.

N [ΝΑ]

Οὐδέν' ἂν ᾠόμην, ὦ ἄνδρες Ἀθηναῖοι, πιστεύοντα τοῖς πεπραγμένοις ἐγκαλέσαι τοῖς καθιστᾶσιν εἰς λόγον ταῦτα· ὅσῳ γὰρ ἂν πλεονάκις ἐξετάζῃ τις αὐτά, ἀνάγκη τοὺς τούτων αἰτίους εὐδοκιμεῖν. Οὐ μὴν | ἀλλά μοι δοκοῦσιν αὐτοὶ φανερὸν καθιστάναι οὐκ ἐπί τῷ τῇ πόλει συμφέροντι πράξαντες. Ὡς γοῦν ἐξελέγχεσθαι μέλλοντες, ἂν πάλιν εἰς λόγον ἔλθωσιν, φεύγουσι καὶ δεινὰ ποιεῖν ἡμᾶς φασιν. « Καίτοι ὅταν τοὺς ἐξελέγχειν βουλομένους δεινὰ ποιεῖν αἰτιᾶσθε, τί ἡμεῖς ὑμᾶς τοὺς ἐξηπατηκότας τὴν πόλιν τηνικαῦτα λέγωμεν; »

ΝΑ [ΝΒ]

Ἦν μὲν [οὖν] δίκαιον, ὦ ἄνδρες Ἀθηναῖοι, τὴν ἴσην παρ' ὑμῶν ὑπάρχειν ὀργὴν τοῖς ἐπιχειροῦσιν ὅσηνπερ τοῖς δυνηθεῖσιν ἐξαπατῆσαι. Ὃ μὲν γὰρ ἦν ἐπὶ τούτοις,

3 7 τοιαῦτα : τὰ τοιαῦτα F ‖ βεβουλευμένους SYW[b]Dγρ. FQ : βουλευομένους DrW[a] ‖ 8 μὴ : μὴ τῶν rW[a].

N (NA)

3 ἀνάγκη codd. : τοσούτῳ μᾶλλον ἀνάγκη Reiske, perperam (cf. K.G.[3], II, p. 497 n., monente Rennie) ‖ 5-9 τῷ... συμφέροντι W[a] : τῶν... συμφερόντων cett. ‖ 6 Ὡς W[a] : οἱ cett. ‖ 8 ἡμᾶς : ὑμᾶς W[a] ‖ 9 τί Dr Qγρ. Y[2] : ἢ SYW[b]FQ om. W[a] ‖ 9-10 ἡμεῖς ὑμᾶς — πόλιν rW[a] (de ἡμεῖς ὑμᾶς conjunctis, cf. 47 (48), 1) : ἡμεῖς τοὺς ἡμᾶς [ὑμᾶς D] αὐτοὺς ἐξηπατηκότας SYDW[b]FQ ‖ 10 λέγωμεν SYW[b]FQ : λέγομεν DrW[a].

NA (NB)

1 οὖν del. Wolf ‖ 1-2 ἴσην — ὑπάρχειν W[a] : ἴσην ἔχειν παρ' ὑμῶν SYDrW[b]FQ.

projet n'ait pas abouti, c'est imputable à la Fortune et à votre clairvoyance, plus grande maintenant que lorsque vous avez été fourvoyés par eux. Toutefois, je pense que notre Cité est si éloignée de châtier les coupables que vous devez être, à mon avis, bien contents de pouvoir éviter d'être leurs victimes : tant de roueries, tant de charlataneries, bref, tant de bons offices [1] pour tout dire ont été mis en œuvre contre vous ! Leur vilenie, certes, ne saurait actuellement être dénoncée [2] avec toute l'opportunité désirable; mais je veux traiter le sujet qui m'a fait monter à la tribune et vous dire ce que je pense être de votre intérêt.

LII [LIII]

[*Sortie contre les orateurs malhonnêtes.*]

1 Les procédés [3] qui nuisent constamment à notre Cité, Athéniens, les injures et l'agitation, nous en souffrons encore aujourd'hui par la faute des mêmes hommes que d'habitude. Mais c'est moins eux qu'il convient de blâmer (peut-être est-ce par colère et par rivalité qu'ils agissent ainsi, mais avant tout parce que c'est leur intérêt de le faire [4]), que vous, s'il est vrai que, rassemblés pour délibérer sur des affaires communes, Athéniens, sur des questions importantes, vous restez là assis [5] à écouter leur injures personnelles, incapables de réfléchir que les injures échangées par tous les orateurs, sans décision judiciaire, vous font rendre à vous-mêmes les comptes [6] des malversations dont ils se convainquent mutuellement. **2** A part quelques-uns peut-être (pour ne pas dire tous), aucun d'entre eux

1. Tout ce texte est riche en mots qui expriment la tromperie. Celui-ci n'est pas attesté ailleurs dans ce sens; il signifie proprement « les rameurs », puis le « service, l'aide » en général. Il faut visiblement le prendre par antiphrase (les mauvais offices). Démosthène le fait passer à la faveur de τινές qui en adoucit l'effet (construire τοσαῦται — τινές, ce dernier mot ne portant que sur ὑπηρεσίαι).

2. Démosthène, comme souvent, ne veut pas faire office d'accusateur (voir le prol. 10 (11), n. 2). Toutefois, il faut avouer qu'ici il décharge sa bile avant d'aborder l'ordre du jour.

πεποίηται καὶ προήγαγον ὑμᾶς· τοῦ δὲ μὴ τέλος ταῦτ' ἔχειν ἡ τύχη καὶ τὸ βέλτιον νῦν ὑμᾶς φρονεῖν ἢ ὅτ' ἐξήχθηθ' ὑπὸ τούτων, γέγονεν αἴτια. Οὐ μὴν ἀλλ' ἔγωγ' οὕτω πόρρω νομίζω τὴν πόλιν εἶναι τοῦ δίκην παρὰ τῶν ἀδικούντων λαμβάνειν ὥστ' ἀγαπητὸν εἶναί μοι δοκεῖ, ἂν ὅπως μὴ πείσεσθε κακῶς δύνησθε φυλάττεσθαι· τοσαῦται τέχναι καὶ γοητεῖαι καὶ ὅλως ὑπηρεσίαι τινές εἰσιν ἐφ' ὑμᾶς κατεσκευασμέναι. Τῆς μὲν οὖν τούτων κακίας οὐκ ἂν ἐν τῷ παρόντι τις ἐν δέοντι μάλιστα κατηγορήσειεν· βούλομαι δ' ὑπὲρ ὧν ἀνέστην, ἃ νομίζω συμφέροντ' εἰπεῖν.

ΝΒ [ΝΓ]

1 Ἡ μὲν εἰωθυῖα πάντα τὸν χρόνον βλάπτειν, ὦ ἄνδρες Ἀθηναῖοι, τὴν πόλιν λοιδορία καὶ ταραχὴ καὶ νυνὶ γέγονε παρὰ τῶν αὐτῶν ὧνπερ ἀεί. Ἄξιον δ' οὐχ οὕτω τούτοις ἐπιτιμῆσαι (ἴσως γὰρ ὀργῇ καὶ φιλονικίᾳ ταῦτα πράττουσι, καὶ τὸ μέγιστον ἁπάντων, ὅτι συμφέρει ταῦτα ποιεῖν αὐτοῖς) ἀλλ' ὑμῖν, εἰ περὶ κοινῶν, ὦ ἄνδρες Ἀθηναῖοι, πραγμάτων | καὶ μεγάλων συνειλεγμένοι τὰς ἰδίας λοιδορίας ἀκροώμενοι κάθησθε, καὶ οὐ δύνασθε πρὸς ὑμᾶς αὐτοὺς λογίσασθαι τοῦθ' ὅτι αἱ τῶν ῥητόρων ἁπάντων ἄνευ κρίσεως πρὸς ἀλλήλους λοιδορίαι, ὧν ἂν ἀλλήλους ἐξελέγξωσιν, ὑμᾶς τὰς εὐθύνας διδόναι ποιοῦσιν. 2 Πλὴν γὰρ ὀλίγων ἴσως, ἵνα μὴ πάντας

4 πεποίηται W[a] : πεποίηνται cett. ‖ προήγαγον SYW[a]FQ : προηγάγονθ' DrW[b] ‖ ὑμᾶς SYDrW[b] FQ : ἡμᾶς W[a] ‖ μὴ DW[a] : μηδὲ SYrW[b]FQ ‖ 6 αἴτια D : αἰτία cett. ‖ 7 ἔγωγ' οὕτω Y[pc]S[pc]FQ : ἐγωτουτω S[ac]Y[ac] ἐγὼ τούτῳ DW[b] ἐγὼ τοσοῦτον rW[a] ‖ 8 ὥστ' : ὡς F ‖ 9 δύνησθε rW[a]Y[2] : δυνήσεσθε SYDW[b]FQ.

ΝΒ (ΝΓ)

1 1 οὖν post μὲν habent DW[a] ‖ 2 τὴν πόλιν om. F ‖ 7 καὶ μεγάλων πραγμάτων rW[a] ‖ 10 λοιδορίαι πρὸς ἀλλήλους D ‖ ὧν D : ὡς SYrW[b]FQ om. W[a].

n'injurie son collègue pour améliorer quelque chose chez vous (tant s'en faut !), mais pour accomplir lui-même avec plus de tranquillité ce que, prétend-il, fait un tel, lequel, au besoin [1], fait les coups les plus pendables. **3** Pour vous persuader qu'il en est ainsi, ne vous en remettez pas à moi, mais réfléchissez un peu. Est-il jamais arrivé que quelqu'un se soit levé pour dire devant vous : « Si je suis monté à la tribune, c'est que je veux prendre l'un de vos biens et non défendre vos intérêts »? Personne, bien sûr; mais ce sont vos intérêts, c'est votre cause et d'autres prétextes analogues qu'ils ont à la bouche [2].

Eh bien ! examinez, Athéniens, pourquoi donc vous ne réussissez pas mieux en général aujourd'hui qu'auparavant dans les entreprises où ils se font toujours vos avocats et pourquoi ces gens qui parlent toujours pour vous servir et jamais aucun dans son intérêt personnel, sont devenus riches de mendiants qu'ils étaient [3]. C'est qu'à les entendre, Athéniens, ils vous aiment; mais en fait, c'est eux et non vous qu'ils aiment. **4** Rire, crier [4], et, à l'occasion, espérer, voilà la part qu'ils vous laissent; mais obtenir ou acquérir pour notre Cité un avantage de plein droit, cela, ils ne le voudraient pas. Le jour où vous serez délivrés de votre apathie excessive, vous ne supporterez même plus leur vue. En attendant, ils amusent le peuple [5] comme un malade avec une drachme, une conge [6] et quatre oboles [7], en vous imposant un régime absolument semblable, Athéniens, à celui que prescrivent les médecins : ce dernier ni ne vous donne de forces ni ne vous laisse mourir; le leur ni ne vous laisse exécuter par dédain, une plus grande entreprise, ni ne peut suffire tout seul [8].

1. Ἂν δέῃ. Ces deux mots choquent la plupart des éditeurs; en général ils les suppriment, sans doute à l'instigation de H. Schaefer qui voyait là des lettres qu'un scribe indolent (*socors*) aurait empruntées aux mots voisins mal dissociés : (ποιοῦντα δεινότατα). Supposition plaisante : outre que les textes ont plutôt dans ce cas-là tendance à s'abréger qu'à s'allonger, ἂν δέῃ se comprend très bien et ne viole ni les usages de la langue en général, ni ceux de Démosthène en particulier; on compte au moins cinq exemples de cette incise dans les harangues, dont trois dans le discours des *Symmories* (14, 23, 24).

εἴπω, οὐδεὶς αὐτῶν ἅτερος θατέρῳ λοιδορεῖται, ἵνα βέλτιόν τι τῶν ὑμετέρων γίγνηται (πολλοῦ γε καὶ δεῖ), ἀλλ' ἵνα, ἃ τὸν δεῖνά φησι (ποιοῦντα ἂν δέῃ δεινότατ' ἀνθρώπων) ποιεῖν, ταῦτ' αὐτὸς μετὰ πλείονος ἡσυχίας διαπράττηται. 3 Ὅτι δ' οὕτω ταῦτ' ἔχει, μὴ ἐμοὶ πιστεύσητε, ἀλλ' ἐν βραχεῖ λογίσασθε. Ἔστιν ὅπου τις ἀναστὰς εἶπεν παρ' ὑμῖν πώποτε· « Βουλόμενός τι λαβεῖν τῶν ὑμετέρων παρελήλυθ', ὦ ἄνδρες Ἀθηναῖοι, οὐχ ὑπὲρ ὑμῶν; » Οὐδεὶς δήπου, ἀλλ' ὑπὲρ ὑμῶν καὶ δι' ὑμᾶς, καὶ τοιαύτας προφάσεις λέγουσιν.

Φέρε δὴ σκέψασθε, τί δή ποτ', ὦ ἄνδρες Ἀθηναῖοι, ὑπὲρ ὧν ἅπαντες λέγουσιν, οὐδὲν βέλτιον τοῖς ὅλοις νῦν ἢ πρότερον πράττετε, οὗτοι δ' οἱ πάνθ' ὑπὲρ ὑμῶν, ὑπὲρ αὑτῶν δ' οὐδεὶς οὐδὲν πώποτ' εἰρηκώς, ἐκ πτωχῶν πλούσιοι γεγόνασιν; Ὅτι φασὶν μέν, ὦ ἄνδρες Ἀθηναῖοι, φιλεῖν ὑμᾶς, φιλοῦσι δ' οὐχ ὑμᾶς ἀλλ' αὑτούς. 4 Καὶ γελάσαι καὶ θορυβῆσαι καί ποτ' ἐλπίσαι μετέδωκαν ὑμῖν, λαβεῖν δ' ἢ κτήσασθαι τῇ πόλει κυρίως ἀγαθὸν οὐδὲν ἂν βούλοιντο. Ἧι γὰρ ἂν ἡμέρᾳ τῆς λίαν ἀρρωστίας ἀπαλλαγῆτε, ταύτῃ τούτους οὐδ' ὁρῶντες ἀνέξεσθε. Νῦν δὲ δραχμῇ καὶ χοῒ καὶ τέτταρσιν ὀβολοῖς ὥσπερ | ἀσθενοῦντα τὸν δῆμον διάγουσιν, ὁμοιότατα, ὦ ἄνδρες Ἀθηναῖοι, τοῖς παρὰ τῶν ἰατρῶν σιτίοις διδόντες ὑμῖν. Καὶ γὰρ ἐκεῖν' οὔτ' ἰσχὺν ἐντίθησιν οὔτ' ἀποθνῄσκειν ἐᾷ, καὶ ταῦτ' οὔτ' ἀπογνόντας ἄλλο τι μεῖζον πράττειν ἐᾷ, οὔτ' αὔτ' ἐξαρκεῖν δύναται.

2 2 ἅτερος YDW[b] : ἕτερος rW[a] θάτερος SFQ ‖ θατέρῳ : ἁτέρῳ D ‖ 4 ἃ SYFQ : om. DrW[a]W[b] Qγρ. Y[2] ‖ δεῖνά : δεῖν(α) ἃ rW[a] ‖ φησι rW[a] : φασι SYDW[b]FQ ‖ ποιοῦντα YDrW[a]W[b]F[pc] Qγρ. : ποιοῦνται SF[ac]Q ‖ ἂν δέῃ SFQ : ὃν ἂν δέῃ YDrW[b] ὃν ἐὰν εἰ δὴ W[a] ‖ **3** 4 παρελήλυθ' : προελήλυθ' SF ‖ 5 ἡμῶν F ‖ οὐδεὶς δήπου : οὐ δήπου D ‖ 6 τοιαύτας rW[a] : ταύτας SW[b]FQY[2] ταύτας τὰς YD ‖ **4** 4-5 ἀρρωστίας SW[a]FQ : ὀρρωδίας YDrW[b] (laudat ὀρρωδία Harpocratio s.v. ὀρρωδεῖν, attribuens *Prooemiis* hoc vocabulum quod nusquam alibi apparet apud Demosthenem).

LIII [LIV]

[*Rapport sur les sacrifices des prytanes* [1]].

Il est juste [2], Athéniens, il est beau, il est important que, conformément à votre habitude, nous veillions nous aussi à ce que les rites soient religieusement observés. Oui, nous nous sommes dûment acquittés envers vous de notre fonction. Car enfin, nous avons fait un sacrifice à Zeus sauveur [3], à Athéna [4] et à la Victoire, et ces cérémonies se sont révélées favorables et propices pour vous; nous avons fait aussi un sacrifice à la Persuasion [5], à la Mère des dieux [6] et à Apollon [7] et, là encore, nous avons obtenu de bons signes. Les sacrifices qui ont été offerts aussi aux autres dieux [8] vous ont donné des présages sûrs, certains, favorables et propices. Recevez donc ces bienfaits de la main des dieux qui vous les octroient.

LIV [LV]

[*Contre les sinécures à vie.*]

1 Il fut, semble-t-il, un temps [9] chez vous, Athéniens, où le peuple astreignait [10] tous ceux qu'il voyait sages et honnêtes à exercer les charges publiques et à être magistrats — non par manque de volontaires (si en général je juge que notre Cité est favorisée de la Fortune, il est une faveur qu'à mon avis elle n'a encore jamais connue, c'est de voir s'éloigner ceux qui veulent manger au budget [11]), mais le peuple voulait s'en faire un spectacle [12] édifiant, Athéniens, et utile à la Cité. **2** D'un côté, en effet, quand les magistrats perpétuels dont j'ai parlé se voyaient en équipe [13] avec des gens sérieux et justes choisis parmi les profanes [14], ils se montraient plus circonspects; d'un autre

14. L'idée que de simples profanes puissent élaborer un programme efficace est un lieu commun des partisans de la démocratie (voir Platon, *Prot.*, 329 c-e); le rôle de l'orateur pour Démosthène est de guider ces bonnes volontés (v. prol. 45).

ΝΓ [ΝΔ]

Καὶ δίκαιον, ὦ ἄνδρες Ἀθηναῖοι, καὶ καλὸν καὶ σπουδαῖον, ὅπερ ὑμεῖς εἰώθατε, καὶ ἡμᾶς προνοεῖν ὅπως τὰ πρὸς τοὺς θεοὺς εὐσεβῶς ἕξει. Ἡ μὲν οὖν ἡμετέρα γέγονεν ἐπιμέλει᾽ ὑμῖν εἰς δέον· καὶ γὰρ ἐθύσαμεν τῷ Διὶ τῷ σωτῆρι καὶ τῇ Ἀθηνᾷ καὶ τῇ Νίκῃ, καὶ γέγονεν καλὰ καὶ σωτήρια ταῦθ᾽ ὑμῖν τὰ ἱερά. Ἐθύσαμεν δὲ καὶ τῇ Πειθοῖ καὶ τῇ Μητρὶ τῶν θεῶν καὶ τῷ Ἀπόλλωνι, καὶ ἐκαλλιεροῦμεν καὶ ταῦτα. Ἦν δ᾽ ὑμῖν καὶ τὰ τοῖς ἄλλοις θεοῖς τυθένθ᾽ ἱέρ᾽ ἀσφαλῆ καὶ βέβαια καὶ καλὰ καὶ σωτήρια. Δέχεσθ᾽ οὖν παρὰ τῶν θεῶν διδόντων τἀγαθά.

ΝΔ [ΝΕ]

1 Ἦν τις, ὡς ἔοικεν, χρόνος παρ᾽ ὑμῖν, ὦ ἄνδρες Ἀθηναῖοι, ὅτ᾽ ἐπηνάγκαζεν ὁ δῆμος ὅντιν᾽ ἄνθρωπον ἴδοι σώφρονα καὶ χρηστόν, πράττειν τὰ κοινὰ καὶ ἄρχειν, οὐ σπάνει τῶν τοῦτο βουλομένων ποιεῖν (πάντα γὰρ τἄλλ᾽ εὐτυχῆ τὴν πόλιν κρίνων, ἓν οὐδεπώποτ᾽ εὐτυχῆσαι τοῦτο νομίζω, ἐπιλείπειν αὐτὴν τοὺς τὰ κοινὰ καρποῦσθαι βουλομένους), ἀλλ᾽ ὅραμα τοῦτ᾽ ἐποιεῖθ᾽ ὁ δῆμος αὑτοῦ καλόν, ὦ ἄνδρες Ἀθηναῖοι, καὶ λυσιτελὲς τῇ πόλει. **2** Οἵ τε γὰρ συνεχεῖς οἵδε παραζευγνυμένων σφίσιν ἐξ ἰδιωτῶν σπου|δαίων καὶ δικαίων ἀνδρῶν, εὐλαβεστέρους αὑτοὺς παρεῖχον, οἵ τε χρηστοὶ μὲν

ΝΓ (ΝΔ)

1 pr. καὶ om. W[a]Q ‖ 7 δὲ om. Y (add. Y[2]) rW[b] ‖ 8 alter. καὶ om. Q ‖ 9 ἱέρ᾽ SY[2]W[a]FQ : ἱερεῖα YDrW[b].

ΝΔ (ΝΕ)

1 2 ὅντιν᾽ rW[a] : ὃν ἂν SYDW[b]FQ ‖ 5 οὐδεπώποτε rW[a] : οὐδέποτε cett ‖ **2** 1 παραζευγνυμένων W[a] : παραζευγνύμενοι cett. ‖ 2 ἰδιωτῶν rW[a] : ἰδίων cett. ‖ σπουδαίων καὶ δικαίων : δικαίων καὶ σπουδαίων rW[a].

côté les gens honnêtes choisis parmi vous, magistrats intègres et absolument incapables de faire de l'obstruction [1] et de rallier des partisans, n'étaient pas exclus des honneurs. Aujourd'hui vous installez vos magistrats exactement comme des prêtres [2] et ensuite vous vous étonnez lorsqu'un tel est prospère [3], que tel autre ne cesse de vous spolier à outrance et que les autres, c'est-à-dire vous, circulent [4] dans la ville en jalousant les avantages de ces gens-là. **3** Vous êtes merveilleusement doués pour confisquer [5] les charges qui vous appartiennent et pour promulguer des lois sur ce chapitre, si l'on est deux fois [6] astynome ou en cas d'abus semblables, et en revanche pour laisser les mêmes personnes renouveler leur mandat de stratège [7]. Passe encore peut-être pour ceux qui sont chargés d'un service effectif; mais que les autres, qui ne font rien, occupent un sacré poste après en avoir reçu eux-mêmes la consécration [8], c'est folie. Eh bien ! il faut présenter aussi des gens pris parmi vous — ce n'est pas le nombre qui manque. Si vous les mettez, pour ainsi dire, dans une balance [9], on verra dès lors s'avancer d'eux-mêmes tous ceux qui sont dignes d'une charge.

LV [LVI]

[*Limites de la liberté d'expression.*]

1 Si, Athéniens, on est intimement persuadé d'avoir quelque chose d'utile à dire et que l'on se lève pour parler, c'est là, me semble-t-il, une décision honorable et judicieuse; mais si l'on contraint ceux qui ne le veulent pas à écouter, j'estime, moi, que c'est une mesure absolument honteuse. Je pense que, si vous voulez m'en croire aujourd'hui, vous pourrez mieux choisir le bon parti et abréger les discours de ceux qui montent à cette tribune. **2** Qu'est-ce que je conseille? Premièrement, Athéniens, d'exiger que l'orateur s'en tienne au sujet soumis [10] à votre examen. Que d'autres sujets on peut parcourir à la ronde [11]

1. C'est toute la tactique que réprouve Démosthène dans certains prologues. Voir la *Notice*, p. 26.

ὑμῶν καὶ δικαίως ἄρχοντες, μὴ πάνυ δ' οἷοί τ' ἐνοχλεῖν καὶ παραγγέλλειν, οὐκ ἀπηλαύνοντο τῶν τιμῶν. Νῦν δὲ παντάπασι τὸν αὐτὸν τρόπον, ὦ ἄνδρες Ἀθηναῖοι, ὅνπερ τοὺς ἱερεῖς, οὕτως καθίστατε καὶ τοὺς ἄρχοντας. Εἶτα θαυμάζετε, ἐπειδὰν ὁ δεῖν' εὐδαίμων καὶ ὁ δεῖν' ὑμῖν ᾖ συνεχῶς πολλὰ λαμβάνων, οἱ δ' ἄλλοι περιίητε τὰ τούτων ἀγαθὰ ζηλοῦντες· 3 Δεινότατοι γάρ ἐστ' ἀφελέσθαι μὲν ὅσ' ὑμῖν ὑπάρχει, καὶ νόμους περὶ τούτων θεῖναι, ἄν τις ἀστυνομήσῃ δὶς ἢ τὰ τοιαῦτα, στρατηγεῖν δ' ἀεὶ τοὺς αὐτοὺς ἐᾶν. Καὶ τὸ μὲν τοὺς ἐπὶ τῶν πράξεων ὄντας ἴσως ἔχει πρόφασιν· τὸ δὲ τοὺς ἄλλους, οἳ ποιοῦσι μὲν οὐδέν, χώραν δ' ἀτέλεστον κατέχουσιν αὐτοὶ τετελεσμένοι, μωρία. Ἀλλὰ καὶ ὑμῶν αὐτῶν (εἰσὶ δ' οὐκ ὀλίγοι) προσάγειν χρή· ἂν γὰρ ὥσπερ είς ζυγὸν ἱστῆτε, πρόεισιν ὃς ἂν ἄξιος ᾖ του μετὰ ταῦτ' αὐτός.

ΝΕ [ΝϚ]

1 Τὸ μέν, ὦ ἄνδρες Ἀθηναῖοι, πεπεικόθ' ἑαυτὸν ἔχειν τι συμφέρον εἰπεῖν ἀνίστασθαι καὶ καλὸν καὶ προσῆκον εἶναί μοι δοκεῖ, τὸ δὲ μὴ βουλομένους ἀκούειν βιάζεσθαι παντελῶς ἔγωγ' αἰσχρὸν ἡγοῦμαι. Οἴομαι δέ, ἐὰν ἐθελήσητέ μοι πείθεσθαι τήμερον, καὶ τὰ βέλτιστα μᾶλλον ὑμᾶς ἑλέσθαι δυνήσεσθαι καὶ τοὺς τῶν ἀναβαινόντων λόγους βραχεῖς ποιήσειν. 2 Τί οὖν συμβουλεύω; Πρῶτον μέν, ὦ ἄνδρες Ἀθηναῖοι, περὶ αὐτῶν ὧν σκοπεῖτε τὸν παριόντα λέγειν ἀξιοῦν. Πολλὰ γὰρ ἄλλα

2 9 περιίητε mg. Lut. : περιῆτε codd. (-ἴητε C) ‖ **3** 2 ὅσ'... ὑπάρχει : ὅσ' ἂν... ὑπάρχῃ rW[a] ‖ 6 κατέχουσιν rW[a] : ἔχουσιν cett. ‖ 7 μωρία DrW[a]W[b]Q : μωρίαι SYF ‖ 8 ὥσπερ είς DW[a] : ὥσπερ εἰ SYrFQ ὡς περὶ W[b].

ΝΕ (ΝϚ)

1 2 πεπεικόθ' — τι : τὸν ἔχοντα W[a] ‖ 4 post ἡγοῦμαι add. εἶναι SYDrW[b]FQ ‖ 5 πείθεσθαι rW[a] : πείσεσθαι cett ‖ **2** 2 περὶ τῶν αὐτῶν r.

dans un discours! que d'esprit on peut déployer, surtout si l'on est comme certains de ces gens-là, qui s'y entendent! Après tout, si vous êtes venus pour écouter des phrases, c'est là ce qu'il faut dire et écouter; mais, si c'est pour délibérer sur le choix de mesures à prendre [1], je vous recommande de juger le plus possible ces mesures en elles-mêmes, abstraction faite de tous les discours propres à vous tromper [2]. **3** Voilà pour mon premier point.

Mon deuxième (qui va sans doute sembler paradoxal à quelques-uns, si on le rapproche de l'obligation d'être concis), c'est que vous écoutiez en silence. Pour dire si c'est cette mesure-ci ou cette mesure-là qui est utile, et laquelle notre Cité serait le plus fondée à adopter, il ne faut pas beaucoup de discours, si l'on ne veut pas bavarder en vain, et personne ne saurait y revenir une seconde fois [3]. En revanche, prétendre qu'il est juste de vous écouter [4], de répondre aux protestations, d'enchaîner un discours à un discours, c'est à la portée de tout le monde. Cependant vos protestations ne vous délivrent pas pour cela des discours : au contraire, vous êtes même contraints d'écouter ceux qui ne sont d'aucune utilité. Voici donc mon opinion sur l'objet de votre délibération : [5]...

1. Voir la n. 2 du prol. 9 (10).

2. Dans le prologue 12 (13), Démosthène dit qu'il ne faut pas s'attacher aveuglément à un orateur.

3. Texte peu sûr. J'ai pris celui qui est le plus souvent attesté, parce qu'il offre un sens satisfaisant. On comparera avec le prologue 36 (37) : voir la n. 6 *ad. loc.* En lisant πᾶς (voir l'apparat) le sens serait : « et n'importe qui ne saurait traiter le sujet », ce qui introduit une idée nouvelle peu en rapport avec le texte.

4. Démosthène, par ce simple mot, laisse entendre qu'il y avait de vrais dialogues à la tribune entre l'orateur, que théoriquement on ne devait pas interrompre, et les auditeurs, qui l'apostrophaient.

5. Ce membre de phrase amorce le discours. Comparer avec la fin du prologue 2.

τις ἂν περιέλθοι τῷ λόγῳ καὶ πόλλ' ἂν ἀστεῖ' | εἴποι, ἄλλως τε καὶ ὥσπερ τούτων ἔνιοι δεινῶν ὄντων. Ἀλλ' εἰ μὲν ῥημάτων ἥκετ' ἀκουσόμενοι, ταῦτα λέγειν ⟨καὶ⟩ ἀκούειν χρή· εἰ δ' ὑπὲρ πραγμάτων αἱρέσεως βουλευσόμενοι, αὐτὰ καθ' ἑαυτὰ παραινῶ τὰ πράγμαθ' ὡς μάλιστα κρίνειν, ἀφελόντας ὅσοι λόγοι πεφύκασιν ἐξαπατᾶν.

3 Ἓν μὲν οὖν τοῦτο λέγω, δεύτερον δέ, ὃ τισιν ἴσως παράδοξον ἔσται πρὸς τὸ τοὺς λόγους ἐλάττους εἶναι, σιωπῶντας ἀκούειν. Περὶ μὲν γὰρ τοῦ ταῦτ' ἢ 'κεῖνα συμφέρειν, καὶ πότερα δικαιότερ' ἂν προέλοιθ' ἡ πόλις, οὔτ' εἰσὶ λόγοι πολλοὶ μὴ βουλομένοις μάτην ἀδολεσχεῖν, οὔτε πάλιν τις ἂν αὐτοὺς εἰπεῖν ἔχοι· ὡς δὲ καὶ δίκαιον ἀκούειν καὶ πρὸς τὸν θόρυβον ἀποκρίνασθαι καὶ λόγον ἐκ λόγου λέγειν, οὐδεὶς ὅστις οὐχὶ δύναιτ' ἄν. Ἔκ δὴ τοῦ θορυβεῖν οὐκ ἀπαλλάττεσθε λόγων, ἀλλὰ καὶ περὶ τῶν οὐδὲν εἰς χρείαν ἡκόντων ἐπαναγκάζεσθ' ἀκούειν. Ἡ μὲν οὖν ἐμὴ γνώμη περὶ ὧν βουλεύεσθε, ἥδ' ἐστίν.

2 4 ἕτερός τις post alt. ἂν add. rW^a ‖ ἀστεῖ' om. W^a ‖ ἂν ante εἴποι iterat W^a ‖ 5 ἐνίων rW^a ‖ 6-7 λέγειν καὶ ἀκούειν Feliciano : λέγειν ἀκούειν SFQY^2 ἀκούειν YDrW^a ‖ **3** 1 ὅ DW^a : ὅτι SYrW^{b}FQ ‖ 4 προέλοιθ' : προέλθοιθ' SW^b ‖ 6 πάλιν SYW^{b}FQ : πᾶς rDW^a ‖ 8 οὐδείς : οὐκ ἔσθ' rW^a ‖ 9 ἀπαλλάττεσθε SW^{a}r^{2}FQ : ἀπαλλάττεσθαι YDrW^b ‖ 10 καὶ SYDW^{b}FQ : ἀεὶ W^a ἀεὶ καὶ r ‖ ἡκόντων rW^a : om. cett. ‖ 12 post ἐστίν add. ἅ φημί μοι δοκεῖν rW^a Qγρ. (ἅ om. Qγρ.).

Subscriptiones

προοίμια δημηγορικά FQW^a : προοίμια SY om. DrW^b.

Stichometria

ΧΗΗΗ𐅄ΔΔ SYQ.

NOTES COMPLÉMENTAIRES

Page 84.

1. Voir la *Notice* p. 18 et p. 33. — Ce prologue, qui emprunte son début et sa fin de la *Première Philippique*, n'est pas contemporain de ce discours. Sans doute les pertes humiliantes dont il est question font-elles penser à la chute de Pydna, Potidée, Méthone, dont Démosthène parle ouvertement dans la *Première Philippique* (4); mais la campagne malheureuse dont les Athéniens viennent de sortir et qui doit leur inspirer un changement de politique, laisse supposer qu'ils ont vécu assez longtemps sur le pied de guerre : il ne peut s'agir que de la guerre d'Olynthe, inséparable de celle d'Eubée (voir G. Mathieu, *Démosthène*, p. 66-67); l'une et l'autre accaparèrent longtemps les Athéniens (349-348); l'une et l'autre aboutirent à un échec sur lequel Démosthène n'a jamais aimé revenir. La politique « contraire » que Démosthène invite à pratiquer dans le prologue est fondée sur l'effort, comme celle des *Olynthiennes* qui repose sur une participation militaire et financière des Athéniens (*Deux. Ol.*, 27-30; *Trois. Ol.*, 10-20) : c'est de la *Troisième Olynthienne* que date la première attaque contre les abus du théoricon (30-32). Cette politique austère s'accompagne, comme ici, d'une critique acerbe des « politiciens » parvenus et flatteurs (*Trois. Ol.*, 31). On situera donc ce prologue avec vraisemblance entre 348 et 347, date des premiers pourparlers de la paix de Philocrate, que rien ici ne laisse présager : toutefois, on retiendra cet aveu des *difficultés* que présente la situation, qui est devenue *pitoyable*.

2. Sur la préséance accordée aux « anciens », voir Eschine, *Contre Timarque*, 23, et sur le rôle des orateurs professionnels, la *Notice*, p. 29.

3. Proprement : « je pourrai passer à bon droit pour parler après eux : ». Dans la *Première Philippique* où la phrase se retrouve à peu près identique, on lit (§ 1), ἡγοῦμαι καὶ πρῶτος ἀναστὰς εἰκότως ἂν συγγνώμης τυγχάνειν, c'est-à-dire : « je

pense que, même si je me suis levé le premier, j'obtiendrai un pardon mérité ». Sur cette variante voir la *Notice*, p. 35.

4. Noter la répétition voulue du verbe *conseiller*; dans la *Première Philippique*, cette répétition se double d'un jeu de mots entre conseiller et conseil, et d'une symétrie conforme à la tradition de Gorgias : εἰ γὰρ... τὰ δέοντα οὗτοι συνεβούλευσαν, οὐδὲν ἂν ὑμᾶς νῦν ἔδει βουλεύεσθαι, « s'ils vous avaient donné de bons conseils, vous ne devriez pas maintenant tenir conseil »; voir un exemple analogue de symétrie, *Prem. Ol.*, 11; voir aussi la n. 2 du prol. 42 (43). Il ne faut pas aligner le texte du Prologue sur celui de la *Philippique*.

5. Lieu commun sans doute, parodié par Aristophane, *Les Grenouilles*, 1446-1450.

6. Même expression dans la *Trois. Ol.*, 3.

Page 85.

2. La phrase se retrouve dans la *Première Philippique*, 38. La fin (après « se mystifier soi-même ») y est un peu différente. On lit dans la *Philippique :* καὶ ἅπαντ' ἀναβαλλομένους ἂν ᾖ δυσχερῆ, πάντων ὑστερεῖν τῶν ἔργων, « et, en différant toujours ce qui est pénible, d'arriver toujours trop tard pour agir ».

3. Voir la *Notice*, p. 9. — Sur l'unité de ce prologue, voir la *Notice*, 11. Le parallèle de l'oligarchie et de la démocratie revient souvent dans l'éloquence politique (*ibid.*, p. 23; voir prol. 40 (41)). Ce lieu commun est développé sous la forme vive d'un ἔλεγχος comme on en trouve dans les discours judiciaires (voir G. Daux, *Sur quelques passages du* Banquet *de Platon*, *REG*, 1942, p. 252-255); il est suivi d'une discussion concernant « les alliés » (§ 3). S'il s'agit d'anciens alliés, comme ceux de Rhodes et de Mytilène, le prologue doit être rapproché du discours *pour la liberté des Rhodiens* et des prologues 23 (24) et 36 (37). En ce cas, la controverse sur les mérites comparés de la démocratie et de l'oligarchie s'explique facilement, et l'unité de ce prologue devient une certitude.

4. Ce membre de phrase se retrouve presque identique au début de la *Troisième Olynthienne*: Οὐχὶ ταὐτὰ παρίσταταί μοι γιγνώσκειν, ὦ ἄνδρες Ἀθηναῖοι, κτλ. Nombreux sont les prologues commençant ainsi par une forte dénégation : 8 (9); 11 (12); 22 (23); 28 (29); 30 (31); 33 (34); 35 (36); 37 (38); 39 (40); 40 (41); 41 (42); 42 (43); 43 (44); 48 (49); 50 (51). On comparera Salluste, *Catil.*, 52, 1.

5. Même tournure *Sur l'Amb.*, 86 : ὃ καὶ θαυμάζω εἰ... « aussi je m'étonne que » : voir la note de Weil *ad. loc.* Dans

les deux passages ὃ est un accusatif de relation : proprement « sur ce point », « à ce propos ». Que θαυμάζω soit dans le prologue suivi de τίς et non de εἰ comme souvent, n'enlève rien à la correction de cette tournure, malgré Swoboda (*loc. cit.*, p. 99) : avec μή voir Ar., *Ass.*, 338, ὃ καὶ δέδοικα μή τι δρᾷ νεώτερον « Ah ! je crains qu'elle ne fasse quelque coup d'éclat » ; Euripide, *Les Phéniciennes*, 263...

6. L'accusation de vénalité va de pair avec les sentiments oligarchiques (voir *Sur la Chersonèse*, 66).

7. Proprement « en secret ». Sens bien attesté (voir Aristophane, *Les Cav.* 1212). L'impunité dont jouissent les orateurs achetés est signalée dans le discours *Sur la Chersonèse*, 66 : ἀσφαλές ἐστι λέγειν ὑπὲρ Φιλίππου. La tournure καὶ πλείω... μᾶλλον est la contamination de πολὺ μᾶλλον et de πολλῷ πλείω.

8. Image tirée de la lutte ; voir *Prem. Phil.*, 40 l'évocation d'une scène de pugilat. Le mot de λαβή a toujours été senti comme une image vive en grec, plus que le français « prise » ; voir Platon, *Les lois*, 682e : ὁ λόγος ἡμῖν οἷον λαβὴν ἀποδίδωσιν (on peut trouver aussi, comme dans le prologue, λαβὴν διδόναι : voir Ar., *Cav.*, 841. — Pour l'idée, cf. *Amb.*, 262.

Page 86.

2. Voici, pour plus de clarté, le parallèle de l'*Olynthienne* et du prologue :

1re Ol.	Prologue III.
Ἀντὶ πολλῶν ἄν, ὦ ἄνδρες Ἀθηναῖοι, χρημάτων ὑμᾶς ἑλέσθαι νομίζω, εἰ φανερὸν γένοιτο τὸ μέλλον συνοίσειν τῇ πόλει περὶ ὧν νυνὶ σκοπεῖτε.	Ἀντὶ πολλῶν, ὦ ἄνδρες Ἀθηναῖοι, χρημάτων τὸ μέλλον [a] συνοίσειν περὶ ὧν τυγχάνετε [b] σκοποῦντες, οἶμαι πάντας ἂν ὑμᾶς ἑλέσθαι.
Ὅτε τοίνυν τοῦθ' οὕτως ἔχει, προσήκει προθύμως ἐθέλειν ἀκούειν τῶν βουλομένων συμβουλεύειν· οὐ γὰρ μόνον εἴ τι χρήσιμον ἐσκεμμένος ἥκει τις, τοῦτ' ἂν ἀκούσαντες λάβοιτε, ἀλλὰ καὶ τῆς ὑμετέρας τύχης ὑπολαμβάνω πολλὰ τῶν δεόντων ἐκ τοῦ παραχρῆμ' ἐνίοις ἂν ἐπελθεῖν εἰπεῖν, κτλ...	Ὅτε τοίνυν τοῦθ' οὕτως ἔχει, προσήκει παρέχειν ἐθέλοντας [c] ἀκούειν ὑμᾶς αὐτοὺς τῶν βουλομένων συμβουλεύειν· οὐ γὰρ μόνον εἴ τι χρήσιμον ἐσκεμμένος ἥκει τις, τοῦτ' ἂν ἀκούσαντες λάβοιτε, ἀλλὰ καὶ τῆς ὑμετέρας τύχης ὑπολαμβάνω πολλὰ τῶν δεόντων ἐκ τοῦ παραχρῆμ' ἐνίοις ἐπελθεῖν ἂν εἰπεῖν [d], κτλ...

a) La tournure de la première phrase a été modifiée et allégée : ici, suppression de la sonorité désagréable γένοιτο τὸ.

b) Rythme plus plein que celui de νυνὶ σκοπεῖτε.

c) Texte plus ample que dans le prologue, plus harmonieux aussi (suppression de προσήκει προθύμως). Pour la tournure, cf. Xén., *Econ.*, 21, 4.

d) Disjonction des deux infinitifs plus agréable à l'oreille. A noter que le texte de l'*Olynthienne* a agi sur celui du prologue. La proposition εἰ... γένοιτο, que donnent certains manuscrits (voir l'apparat) se conçoit difficilement dans la phrase modifiée du prologue. — L'addition de νυνὶ est superflue après l'adoption de τυγχάνετε σκοποῦντες (dans les deux cas il doit s'agir d'additions marginales, insérées dans le texte, et dont le manuscrit Q porte témoignage pour νυνὶ).

3. Phrase de type proverbial qu'on retrouve dans Platon (*Phèdre*, 228a), Xénophon (*Mém.*, IV, 2, 9). Tout ce début a été parodié par Lucien (*Zeus tragédien*, 15).

4. Tournure analogue dans Euripide, *Les Suppliantes*, 438 : Τίς θέλει πόλει | χρηστόν τι βούλευμ' ἐς μέσον φέρειν ἔχων ;

Page 87.

3. Proprement : voir le laisserez de côté; entre παραληρεῖν et παραλείψετε, il y a un jeu de sonorités qu'il n'y a pas lieu de supprimer. Démosthène ne recule pas, à l'occasion, devant de pareils artifices (voir la n. 4 du prologue 1). L'argument que παραληρεῖν ne se retrouve pas dans Démosthène n'a aucune valeur : Démosthène n'utilise pas un lot fermé d'expressions. Il s'agit ici d'un mot expressif, bien attesté, en particulier chez Platon (*Théétète*, 169 a).

Page 88.

5. Γιγνώσκειν... μετεγνωκότας : jeu de sonorités comme on en trouve dans le prologue précédent (voir n. 3).

Page 89.

3. Voir la *Notice*, p. 14 et p. 52. — Voici les deux versions de ce membre de phrase dans les *Harangues* et le prologue :

αὐτοὶ μὲν τοῦ δοκεῖν ([a]) δύνασθαι λέγειν δόξαν ἐκφέρονται (S).	αὐτοὶ μὲν τοῦ δύνασθαι λέγειν δόξαν ἐκφέρονται. (Pr.)

a) δοκεῖν.. δόξαν « La réputation qui consiste à paraître capable de parler. L'infinitif δοκεῖν ne fait que reproduire l'idée de δόξαν. Les Grecs s'expriment quelquefois ainsi » (Weil, qui renvoie au discours *sur la Paix*, 22). Cette répétition ne devait pas beaucoup plus étonner les Grecs que celle qu'entraîne l'accusatif de l'objet interne. On en cite toutefois bien peu d'exemples. La tournure du prologue est bien plus aisée.

4. Dans la variante du prologue, le mot de *Temps* se détache nettement.

ἐγὼ δ' ἐκείνων μὲν ἔπαινον τὸν χρόνον ἡγοῦμαι μέγιστον, οὗ...	ἐγὼ δὲ τῆς μὲν ἐκείνων ἀρετῆς μέγιστον ἔπαινον ἡγοῦμαι τὸν χρόνον, οὗ...

Page 92.

2. Sur ce lieu commun, voir la *Notice*, p. 36, avec un passage parallèle d'Isocrate. — Même idée dans le prologue 46 (47), 3. Démosthène réprouve la soumission aveugle aux consignes d'un chef de parti; il désire que ses auditeurs puissent modifier leur opinion au cours d'une séance; loin qu'une opinion doive se confondre avec une personne (prol. 12 (13), fin), il faut au contraire que la parole éclaire l'action (comparer Thcd., II, 40, 2).

3. Même idée, mais simplement ébauchée, dans Isocrate, *Sur la Paix*, 5.

Page 93.

2. Sur cette idée, voir la *Notice*, p. 45. — Il est très difficile de dire qui est ce coupable. Il doit s'agir d'un de ces chefs de mercenaires que Démosthène ne prisait peut-être pas comme individus (voir la *Première Philippique*, 47), mais que pour des raisons d'opportunité il ne voulait pas écarter du théâtre des opérations pour leur intenter un procès : c'est le cas de Diopithe (voir discours *sur la Chersonèse*, 2-3); celui de Charès à Olynthe et en Thrace... (voir le prol. 20 (21) et les notes).

3. L'Assemblée pouvait en effet connaître de certaines affaires où la Cité était lésée (voir G. Glotz, *La Cité grecque*, Paris, 1968, p. 178).

4. Même idée dans le discours *sur la Couronne*, 188; voir le prologue 8 (9), n. 1. On rapprochera, *Prem. Ol.*, 16.

Page 94.

3. Modestie calculée : l'orateur veut percer. Peut-être ne faut-il pas trop reculer la composition de ce prologue (comparer le début de la *Première Philippique* où se retrouve le même mélange de réserve et de hardiesse).

Page 95.

4. La pensée de Démosthène passe des individus à la collectivité.

5. Il s'agit de liturgies par lesquelles on demande aux riches de pourvoir à tel ou tel service public (chorégie, gymnasiarchie, triérarchie, etc.). Au ɪvᵉ siècle beaucoup se dérobaient devant elles; Démosthène aime à rappeler celles qu'il a assumées (*Sur la Couronne*, 257; *Lettre* II, 12).

6. Toute la phrase développe une image militaire : l'ironie (c.-à-d. l'ignorance feinte du danger) est comme un rempart qui sera *forcé*; les dangers *avancent* comme une armée. Voir de semblables images, *Première Olynthienne*, 10.

7. Le verbe προσάγειν s'emploie dans la langue militaire. On comparera avec Sophocle, *Antigone*, 187-188, où l'on trouve le verbe στείχω pour désigner le « malheur en marche » vers la ville (trad. Mazon); tout le passage a été cité par Démosthène (*Sur l'Ambassade*, 247). Voir aussi *Antigone*, v. 10; *Electre*, v. 374.

8. Leitmotiv de l'éloquence de Démosthène : voir la *Première Philippique*, 50, où l'on parle seulement de l'éventualité de ce danger; dans les *Olynthiennes*, postérieures sans doute à ce prologue, le danger est presque donné comme une certitude (*Prem. Ol.*, 15); la peinture ira s'assombrissant avec le temps (*Deux. Phil.*, 35; *Sur la Chers.*, 18).

Page 96.

3. Tout ce paragraphe rappelle la *Première Olynthienne*, 16; il y a plus d'ampleur dans le prologue; voici les deux textes :

Ἐγὼ δ' οὐκ ἀγνοῶ μέν, ὦ ἄνδρες Ἀθηναῖοι, τοῦθ' ὅτι πολλάκις ὑμεῖς οὐ τοὺς αἰτίους, ἀλλὰ τοὺς ὑστάτους περὶ τῶν πραγμάτων εἰπόντας ἐν ὀργῇ ποιεῖσθε.	Ὁρῶ γὰρ ὑμᾶς πολλάκις οὐ τοὺς αἰτίους τῶν πραγμάτων μισοῦντας, ἀλλὰ τοὺς ὑστάτους περὶ αὐτῶν εἰπόντας τι πρὸς ὑμᾶς.
Olynthienne.	Prologue.

4. Cette vertu — et ce mot — sont fort prisés au IVe siècle; on connaît l'éloge du φιλάνθρωπος par Aristote (*Ethique à Nic.*, 8, 1, 1155 a 20); Démosthène n'hésite pas à s'attribuer à lui-même cette « bonté » (*Sur la Cour.*, 268).

Page 97.

3. Nous suivons ici le texte des manuscrits rW[a]; l'autre leçon « à tout le moins de renoncer... » supposerait que Démosthène mît l'art de plaire au-dessus de l'art d'instruire. Cela ne va guère avec son mépris de la rhétorique, tel qu'il apparaît plus bas, et tel qu'il l'exprime si souvent ailleurs (voir. prol. 8 (9), n. 3).

4. Sur cette obligation, souvent oubliée, voir la *Notice*, p. 32, n. 4.

5. Ici encore nous suivons le texte des manuscrits rW[a]. Il faut prendre le mot d'ἄγνοια, non pas dans le sens d'ignorance, qu'il peut avoir chez Démosthène (souvent d'ailleurs avec un génitif d'objet, par ex. *Sur la Couronne*, 62...) mais dans celui d'aveuglement, d'inconscience, qu'il a bien plus souvent chez Démosthène (voir *Sur la Couronne*, 20, 133, 134... *Oraison funèbre*, 18) et qui semble dû à l'analogie d'ἄνοια (voir P. Chantraine, *Dict. étym.*, article γιγνώσκω, avec le renvoi à Zucker, *Studies Robinson*, 1953, p. 1063-1071). En effet, dire que le délabrement des affaires n'est pas dû à l'ignorance des Athéniens, serait les attaquer directement, alors que Démosthène s'en prend aux orateurs démagogues. On comparera, pour le sens et la tournure, avec la *Trois. Phil.*, 64 : Πολλὰ... οὐχ οὕτως πρὸς χάριν οὐδὲ δι' ἄγνοιαν οἱ πολλοὶ προσίεντο, « Combien de dures conditions ce même peuple eut à subir, non plus pour son plaisir ni par illusion »... (trad. Croiset).

Le texte des autres manuscrits (voir l'apparat) se traduirait ainsi : « Ce n'est pas, semble-t-il, faute de discours, si vous voyez, encore aujourd'hui, que vos affaires sont en pleine confusion ». On peut comparer avec la *Quatrième Philippique*, 75 : « Ce n'est pas faute de discours, ni maintenant ni en aucun temps, que nos affaires vont mal » (trad. Croiset). Toutefois, dans le prologue, l'expression est un peu tirée : *voir* que la situation empire parce qu'on a *entendu* de nombreux discours est au moins étrange. La phrase boîte à partir de οὐδὲ νῦν : il ne s'agit pas ici d'une variante de Démosthène, mais d'une phrase mal lue et refaite tant bien que mal : le texte de tout ce prologue est d'ailleurs gâté dans les manuscrits autres que rW[a]M[a] *Urb. gr.* 115 (voir la *Notice*, p. 67).

6. Voir la note 2 du prol. 9 (10).

Page 98.

2. L'ordre des mots, insolite, détache καὶ δὴ (« dès maintenant ») comme dans la *Première Philippique*, 13 (voir la *Notice*, p. 42, n. 6).
3. La conciliation de l'intérêt et de la morale est un des buts avoués de Démosthène (voir *Prem. Phil.*, 3, καλῶς καὶ προσηκόντως).
4. La disjonction de πάνυ donne une allure très naturelle à cette phrase. C'est le ton du dialogue : voir Aristophane, *Lys*, 98; et la n. 2 du prol. précédent.
5. Même idée chez Thucydide III, 43, 4-5.
6. Même tournure en 4 (5), 3.
7. Jeu subtil des temps (parfait et aoriste) et des sonorités (voir prol. 3 (4), n. 3).
8. Voir le prol. 20 (21), §§ 2 et 3.

Page 99.

4. On comparera pour l'attaque le prologue 36 (37) et le début de la *Quatrième Philippique* (dont les critiques les plus audacieux s'accordent au moins à dire qu'elle est formée de morceaux authentiques : voir L. Canfora, *Per la cronologia di Demostene*, Bari, 1968, p. 35-36). — Quant à la justice et à l'intérêt invoqués ici, voir la n. 3. du prol. 17 (18).
5. Il s'agit d'un groupe de responsables. Nul doute qu'il ne faille y reconnaître certains partisans de Démosthène, que celui-ci, un peu embarrassé, cherche à tirer d'un mauvais pas : on ne peut en dire plus. On se souviendra seulement que Démosthène n'a jamais aimé s'appesantir sur certaines questions gênantes, comme l'affaire d'Eubée, à laquelle lui et son parti avaient été mêlés (voir G. Mathieu, *Démosthène*, p. 66).
6. Le mot est remarquablement détaché : voir la n. 2 du prologue précédent.

Page 100.

4. Sur la date approximative, voir la *Notice*, p. 15 et p. 51. Ce prologue doit se situer à peu près au même moment que la *Première Philippique* : c'est ce qui explique une parenté d'expressions entre la harangue et le prologue. — Démosthène commence par se féliciter qu'un de ses adversaires politiques (Eubule?) ne soit plus soutenu par l'opinion. Mais il déplore ensuite que l'obstruction de la tribune l'empêche de s'exprimer

lui-même librement : autrement dit, les orateurs du parti déserté contrarient par leurs manœuvres les vœux des partisans de Démosthène. Tout ce « jeu » politique, qui est un peu confus à la lecture, était très clair pour les auditeurs contemporains. Impossible d'admettre qu'un prologue de ce type ait pu faire partie d'un recueil « rhétorique ».

5. Même tournure, *Première Philippique*, 33.

6. L'εἰσφορά est un impôt spécial pour les besoins de la guerre ; « il n'est jamais ni régulier, ni permanent, ni annuel » (Ch. Lécrivain, art. *Eisphora*, *DS*, II, 1, p. 505b).

7. Allusion au siège d'Héraion Teichos par Philippe en 352 (*Trois. Ol.*, 4). On décréta l'équipement de 40 trières et la levée d'une eisphora de 50 talents (*ibid.*, 5). Sur la vanité de ces mesures, voir J. R. Ellis, *The date of Demosthenes' First Philippic* (*REG*, t. 79, 1966, p. 638-639).

Page 101.

4. Toute la fin se retrouve avec de menues variantes dans la *Première Philippique* (14-15). Voici les deux textes :

Οὐ γὰρ οἱ « ταχύ » καὶ « τήμερον » εἰπόντες μάλιστ' εἰς δέον λέγουσιν (οὐ γὰρ ἂν τά γ' ἤδη γεγενημένα τῇ νυνὶ βοηθείᾳ κωλῦσαι δυνηθεῖμεν), ἀλλ' ὃς ἂν δείξῃ τίς πορισθεῖσα παρασκευὴ καὶ πόση καὶ πόθεν διαμεῖναι δυνήσεται ἕως ἂν ἢ διαλυσώμεθα πεισθέντες τὸν πόλεμον ἢ περιγενώμεθα τῶν ἐχθρῶν.

Première Philippique.

Οὐ γὰρ οἱ « ταχύ » καὶ « τήμερον » εἰπόντες μάλιστ' εἰς τὸ δέον λέγουσιν (οὐ γὰρ ἂν τά γ' ἤδη γεγενημένα κωλῦσαι δυνηθεῖμεν τῇ (νυνὶ) βοηθείᾳ) ([a]) ἀλλ' ὃς ἂν δείξῃ τίς ποριsθεῖσα ([b]) παρασκευὴ (νῦν) διαμεῖναι δυνήσεται, τέως ἂν ἢ περιγενώμεθα τῶν ἐχθρῶν ἢ πεισθέντες διαλυσώμεθα τὸν πόλεμον ([c]).

Prologue.

a) L'adverbe νυνὶ n'est donné ici que par le groupe rW ; dans les autres mss. (et r !), il figure plus bas, devant διαμεῖναι, où il n'a que faire : visiblement il s'agit là d'une addition marginale, inspirée par le texte de la *Philippique* et introduite maladroitement dans le texte du prologue. Faut-il suivre le texte de rW ? Non, car, d'une part, la place de τῇ βοηθείᾳ dans le texte du prologue détache assez ces mots pour que νυνὶ soit inutile (« avec *notre* corps expéditionnaire ») et d'autre part, ce groupe de mss. offre par ailleurs beaucoup d'exemples d'adaptation et ici d'ambiguïté (r).

b) c) Deux exemples où l'on voit le texte du prologue ou abrégé ou modifié par interversion (si ce n'est pas le texte du prologue qui a été écrit le premier). En tout cas ces différences interdisent d'ajuster, plus haut, le texte de la *Philippique* sur celui du prologue. On peut très bien voir dans ce prologue un passage qui se suffit à lui-même, une « intervention » à la tribune, contemporaine de la *Philippique* : la ressemblance des deux textes ne fait pas difficulté (voir la *Notice*, p. 51).

Page 102.

3. Tout ce paragraphe est d'un homme politique plus que d'un simple moraliste. On comparera avec le débat des Athéniens et des Méliens dans Thucydide, les Athéniens prétendant asseoir leur prestige sur des actes, même injustes, qui en imposent aux membres de leur empire (Thc., V, 93-96).

4. Cette phrase se retrouve, identique pour le mouvement et les idées, mais différente pour les mots, dans le discours *pour la liberté des Rhodiens*, 21.

5. C'est le seul prologue qui annonce nettement le plan d'un discours (voir la *Notice*, p. 39, n. 2).

Page 103.

2. On rapprochera pour le tour, *Prem. Ol.*, 16.

3. Passage qui tient du mime. Voir la *Notice*, p. 42, n. 3.

4. L'ironie rappelle le prol. 13 (14).

5. La phrase est très proche de celle qui figure dans la péroraison de la *Première Philippique* (51). A part les bévues des copistes du prologue, que l'on peut rectifier en utilisant la *Philippique*, le prologue offre une petite variante peu importante :

ὥσπερ ὅτι ὑμῖν συμφέρει τὰ βέλτιστ' ἀκούειν οἶδα (Ph.)	ὥσπερ ὅτι ὑμῖν συμφέρει τοῦ ([a]) τὰ βέλτιστα λέγοντος ἀκούειν οἶδα (Pr.)

a) Dans le prologue le tour concret a son pendant dans la deuxième partie de la comparaison : τῷ τὰ βέλτιστ' εἰπόντι.

6. Démosthène est plus explicite dans la *Troisième Olynthienne*, 32. Il veut parler des violences des perturbateurs.

7. Pour les faits historiques, voir la *Notice*, p. 16. Nom-

breuses ressemblances avec le prologue du discours *pour la liberté des Rhodiens*. — C'est la παρρησία, que réclame aussi Démosthène dans le discours cité, 1.

Page 104.

5. Ce mot autorise à supposer que les aristocrates rhodiens se sont rencontrés à Athènes avec les démocrates exilés. Ce sont les démocrates qui ont dû parler d'abord : dans le discours *pour la liberté des Rhodiens*, 2, qui répond à leurs doléances, Démosthène parle seulement de « ceux qui, dans leur emportement, nous ont récemment fait la guerre et n'ont à présent d'espoir de salut qu'en nous » : nulle allusion dans ces mots à la querelle intestine des aristocrates et démocrates rhodiens, dont il se félicite vivement dans le prologue; c'est donc que la Harangue est antérieure au prologue. Ce dernier se suffit à lui-même; comme le prologue 20 (21), c'est peut-être une simple « intervention » à la tribune.

6. Voir *Pour la lib. des Rhod.*, 3.

Page 105.

3. Même mot, *Pour la lib. des Rhod.*, 2. Les « calomniateurs » sont les oligarques rhodiens.

4. L'orateur est responsable dans la mesure où une motion écrite qu'il a réussi à faire adopter est finalement accompagnée de son nom en tête du décret, ce qui peut, à l'occasion, l'exposer personnellement à une γραφὴ παρανόμων.

5. Diodote exprime les mêmes doléances dans Thucydide, III, 43, 5.

6. Au sujet de cette philosophie de l'histoire, voir *Sur la Couronne*, 192 : « L'issue de toute chose est soumise au gré de la divinité (δαίμων); c'est le plan seul de votre conseiller qui révèle ses propres desseins. »

7. Le verbe προσυπέχω est presque un hapax; le dissocier en πρὸς ὑποσχεῖν, comme on lit dans le manuscrit S, c'est se méprendre sur les habitudes du scribe de ce manuscrit (il sépare souvent les syllabes), et c'est une hardiesse plus grande que de laisser dans le texte imprimé le προσυποσχεῖν des autres manuscrits; Démosthène n'hésite pas à créer des mots qui rentrent dans une série; on comparera προσυπάρχω (*Midias*, 106), qui n'apparaît aussi qu'une fois dans son œuvre et n'est presque pas attesté par ailleurs.

Page 106.

6. Entendre : « triompher à la tribune » par de l'obstruction ou des menaces. On sait que le verbe νικᾶν (triompher) se dit de l'opinion qui prévaut dans une délibération.

7. Sur les habitudes critiquées dans ce prologue, voir la *Notice*, p. 27. — Début en forme d'énigme.

Page 107.

4. L'apparat montre que tous les manuscrits ne donnent pas ces trois mots. Depuis la Renaissance, les éditeurs, fidèles à la tradition de F, ne conservent que le premier, ἀκοῦσαι, en considérant les deux autres comme des intrus. Or, il faut les garder tous les trois. D'abord ils satisfont l'esprit et résument le « code » de la tribune : ἀκοῦσαι se dit du public qui écoute l'orateur (voir les doléances du § 1) ; συνειπεῖν, ἀντειπεῖν, du droit d'approbation et de riposte que ce même orateur se voit accorder par un collègue déférent (voir la fin du § 2). En outre, la construction en est régulière et démosthénienne : d'une part, on relèvera le pronom τούτων destiné à résumer les trois infinitifs ; ce pluriel ne se justifierait pas avec le seul ἀκοῦσαι ; de l'autre, l'orateur utilise volontiers l'asyndète : voir de nombreux ex. dans J. D. Denniston, *Greek Prose Style*, Oxford, 1952, p. 100-109 ; en particulier, p. 102, où sont cités des ex. d'infinitifs analogues aux nôtres : *Trois. Phil.*, 73, συγκαλεῖν, συνάγειν, διδάσκειν, νουθετεῖν ; *Sur la Cour.* 195, στῆναι, συνελθεῖν, ἀναπνεῦσαι ; ajouter, ici même, Prologue 20 (21), § 2.

On comprend très bien que cette accumulation, un peu insolite en grec, ait induit des copistes à laisser tomber un ou deux de ces infinitifs, hésitation dont témoigne la deuxième main de Y, qui a « exponctué » συνειπεῖν ; en revanche, on ne voit pas pourquoi un copiste aurait ajouté à ἀκοῦσαι deux autres infinitifs.

L'ancienneté de la leçon adoptée est établie, enfin, par trois observations : 1) Les mss. où on la trouve : rWM *Urb. gr.* 115, tout tardifs qu'ils sont, représentent à eux seuls une famille ancienne et donnent souvent le seul texte acceptable (voir la *Notice*, p. 68).

2) Ces mêmes manuscrits séparent les trois infinitifs par des points, procédé très fréquent dans les manuscrits anciens pour marquer l'asyndète énumérative (par ex. les mss. S

et F pour les passages cités ci-dessus); la ponctuation de rW[a] doit donc remonter à A et au-delà de lui à l'antiquité.

3) Le Papyrus donne clairement le début de συν]ειπεῖν, preuve que le texte « long » remonte au moins au IIe siècle après J.-C.

5. Se résigner n'est pas changer d'opinion, mais jouer le jeu démocratique en attendant une meilleure occasion de faire triompher ses idées.

6. Socrate ne raisonne pas autrement dans le *Criton* de Platon (52a-e).

7. Sur les circonstances historiques, voir la Notice, p. 16 et les notes du prologue 23 (24).

8. Le texte porte plus loin ὡς ἁπλῶς εἰπεῖν; l'ordre des mots est plus courant que celui de la *Harangue* : ὡς εἰπεῖν ἁπλῶς.

Page 109.

4. Sur les travers visés ici et sur ce prologue en particulier, voir la *Notice*, p. 27. — Le mot évoque une lutte à qui s'emparera le premier des auditeurs comme on ferait d'une place investie (comparer avec le prol. 33 (34), § 2).

Page 110.

2. Il n'y a pas lieu d'être choqué par ces deux mots chez Démosthène; on retrouve parfois dans les Harangues un peu de la verve à laquelle il s'abandonne dans ses *Plaidoyers politiques*. Pour le verbe κόπτω voir le prol. 36 (37) et la *Deux. Ol.*, 16.

3. Sur les faits historiques, voir la *Notice*, p. 17. — On devine derrière ce mot (ἄρα) toutes les discussions des Athéniens pour retarder l'envoi d'une expédition à Olynthe.

4. Tel est le sens de δύναμις dès le IVe siècle, et plus tard chez Polybe... (voir *Prem. Phil.*, 4).

5. Démosthène, dans cette aventure, a défendu Charès contre les imputations de ses compatriotes (voir *Deux. Ol.*, 29; *Sur l'Ambassade*, 332).

6. Pensée proverbiale, qu'on trouve dans l'*Iliade* (XVIII, 112) et dans Démosthène même (*Trois. Ol.*, 6; *Cour.*, 192).

Page 111.

3. La fin reprend une « énigme » déjà utilisée dans la *Première Philippique*, 2 (voir la *Notice*, page 40, n. 1).

Ὃ γάρ ἐστι χείριστον αὐτῶν ἐκ τοῦ παρεληλυθότος χρόνου, τοῦτο πρὸς τὰ μέλλοντα βέλτιστον ὑπάρχει. Τί οὖν ἐστι τοῦτο; ὅτι οὐδέν, ὦ ἄνδρες Ἀθηναῖοι, τῶν δεόντων ποιούντων ὑμῶν, κακῶς τὰ πράγματα ἔχει· ἐπεί τοι, εἰ πάνθ' ἃ προσῆκε πραττόντων οὕτως εἶχεν, οὐδ' ἂν ἐλπὶς ἦν αὐτὰ βελτίω γενέσθαι.	Ὃ γάρ ἐστι τῶν παρεληλυθότων ([a]) χείριστον, τοῦτο πρὸς τὰ μέλλοντα βέλτιστον ὑπάρχει. Τί οὖν τοῦτ' ἔστιν, ὦ ἄνδρες Ἀθηναῖοι ([b]); ὅτι οὐδὲν ὑμῶν τῶν δεόντων ([c]) ποιούντων κακῶς ἔχει ([c]) τὰ πράγματα· ἐπεὶ ([c]) εἴ γε πάνθ' ἃ προσῆκε πραττόντων οὕτως εἶχεν, οὐδ' ἂν ἐλπὶς ἦν αὐτὰ γενέσθαι ([c]) βελτίω.
Première Philippique.	Prologue 29.

a) Texte abrégé.

b) L'apostrophe vient plus tôt dans le prologue que dans la Philippique; son absence dans un passage analogue de la *Troisième Philippique*, 5, n'autorise pas à la supprimer ici, comme fait Rennie; quant à la leçon des mss. rW[a], elle est, comme souvent, le fruit d'un ajustement sur la *Première Philippique*; celle de Qγρ. s'explique par une variante marginale reproduisant le texte de la *Prem. Phil.* et pourvue d'un appel mal lu ou fautif qui a induit à placer l'aspostrophe après ὅτι.

c) Menues variantes sans importance.

4. Sur la conduite des orateurs visés ici, voir la *Notice*, p. 45, n. 1. — Même expression prol. 5 (6), § 1; 52 (53), § 1.

5. Voir la n. 6 du prol. 24 (25).

Page 113.

2. Ἀστεῖα. Ce mot ne désigne pas ici « le bon usage des villes » dont Aristote fait l'éloge dans sa *Rhétorique* (3, 11, 1411 b 21), mais le « joli », par opposition au « beau »; dont le même Aristote parle dans l'*Ethique à Nicomaque*, (4, 3, 1123 b 7).

3. Comparer avec l'analyse qu'on lit dans le prologue 2.

4. Le verbe ἄγειν, rapproché de ψυχαγωγεῖν, a presque un sens magique ici. On comparera avec le discours *sur l'Organisation financière*, 13, où Démosthène prétend guérir les oreilles des Athéniens; et l'on rapprochera l'emploi de ὑπάγεσθαι dans la *Deuxième Philippique*, 31.

5. Ce mot, depuis Platon (*Phèdre*, 261a) désigne la séduction oratoire. Mais il n'a pas perdu, même dans cet emploi, son

sens magique, que connaît le même Platon (*Les lois*, 909b) et qui désigne l'évocation des esprits.

6. Démosthène affronte son public.

7. L'image de la monnaie, fréquente chez les Grecs, n'est pas inconnue de Démosthène : voir *Contre Timocrate*, 213; *Contre Leptine*, 167, tous exemples où les lois et la monnaie sont comparées ensemble.

Page 114.

4. Πόλλ' εἰπεῖν : la tournure n'a rien de plus étonnant que celle de Xénophon, *Cyr.*, 7, 5, 46 : τοὺς σπανίους ἰδεῖν στρατηγούς. Ne rien changer au texte.

5. Ces lieux communs sont mentionnés aussi par Démosthène dans les *Harangues* (voir *Sur l'Organisation financière*, 12-13).

6. Le mot de παρουσία forme un tour abstrait qui n'est pas sans exemple chez Démosthène : voir *Prem. Ol.*, 3, où Démosthène dit à propos de Philippe : « ἡμᾶς διαβάλλων καὶ τὴν ἀπουσίαν τὴν ἡμετέραν; Lysias eût sûrement employé ici un participe; voir aussi dans la *Première Philippique*, 49, la tournure expressive et un peu recherchée : τήν τ' ἐρημίαν τῶν κωλυσόντων ὁρῶντα « voyant l'absence complète d'adversaires en mesure de le contrecarrer ».

7. Même idée dans le prol. 40 (41), § 1.

8. Mot de politesse qui équivaut à notre « n'est-ce pas? » (Voir Ménandre, *Le Grincheux*, 76, et la note de Jean Martin).

9. Pour l'interprétation des faits, voir la *Notice*, p. 27. — Visiblement Démosthène prend la parole au milieu d'un débat.

10. Sur ce mot, voir la *Notice*, p. 44, n. 3.

11. Proprement : « *une* seconde séance ». Plus loin « *la* seconde séance » : dans le premier cas, Démosthène avait prévu que les orateurs éconduits remettraient la question en délibération dans une des prochaines séances; dans le second cas, voyant les deux adversaires se passionner et les premiers orateurs éconduits imposer à leur tour silence à leurs rivaux, il comprend que dès *la* prochaine séance les débats reprendront.

Page 115.

3. On se rappelle le mot que Thucydide (III, 38, 7), prête à Cléon, à l'adresse des Athéniens : « En un mot, vaincus par le plaisir de l'ouïe et ressemblant à des spectateurs assis

devant des sophistes plutôt qu'à des citoyens délibérant sur les intérêts de l'État. » Manifestement Démosthène, à propos de ces délibérations recommencées, est plein du souvenir de Thucydide qui dans le livre III évoque la question de Mytilène. Voir la *Notice*, p. 28. — La métaphore qui prend *théâtre* au sens de *public* est peu courante, mais attestée dans une formule d'Épicure rapportée par Sénèque, *A Lucilius* 7, 11 : « *Satis... magnum alter alteri theatrum sumus* ».

4. Terme militaire (Thc., II, 2, 3), qui se dit aussi par image des orateurs qui s'emparent de la tribune (Eschine, *Contre Ctés.*, 7, 1) : voir aussi la n. 4 du prol. 28 (29).

5. Même mouvement dans le discours *contre Midias*, 100 et 183).

6. Sur ce mot, voir prol. 24 (25), 3 (note 4).

7. C'est ce qui s'est passé dans une séance antérieure.

8. C'est ce que prétendent faire dans la séance du jour les orateurs de la séance précédente qui avaient fait prévaloir de force leur opinion et qui se trouvent maintenant en minorité pour la même question.

9. Il faut se soumettre à la majorité : voir la n. 4 du prologue 25 (26).

10. Voir le prologue 31 (32), § 2.

11. Démosthène est favorable à l'opinion adoptée dans la première séance; il n'en a que plus de mérite à laisser parler les adversaires de cette opinion. On voit qu'il prend la parole au milieu d'une séance troublée. Au total, ce prologue est un vrai reportage parlementaire.

Page 116.

2. Même insinuation dans le prol. 33 (34), § 3. On trouvera un portrait en règle du sycophante dans le discours *sur la Couronne*, 188-189.

3. Parler des Lacédémoniens, que prônaient à Athènes les oligarques, c'était toucher à un sujet délicat; d'où cette précaution de langage, qui trahit la répugnance de Démosthène pour les disputes (voir la *Notice*, p. 45, n. 2).

4. Sur la spartophilie au IVe siècle, on peut consulter F. Ollier, *Le mirage spartiate*, p. 82-87.

5. Sur la sympathie de Démosthène à l'égard de Sparte, voir la *Notice*, p. 23, et F. Ollier, *op. cit.*, p. 86. Il consent volontiers à louer dans Sparte certains traits et certains usages, mais sans pousser trop loin cet éloge (voir *Contre Leptine*, 110). L'admiration qu'il professe ici est un argument d'avocat : elle tend à stimuler l'auditoire athénien; et d'autre

part, si ce prologue a été écrit durant la Troisième guerre sacrée, Démosthène ne pouvait trop violemment critiquer une ville qui était l'alliée d'Athènes contre Thèbes (voir Diodore, XVI, 29, 1-3).

6. Un orateur dit plus volontiers : « On dit » que « J'ai lu ». On trouvera une formule analogue dans le *Contre Leptine*, 105, pour introduire aussi un développement sur Sparte. (voir ci-dessus, la *Notice*, p. 32, n. 2).

7. Démosthène brode. Il veut parler de l'*apella*, le pendant de l'*ecclèsia* chez les Spartiates : or, le vote y est remplacé par l'acclamation surveillée (voir Thc., I, 87), et la discussion n'y est pas admise : seuls avaient le droit d'exprimer un vœu les sénateurs et les rois (voir Plutarque, *Vie de Lycurgue*, 6, 6-8).

8. L'ὀλιγανθρωπία était un mal qui alla grandissant, à Sparte, sans qu'aucun remède pût le guérir. De siècle en siècle on voit décroître le nombre des citoyens. Ils sont huit mille en état de s'armer en 480 (Hérodote, 7, 234); ils sont deux mille à Leuctres en 371 (Isocrate, *Panath.*, 255); Aristote parle d'un millier d'Egaux (*Politique*, 2, 9, 1270 a, 16 sq.).

9. Allusion vague; comme le texte est au présent, on peut songer à ces alliances et à ces pressions qu'exerce Sparte dans le Péloponnèse, pour contrarier la politique de Thèbes, par exemple à l'occasion de la Troisième guerre sacrée ou de la guerre de Mégalopolis. Mais le présent peut aussi bien être un artifice de style destiné à fixer les vertus de Sparte dans un tableau immobile. De toute façon, la défaite de Mantinée, la difficulté à vaincre les Arcadiens (Diodore, XVI, 39), ne s'accordent guère avec les éloges militaires décernés ici à Sparte.

10. L'éloge de Sparte est ici le « négatif » des défauts des Athéniens qui se font battre et n'arrivent jamais à temps (voir le prol. 1, § 3; *Prem. Phil.*, 39...).

Page 117.

3. Le prologue est d'une rare ironie (voir la Notice, p. 41. n. 6. — Παρά. Cet emploi causal est fréquent chez Démosthène (*Prem. Phil.*, 11...). G. H. Schaefer remarque avec finesse que la négation οὐ (παρὰ τὸ... οὐκ) s'applique à un cas particulier et que l'assemblée devait être houleuse ce jour-là (disons plutôt que Démosthène avait prévu cette réaction). On observera que dans ce prologue Démosthène a cause gagnée : il a conquis son auditoire; il le félicite de ne pas

vouloir écouter les mystificateurs (§ 2). D'où ce ton acerbe contre ses adversaires.

5. Voir *Quatr. Phil.*, 75.

Page 118.

3. Ἄρα dans le texte : certains manuscrits ne donnent pas cette particule, dont la chute s'explique plus facilement que l'addition. Elle marque une conclusion imprévue et évidente : ne pas ressembler aux autres orateurs, c'est être concis, *cela va de soi.*

4. Même accumulation d'impératifs à la fin du *Contre Eratosthène* de Lysias.

5. Sur les faits historiques, voir la *Notice*, p. 16. — Sur ce début, voir la note 1 du prologue 19 (20).

6. Il n'y a pas lieu de modifier le texte. Comparer Euripide, *Les Phéniciennes*, 469-470 :
ἁπλοῦς ὁ μῦθος τῆς ἀληθείας ἔφυ, | κοὐ ποικίλων δεῖ τἄνδιχ' ἑρμηνευμάτων, « Simple est le langage de la vérité. La justice n'a pas besoin de subtils commentaires ». (Trad. Hinstin). Quant à la séquence καὶ οὐδέ elle est très bien attestée ; voir Thucydide, VII, 56, 3 ; Xénophon. *Anabase.* III, 2, 4...

7. Dans cette aventure des Mytiléniens où des démocrates s'opposaient à des aristocrates, il est naturel que les Athéniens se soient divisés en deux partis.

8. Mot familier qu'on a déjà vu (voir la n. 2 du prol. 28 (29), § 2).

9. Sur cette mission d'Athènes voir la n. 1 du prol. 15 (16).

Page 119.

2. Lieu commun : voir Isocrate, *Sur la Paix*, 38 ; Démosthène, *Prem. Ol.*, 16 ; Prol. 15 (16), § 2.

3. Démosthène affronte son public.

4. Sur les circonstances historiques, voir la *Notice*, p. 20. — On notera dans tout ce prologue l'emploi de termes vagues (événement, cela, action, affaire, situation) pour dissimuler une catastrophe que l'on n'ose appeler par son nom. Ce morceau annonce moins la défaite, qu'il n'invite à une réflexion sur l'événement ; il peut se suffire à lui-même. Assurément, il ne s'agit pas ici de la nouvelle même de la défaite de Chéronée (si l'on doit reconnaître cette bataille dans ce prologue), mais des événements qui vont la suivre. On sait en effet que Démosthène assistait à la bataille et qu'une fois de retour

il n'abdiqua pas sur-le-champ (voir Dém., *Discours d'apparat*, p. 12; *Sur la Cour.*, 195).

Page 121.

2. Proprement : « ce qui est le meilleur »; il ne s'agit pas du bien en soi, mais de l'intérêt supérieur des Athéniens : voir un semblable emploi de βέλτιστον dans le discours *sur la Chersonèse*, 32; dans le prol. 46 (47), § 1, etc. Démosthène, comme souvent, concilie l'intérêt, qu'il appelle ici « ce qui est le meilleur », et la morale, qu'il ramène à la bonne réputation.

3. Même peinture de mœurs de condottieres dans la *Prem. Phil.*, 23-26. Voir dans le dictionnaire *DS* l'article *Stratègos* de G. Colin (t. IV, p. 1525b).

4. L'étude de ces sentiments troubles est faite avec beaucoup de détails dans le discours *contre Aristocrate*, 179-193.

5. Sur l'interprétation de ce prologue, voir la *Notice*, p. 18. — On peut ici parler d'humour.

Page 122.

3. Ces récriminations, fréquentes chez Démosthène (cf. *Trois. Phil.*, 64), apparaissent particulièrement dans les *Olynthiennes*, qui doivent être contemporaines du prologue et dont le programme repose sur un effort militaire et financier des Athéniens (voir la n. 1 du prologue 1).

4. Cf. *Première Olynthienne*, 10; les différences sont trop grandes toutefois pour qu'on mette les deux textes en parallèle. Voici quelques éléments voisins : « Τὸ μὲν γὰρ πόλλ' ἀπολωλεκέναι κατὰ τὸν πόλεμον τῆς ἡμετέρας ἀμελείας ἄν τις θείη δικαίως, τὸ δὲ μήτε πάλαι τοῦτο πεπονθέναι... τῆς παρ' ἐκείνων εὐνοίας εὐεργέτημ' ἂν ἔγωγε θείην.

5. Ce passage choquait R. Swoboda (*loc. cit.*, p. 95). Si, comme le texte y invite, on rapporte διαλείπει aux Athéniens, et non pas aux ennemis comme il le croyait à tort, on comprendra que la Fortune harcèle les ennemis et que les Athéniens profitent de ce répit (sur ce succès des Athéniens, voir la *Notice*, p. 18 et la *Trois. Ol.*, 35). Il ne faut donc pas ajouter μή devant διαλείπει.

6. Il ne faut rien changer au texte. Schaefer, suivi par Rennie entre autres, écrit μεγάλου τινὸς ⟨κακοῦ⟩, à l'imitation de la *Quatr. Phil.*, 36. Ces deux textes n'ont rien à voir ensemble. La Philippique évoque le cas des partisans du Théorique, qui prétendent qu'on ne peut en supprimer l'abus « sans un grand danger » (κακοῦ est indispensable) ; le prologue

parle de malheurs qui ne peuvent prendre fin sans un grand miracle, si personne n'y met la main : l'adjonction de κακοῦ dans cette phrase équivaut à un non-sens; τινὸς suffit à rendre l'idée de miracle.

Page 123.

3. Mêmes mots dans le discours *sur l'Ambassade*, 260-262.
4. C'est ce que répète Démosthène, avec plus de nuances, à propos des Rhodiens (*Pour la lib. des Rhod.*, 16).
5. Sur les allusions historiques, voir la *Notice*, p. 15. — Vieille sagesse qu'on trouve exprimée dans Hésiode (*Travaux et Jours*, 89) et chez les tragiques (Eschyle, *Agamemnon*, 176-178).

Page 124.

4. Sur ce début, voir la n. 4 du prol. 2.
5. Arguments de « captatio benevolentiae ».

Page 125.

3. Sur les faits historiques, voir la *Notice*, p. 19. — Sur l'emploi de ce mot, voir la *Notice*, p. 44, n. 3.
4. Bien qu'ici Démosthène flatte son auditoire, il reconnaît que tous, orateurs ou profanes, doivent avoir « suivi » la politique passée pour comprendre les événements présents (voir la *Notice*, p. 30 et le prol. 8 (9), 2, n. 1).

Page 126.

4. En fait, Démosthène cherche moins à remporter une victoire sur les Thébains qu'à contre-balancer dans la Grèce centrale la puissance des Thébains par celle des Phocidiens : cette idée, qu'il dissimule ici pour ne pas heurter une partie de son auditoire, il l'exprime librement en 352 dans des circonstances plus favorables (*Contre Aristocrate*, 102).
5. Démosthène propose un amendement. Voir là-dessus, G. Glotz, *La cité grecque*, Paris, 1968, p. 172 et n. 593.
6. Sur ce souci de l'opinion que les Grecs se font d'Athènes, voir la n. 1 du prologue 22 (23).

Page 128.

2. Tel est le sens (voir l'emploi qui est fait de κοινός, soit seul, soit accompagné de ἴσος, dans le prol. 7 (8), § 1 (= *Pour les Mégalopolitains*, 2); dans le discours *sur la Couronne*,

7; dans le prologue 45 (46), § 5). L'idée que les délibérations sont meilleures quand on est impartial, se retrouve dans le prol. 18 (19). — Il ne faut pas comprendre « vous prendrez vos décisions avec plus d'unanimité » comme on le fait en général. Outre que ce « blocage » des voix est contraire à l'esprit démosthénien et à la vie politique du IVe siècle, c'est ὁμογνώμων qu'on emploie pour désigner l'unanimité. Voir dans la *Quatrième Philippique*, 75, une distinction très clairement établie entre l'attention prêtée à tous les orateurs (désignée par ἐξ ἴσου) et l'unanimité des auditeurs (désignée par ὁμογνώμων). Voir aussi l'emploi de ὁμολογεῖν (prol. 21 (22), § 1, etc).

3. Même idée dans le prol. 43 (44), § 2.

4. Voir le prol. 48 (49), § 2 et la n. 2 du prol. 9 (10).

5. Ἰσχυρόν. R. Swoboda (*loc. cit.*, p. 97) voudrait lire ἰσχυρῶς. Le voisinage de τοῦτο suffit, je crois, à justifier ἰσχυρόν : il y a une contamination de deux tours : ἰσχυρῶς πεπεισμένους et τοῦτ' ἰσχυρόν ἐστιν.

Page 129.

3. Phrase d'allure proverbiale par son absence d'article. Harpocration (au mot ἀρχή) la cite en renvoyant aux prologues de Démosthène; il ajoute que Sophocle dans ses *Elégies* l'attribuait à Solon, et Théophraste (à la suite d'Aristote) à Bias (le scholiaste de Sophocle, *Antigone*, 175, hésite entre Chilon et Bias). Telle qu'elle est avec son hiatus, elle ne pouvait guère figurer dans un vers. On retiendra que Sophocle, dans un passage d'*Antigone* (175-190) cité par Démosthène (voir *Sur l'Ambassade*, 247), dit qu'« il n'y a aucun moyen de sonder l'âme, les sentiments, les maximes d'un homme, quel soit-il, avant qu'on ne l'ait vu engagé dans l'exercice du pouvoir et la confection des lois ».

4. Proprement : « les magistrats ». La traduction adoptée est destinée à faire pendant au mot *pouvoir* qui figure dans le proverbe. Il doit s'agir simplement des *épimélètes*, c'est-à-dire des vingt personnages préposés aux vingt symmories et chargés « de veiller à la répartition des charges, à l'enrôlement des symmorites et d'une façon générale à la défense de l'État » (Maurice Brillant, article *Trierarchia* du dictionnaire *D S*, p. 446a). Sans doute ces épimélètes ne sont-ils pas des magistrats au sens rigoureux; ce sont des triérarques comme les autres : ils peuvent même, comme ici, cumuler les deux fonctions (voir aussi Dém., *Contre Evergos et Mnésiboulos*, 22). Mais en Grèce la distinction n'a jamais été très stricte entre

magistrats et *épimélètes* (voir Glotz, *D S* article *Epimeletai*, p. 666b). Et il suffisait à Démosthène que ces gens-là aient eu une fonction financière pour qu'il les ait qualifiés d'*archontes*. Ne les voyons-nous pas, de concert avec les stratèges, partager certaines charges entre les triérarques? (M. Brillant, *loc. cit.*, p. 446a). On sait qu'ils avaient tendance à abuser de leurs prérogatives : comme nos fermiers généraux, ils avançaient à l'État la somme qu'ils recouvraient ensuite sur les symmorites (*Contre Midias*, 153) : « mais s'ils réclamaient ensuite aux autres tout le montant de la somme avancée, il est clair qu'ils ne dépensaient rien ». (Weil, note au *Contre Midias*, 155). Démosthène a dû être mêlé à une aventure de ce genre, où l'épimélète de sa symmorie, d'accord peut-être avec quelques acolytes (comme il résulte du texte) prétendait lui demander plus qu'il ne devait. On sait qu'en théorie les symmorites « payaient la même contribution pour l'équipement d'une trière », du moins jusqu'à la réforme de Démosthène de 340 (M. Brillant, *loc. cit.*, p. 447a).

5. La fortune de Démosthène est sans doute moins faible qu'il ne le dit : triérarque désigné en 359, il le sera volontairement en 357; en 337 il fera don d'une contribution de trois talents (pseudo-Plut., *Vie des dix or.*, Décrets, I, 3).

6. Entendez : par eux. — On sait que la triérarchie est une liturgie extraordinaire.

7. Ce sont les triérarques qui doivent tirer le navire à la mer, sous la surveillance des ἀποστολεῖς. Dans le système des symmories, il y avait plusieurs triérarques pour un seul navire : sans doute les collègues de Démosthène avaient-ils payé le surplus demandé : on n'attendait plus que le « pourboire » de Démosthène : l'équipement et le départ du navire en dépendaient.

8. C'est devant le Conseil que se jugeaient les procès pour retard des triérarques (M. Brillant, *loc. cit.*, p. 461a). Or le prologue s'adresse à l'Assemblée, qui a voté les décrets relatifs aux trières à équiper (voir. *Dém.*, *Contre Polyclès*, 6-8). Ce n'est donc pas un extrait de discours privé, malgré A. Rupprecht (*Die demosthenische Prooemiensammlung*, *Philologus*, 1927, p. 396). Voir aussi *La Notice*, p. 21. — Le prologue qui se termine sur une menace, se suffit à lui-même. On peut y voir une simple « intervention » qu'a faite Démosthène à l'Assemblée à propos de l'impéritie des magistrats en général, et de ceux qui s'occupent de sa triérarchie en particulier. Il n'était pas interdit que comme orateur public Démosthène parlât devant l'assemblée des ennuis qu'il éprouvait dans l'exercice de sa triérarchie. La longue expérience de la vie

politique que laissent supposer les premières lignes incline à placer ce prologue assez longtemps après l'institution des symmories par Périandre en 357.

Page 130.

2. Une nouvelle alarmante pouvait provoquer un vote hâtif (voir le cas du prol. 20 (21), § 2). — Les membres d'un parti pouvaient, en créant de l'obstruction, faire régner parfois une atmosphère peu propice à l'expression publique d'un vote (le vote avait lieu à main levée). Enfin l'heure tardive, parce qu'elle empêchait de compter les voix, pouvait précipiter les délibérations; là encore un parti politique était à même d'exploiter la situation. Par exemple, lors des délibérations sur le cas des généraux de la bataille des îles Arginuses, comme il était tard, on décide un soir de « remettre l'affaire à une autre assemblée car... on n'aurait pas pu voir les mains ». A la faveur du désordre on fait passer une motion chargeant le conseil de statuer sur la « manière dont les hommes seraient jugés », ce qui était déjà décider qu'ils seraient jugés (Xénophon, *Helléniques*, I, 7, 7, avec les précisions de J. Hatzfeld, *Socrate au procès des Arginuses*, dans les *Mélanges* Radet, p. 166).

3. Il est remarquable de voir Démosthène réclamer ici en faveur des « secondes délibérations », qu'il a coutume de critiquer si fort dans d'autres prologues quand elles sont proposées par des adversaires (voir la *Notice*, p. 26). En fait, il est moins attaché ici au principe même de ces délibérations, que soucieux d'assurer aux débats de l'Assemblée toute l'objectivité désirable. Disons qu'il propose ici d'invalider à tête reposée certaines décisions mal prises, sans passer par la procédure un peu longue de la γραφὴ παρανόμων, qui d'ailleurs ne répondait pas tout à fait au même objet. C'est finalement tout différent de l'obstruction systématique des séances, pratiquée dans le dessein de tout remettre en question à la séance suivante.

4. Voir la n. 2 du prol. 43 (44).

5. Même raisonnement dans le prol. 46 (47), § 2.

6. Même expression dans le discours *sur l'Ambassade*, 2. Harpocration définit le mot ἀειλογία : τὸ ἀεὶ λόγον καὶ εὐθύνας ὑπέχειν. Il l'attribue à Démosthène et à Isée. On sait que les auteurs d'un décret et les auteurs d'amendements devaient laisser inscrire leur nom en tête du décret ou de la partie amendée, pour engager leur responsabilité en cas de γραφὴ παρανόμων. Cette responsabilité n'avait du reste qu'un temps.

Il fallait que l'accusation fût déposée dans l'année qui suivait la promulgation du décret. Mais une fois cette accusation déposée, le procès pouvait durer sans fin, ou même commencer longtemps après. C'est le cas du procès *sur la Couronne* (voir la dissertation de J. F. Charles, *Statutes of limitations at Athens*, Chicago, 1938, p. 63-66).

7. Bien que Démosthène n'emploie par ailleurs le mot de βάσανος qu'au sens propre, il a très bien pu l'employer ici au sens figuré, qui est fort attesté dans d'autres textes.

8. Ce détail laisse supposer une victoire remportée sur l'autre parti. Un pareil trait, qui ne saurait pourtant être daté, rapporte ce prologue à une circonstance réelle et non pas fictive.

Page 131.

2. Iphicrate. Ce général athénien, qui s'est distingué dans la première moitié du IVe siècle — il est mort vers 353 — n'a jamais obtenu de Démosthène que des éloges mitigés. Sans nier ses mérites à Léchaion en 390 (voir *Contre Aristocrate*, 198), Démosthène s'est montré plus réservé pour juger le condottiere de Thrace et ses démêlés avec Cotys et Dioclès (*ibid.*, 129-136 et *Contre Midias*, 62). Il avait un franc-parler qui sentait le soldat, au témoignage de Denys d'Halicarnasse (Lysias, 12, p. 481, 4, [U. R.]).

3. On rapprochera *La Troisième Philippique*, 68.

4. Entendons qu'il appartient à chacun de former de sa propre autorité des projets raisonnables et fermes de politique étrangère.

Page 132.

2. Il peut s'agir de la reddition de comptes qui interviendra le mois suivant. On voit que ces redditions mensuelles en imposaient aux magistrats. Toutefois, sauf cas très graves, ils « demeuraient en fonction jusqu'au bout de l'année » et la commission mensuelle de la Boulè n'avait pratiquement pour fonction que de « faciliter la besogne » du collège annuel (G. Glotz, *op. cit.*, p. 235 et 236). Peut-être aussi s'agit-il ici de l'enquête de fin d'année qui était menée par dix logistes et dix synégores. Ces logistes n'ont rien à voir avec les premiers cités. Aristote parle d'eux dans la *Constitution d'Athènes* (54, 2) où il leur consacre un chapitre spécial. Les comptes qu'on leur rendait étaient désignés comme ici par l'expression λόγον διδόναι distincte de l'expression

εὐθύνας διδόναι réservée à la procédure conduite par les « redresseurs » ou « euthynes », devant lesquels pouvaient être traduits par dénonciation les magistrats qui avaient été acquittés par les logistes (voir P. Mazon, *De la procédure suivie par Démosthène dans l'affaire de l'Ambassade, Mélanges G. Glotz*, p. 566-567).

3. Bien que la Boulè tirât de son sein les dix logistes de chaque prytanie, l'Assemblée, à laquelle s'adresse ici l'orateur, était mêlée aussi à l'examen des comptes : « Une assemblée dite principale », nous apprend Aristote (*loc. cit.*, 43, 4), « doit confirmer à main levée les magistrats, s'ils paraissent bien s'acquitter de leurs fonctions ». Notre prologue se rapporte à une pareille assemblée, où des magistrats coupables essayent de se dérober. — Les orateurs donnent peu d'exemples de ces diverses procédures. L'auteur de ces lignes ne saurait être un rhéteur, mais un homme inspiré par la pratique de la vie politique.

4. La fin de ce prologue est une phrase au style direct, que rien n'a préparée. Démosthène a aiguisé à loisir ce trait final. — Les manuscrits présentent ici deux versions, qui parfois sont emmêlées dans les manuscrits (voir l'apparat). Nous avons préféré la version où la riposte des Athéniens aux magistrats prévaricateurs est la plus franche (« vous dites que *notre* conduite est indigne — comment devons-nous dès lors *vous* qualifier ? »). Avec l'autre texte il faudrait traduire : « Comment dès lors qualifier *ceux* qui nous ont trompés? » Cette façon de désigner à la troisième personne des adversaires qui sont directement pris à partie dans une phrase au style direct, est bien moins naturelle que l'autre tournure. La juxtaposition des deux pronoms ἡμεῖς ὑμᾶς, assez rare, a pu inviter des scribes à refaire la phrase, en supprimant le complément remplacé par un pronom personnel (ἡμᾶς αὐτούς). On notera que le complément τὴν πόλιν est la reprise de la ligne 6 : τῷ τῇ πόλει συμφέροντι, « pour le bien de la Cité ».

5. Ce prologue a été lié à tort au précédent par une particule (οὖν) qui figure dans tous les manuscrits. Toutefois, beaucoup d'entre eux ne laissent pas de marquer ici le début d'un nouveau prologue.

Page 133.

3. Certains manuscrits unissent à tort ce prologue au précédent par la particule οὖν, tout en marquant parfois par un

blanc et une lettre en saillie le commencement d'un nouveau prologue. Il ne faut pas les suivre (voir la note 5 du prol. précédent), mais s'en fier aux manuscrits qui n'ont pas cette particule (voir l'apparat).

4. Démosthène laisse entendre que ces orateurs gardent la tête froide durant leurs disputes. Ils cherchent à détourner l'attention des plus graves problèmes (voir la *Notice*, p. 45, n. 1)

5. Ils font comme au théâtre : voir la n. 3 du prol. 33 (34).

6. Εὐθύνας διδόναι. L'expression choquait R. Swoboda (*loc. cit.*, p. 96). C'était méconnaître l'usage de la langue attesté et par les textes (Aristophane, *Paix*, 1187) et par les inscriptions (voir Syll.^{3}, 91, 27; voir aussi l'index de la *Sylloge* de Dittenberger (t. IV, p. 362, s.v. εὔθυνα). Il faut comprendre que si les redditions de comptes ne sont pas effectuées rigoureusement, c'est la société qui fera les frais des malversations.

Page 134.

2. Caricature sarcastique, plus vive que dans les *Harangues* conservées.

3. Imputation dont Démosthène charge souvent les orateurs : voir *Sur l'Organisation financière*, 20; *Trois. Ol.*, 29; et, avec la liberté propre aux plaidoyers politiques, *Contre Midias*, 158.

4. Comme le remarque R. Swoboda (*loc. cit.*, p. 98) ces infinitifs ne peuvent se rapporter à μετέδωκαν sans forcer l'usage strict de la langue. Toutefois, il ne faut pas, je crois, corriger le texte. D'abord Démosthène n'est pas Isocrate, et les constructions libres abondent chez lui; d'autre part ces infinitifs qui sont en tête de phrase font pendant à λαβεῖν et κτήσασθαι du deuxième membre qui sont ici fort réguliers. Et ceci explique cela. Démosthène avait un schéma en tête : l'infinitif « régulier » a facilement entraîné les autres. On considérera si l'on veut ces infinitifs comme « en l'air », sans oublier toutefois que le simple διδόναι peut se construire avec l'infinitif, ni que Démosthène dans la *Première Philippique*, 46, a su tirer un grand effet d'infinitifs jetés comme ici en tête de proposition : Οὐκ ἔστιν ἔν' ἄνδρα δυνηθῆναί ποτε ταῦθ' ὑμῖν πρᾶξαι πάνθ' ὅσα βούλεσθε· ὑποσχέσθαι μέντοι καὶ φῆσαι καὶ τὸν δεῖν' αἰτιάσασθαι... ἔστιν.

Le chiasme de cette phrase, d'ailleurs correcte, donne aux derniers infinitifs une valeur affective qui rappelle beaucoup ceux de notre prologue.

5. Ici commence un passage qui exploite une image médicale qu'on retrouve, plus gauchement élaborée, dans la *Troisième Olynthienne*, 33 :

...καὶ τῶν τοιούτων λημμάτων ἀπαλλαγείηθ' ἃ τοῖς ἀσθενοῦσι παρὰ τῶν ἰατρῶν σιτίοις [a] διδομένοις ἔοικεν. Καὶ γὰρ ἐκεῖν' οὔτ' ἰσχὺν ἐντίθησιν οὔτ' ἀποθνήσκειν ἐᾷ· καὶ ταῦθ' ἃ νέμεσθε νῦν ὑμεῖς, οὔτε τοσαῦτ' ἐστὶν ὥστε ὠφέλειαν ἔχειν τινὰ διαρκῆ, οὔτ' ἀπογνόντας ἄλλο τι πράττειν ἐᾷ.	...ὥσπερ ἀσθενοῦντα τὸν δῆμον διάγουσιν, ὁμοιότατα, ὦ ἄνδρες Ἀθηναῖοι, τοῖς παρὰ τῶν ἰατρῶν σιτίοις διδόντες ὑμῖν. Καὶ γὰρ ἐκεῖν' οὔτ' ἰσχὺν ἐντίθησιν οὔτ' ἀποθνήσκειν ἐᾷ, καὶ ταῦτ' οὔτ' ἀπογνόντας ἄλλο τι μεῖζον πράττειν ἐᾷ, οὔτ' αὔτ' ἐξαρκεῖν δύναται [b].
Trois. Ol., 33.	Prol. 52.
a) « Construisez τοῖς σιτίοις. Le part. ἀσθενοῦσι (quand on est malade), n'a pas besoin d'article. Les mots écrits peuvent sembler amphibologiques; récités comme il faut, avec une petite pause après τοῖς, ils n'offrent plus d'obscurité » (Weil, commentaire *ad. loc.*).	b) Le membre de phrase est moins lourd que dans l'*Olynthienne*.

Cette comparaison de l'éloquence et de la médecine remonte très haut (voir A. Diès, *Autour de Platon*, p. 415, n. 1). Isocrate l'a utilisée (*Sur la Paix*, 39). Il faut avouer que Démosthène n'avait pas besoin de ces précédents pour en tirer un effet sarcastique. Au reste, il s'agit moins là de la médecine en général que du régime médical : ce dernier entraîne toujours des plaisanteries faciles. On connaît « la mort lente » que s'infligea Hérodicos, au dire de Platon (*La République*, 406b).

6. Ces chiffres sont malaisés à interpréter. Il s'agit, d'après le contexte, d'indemnités ou de gratifications que les orateurs font accorder au peuple. Le drachme est le salaire fixé pour l'assistance à une assemblée ordinaire du peuple (Aristote, *Const. d'Ath.*, 62, 2). Le montant n'en dépendait pas des orateurs; du moins l'assiduité aux séances était-elle encouragée en partie par cette rémunération, qui ne fut pas décidée avant la fin du ve siècle (voir G. Glotz, *La Cité grecque*, Paris, 1968, p. 167 et la n. 570) : l'abstention fut en effet le grand fléau du ɪᴠ^e^ siècle (voir G. Glotz, *loc. cit.*, p. 340). — La conge

(= 3,2 l.) est la ration de blé que l'on distribuait par tête aux Athéniens, dans les moments de crise (pour des exemples de distribution au IVe siècle, voir Démosthène, *Contre Phormion*, 37-38).

7. Ces quatre oboles font difficulté. On est fondé à croire qu'il s'agit de l'allocation de théâtre, dite *théoricon* : dans la *Troisième Olynthienne* (30-31), Démosthène déplore de même que le peuple se laisse ainsi asservir « satisfait si on lui distribue une part du fonds des spectacles », et « trait suprême de courage, se montre reconnaissant des gratifications qu'il s'accorde à lui-même ». Cette allocation, primitivement destinée aux indigents qui ne pouvaient aller au théâtre, devint une gratification, même pour des fêtes où il n'y avait pas de spectacles (voir Harpocration, s.v. θεωρικά). Les riches eux-mêmes prenaient part sans rougir à ces distributions (Dém., *Quatr. Phil.*, 38). On touchait deux oboles pour une représentation (*Sur la Cour.*, 28) : c'est la diobélie. Les quatre oboles de notre texte peuvent s'expliquer parce qu'on touchait d'avance le prix de plusieurs représentations; d'autres textes parlent d'une drachme (= 6 oboles), ce qui correspond à 3 représentations, comme celles des Dionysies. C'est du moins l'explication de Boeckh (*Staatshaushaltung der Athener*), II, n. 407) qui est retenue par H. Francotte, *Démosthène et le Théorique*, (*Le Musée Belge*, 17, 1913, p. 69-90). Ainsi notre passage enveloppe dans le même dédain les indemnités touchées par les membres de l'Assemblée, et les gratifications accordées au peuple. Comme le dit sarcastiquement H. Francotte (s'inspirant de la *Trois. Ol.*, 11) : « Les soldes étaient le traitement de ceux qui avaient fait quelque chose; le théorique procurait un traitement à ceux qui n'avaient rien fait. Ainsi était maintenue l'égalité la plus complète des citoyens devant le budget. » (*loc. cit.*, p. 71).

8. On notera l'amertume qui succède à l'humour. — Ce prologue, qui se rapproche si fort de certains passages de la *Troisième Olynthienne*, tant pour le fond que pour la forme, a pu être prononcé dans le même temps sans qu'on puisse le garantir (voir la *Notice*, p. 16, n. 2). Là encore, on peut voir dans ce morceau, relativement long, une « intervention » qui forme un tout.

Page 135.

1. Consulter la *Notice*, p. 8 et S. Dow, *Prytaneis*, dans *Hesperia*, Suppl. I, 1937. — Il ne faut pas confondre les sacrifices dont il est question ici, avec les « purifications »,

faites par les περιστίαρχοι, pour chasser les impuretés de l'Assemblée : sur ces dernières cérémonies, voir, Aristophane, l'*Assemblée des Femmes*, 128; Eschine, *Contre Timarque*, 23 (et la scholie). — Notre prologue fait allusion aux sacrifices que faisaient les prytanes proprement dits. Les uns étaient de tradition avant les séances de l'Assemblée (πρὸ τῶν ἐκκλησιῶν, selon l'expression reçue : voir S. Dow, *loc. cit.*, p. 8); ils s'adressaient à Apollon et Artémis principalement, et à des dieux de l'Agora; les autres variaient avec le calendrier et les fêtes, d'où l'aspect changeant des listes que nous offrent les inscriptions, d'ailleurs peu nombreuses, où il est question de sacrifices clairement désignés. Voici l'une des plus nettes, où il est fait mention des dieux traditionnels et des Sténia du mois de Pyanopsion... ἔθυον τό τε πρὸ τῶν ἐκκλησιῶν τῷ 'Απόλλωνι τῷ προστατηρίῳ καὶ τοῖς ἄλλοις θεοῖς οἷς πάτριον ἦν, ἔθυσαν δὲ τὰ Στήνια... (*IG* II², 674, 5-7). — Les Prytanes représentaient l'État dans ses rapports avec les dieux (Dow, *loc. cit.*, p. 8) : ils étaient tout naturellement mêlés aux sacrifices publics. D'autre part les prytanes formaient le lien de la Boulè avec l'Ecclèsia : il n'y a pas lieu de s'étonner que l'un d'eux fît le compte rendu des sacrifices devant l'Assemblée. Il ne devait pas être désigné d'après un règlement rigide mais d'après son autorité et sa réputation, ce qui explique les intrigues du vaniteux que met en scène Théophraste (*Caractères*, 21, 11) pour se faire nommer « rapporteur ». Sur le style de ces comptes rendus, voir la *Notice*, p. 9.

2. Démosthène transpose ici le style officiel dans le style des prologues; pour « l'attaque », voir la n. 4 du prol. 19 (20).

3. Sur ce culte, voir Dittengerger, *Sylloge* I³, 313, 20 et 317, 35. Il devait être rendu sur l'autel qui fait face à la stoa du Roi (voir Ida Thallon Hill, *The ancient city of Athens*, p. 44). Près de là se trouvait la statue de Zeus Eleuthérios, nommé aussi Zeus Sôter (Isocrate, *Evagoras*, 57 et Harpocration s.v. 'Ελευθέριος). Sur cette région de l'Agora, voir *The Athenian Agora, A Guide*², p. 62).

4. Il ne s'agit pas là de l'Αθηνᾶ βουλαία, dont parle Antiphon (6, 45). Le voisinage d'Athéna et de Nikè impose de comprendre qu'il s'agit d'Athéna Polias, adorée dans l'Erechtheion, et d'Athéna Nikè, adorée sur le bastion qui précède les Propylées. Au ve siècle il n'est jamais question que d'*Athéna* Nikè; le nom seul de Nikè n'apparaît couramment qu'à partir de l'époque hellénistique, comme l'a mis en lumière la discussion relative au décret de Thémistocle (voir C. Habicht, *Falsche Urkunder zur Geschichte Athens im Zeitalter der Perserkriege*, *Hermes* 89, 1961, p. 7; et P. Amandry, *Thémis-*

tocle : *Un décret et un portrait* (*Bulletin de la Faculté des Lettres de Strasbourg*, 39, 1960, p. 419). Toutefois, dans les inscriptions on voit déjà apparaître le nom de Nikè, associé à celui d'Athéna Polias en 335/334 (*IG* II², 334, 20-22). La date s'accorde avec la carrière de Démosthène et empêche de suspecter le prologue. Au reste, ce dernier n'est pas une inscription et ne saurait être traité comme tel : il doit refléter le langage courant pour ce qui regarde la désignation des dieux et l'on sait que depuis longtemps le nom de *Nikè* tout seul apparaît dans la littérature (voir Euripide, *Ion*, 457, dans une strophe où figure aussi le nom d'Athéna).

5. Peithô était vénérée dans le sanctuaire d'Aphrodite Pandèmos, au S.O. de l'Acropole (voir Isocrate, *Sur l'Echange*, 249; Pausanias, I, 22, 3; Ida Thallon Hill, *op. cit.*, p. 131).

6. On lui rendait un culte dans le Μητρῷον, véritable annexe du Bouleutérion (Paus. I, 3, 5; Ida Thallon Hill, *op. cit.*, p. 47). Son nom n'apparaît pas très tôt dans les inscriptions mais son culte remonte à Périclès (voir Judeich, *Topographie von Athen²*, p. 343, n. 9). C'est la seule divinité mentionnée par le vaniteux dans les *Caractères* de Théophraste (21, 11).

7. Sans doute Ἀπόλλων προστατήριος, dont le nom revient souvent dans les éloges des prytanes (par ex. *IG* II², 674, 6). Là encore, l'épithète devait apparaître comme superflue à des auditeurs avertis. Sur l'association de Peitho et d'Apollon, qui rappelle celle qui est attestée à Argos par Pausanias (II, 7, 7), voir l'article *Peitho* de Voigt (*PW* XIX, I, 1937, p. 195, col. 1, nº 3).

8. Formule qui transpose une formule analogue des inscriptions où elle est stéréotypée (voir l'exemple cité ci-dessus dans la présentation du prologue et S. Dow, *loc. cit.*, p. 112).

9. Sur le sens de ce prologue, voir la *Notice*, p. 22. — Le prologue débute comme un conte. Voir la *Notice*, p. 8, n. 1.

10. C'est une façon de dire. Comme la suite le montre, Démosthène entend par là que les gens honnêtes étaient *avoués* par le peuple qui se reconnaissait en eux : affirmation ingénieuse, qui permet de renouveler un lieu commun aimé d'Isocrate, savoir que jadis « les magistrats s'intéressaient aux affaires par pur patriotisme » (G. Mathieu, *Les idées politiques d'Isocrate*, p. 145). On opposera les rapports de flatterie que les orateurs et le public du temps de Démosthène cultivent à plaisir (voir *Trois. Ol.*, 24) et les vues de Platon, *Rép.*, 347 a-c.

11. Allusion aux pots-de-vin (comparer avec le prol. 47 (48), § 2). Le texte dit « ceux qui veulent tirer un profit personnel des charges publiques » : l'expression est d'un franc cynisme. Je l'ai transposée en utilisant une expression chère à Stendhal

qui l'applique à de hauts fonctionnaires. Démosthène emploie encore καρποῦσθαι dans le même sens dans le discours *sur l'Ambassade*, 249.

12. Même image que dans le prologue 33 (34), § 2.

13. Proprement « attelés à côté de ». Le verbe, qui se retrouve chez Euripide et chez Épicure, ne saurait, avec son image vive, être suspect chez Démosthène, comme le voudrait Swoboda (*loc. cit.*, p. 101).

Page 136.

2. Certains sacerdoces étaient en effet héréditaires : voir Aristote, *Const. d'Ath.*, 42, 5; 57, 2; Démosthène, *Sur la couronne triérarchique*, 19, dont le ton rappelle notre passage. D'une manière générale, consulter l'article *sacerdos* de Ph.-E. Legrand (*D S*, p. 937b) et l'article *thiasos* de Ch. Lécrivain (*D S*, p. 264b). La réélection perpétuelle de certains magistrats les assimile à des prêtres héréditaires.

3. Toujours la même récrimination contre la richesse des orateurs; voir la note 7 du prol. 52 (53). Sur les profits des prêtres, voir Ph.-E. Legrand, art. cité, p. 941.

4. Proprement « et que vous autres vous circulez » : la phrase présente une anacoluthe hardie; même changement de personne, avec le même verbe περιέρχομαι, dans la *Prem. Phil.*, 48.

5. Plaisanterie παρὰ προσδοκίαν : voir la n. 2 du prol. 45 (46).

6. Sur la durée des magistratures, voir Aristote, *Const. d'Ath.*, 62, 3 : « On peut remplir plusieurs fois les fonctions militaires, mais aucune des autres magistratures » (trad. Mathieu-Haussoulier). Les astynomes, au nombre de dix, sont des sortes de commissaires de police à Athènes et au Pirée. Voir dans Aristote, *Const. d'Ath.*, 50, 2, la liste de leurs obligations.

7. Comme on l'a vu, la loi le permettait. On prétend qu'au IVe siècle Phocion fut quarante-cinq fois stratège (Plut., *Phocion*, 8). Sur les abus qu'entraînait en ce temps-là l'indulgence qu'on témoignait aux chefs de mercenaires, voir l'article *stratégos* de G. Colin (*D S*, p. 1527b).

8. Même image, empruntée aux mystères, dans le discours *sur l'organisation financière*, 19. Le verbe τελεῖν se dit de beaucoup de consécrations, mais particulièrement de l'initiation « parfaite » aux mystères d'Eleusis (voir Platon, *Le Banquet*, 209e). La traduction garde autant que possible le jeu de mots du texte grec.

9. L'emploi au figuré du nom de la balance se retrouve dans Platon (*Prot.*, 356b). Il s'agit évidemment d'une balance à deux plateaux suspendus à un fléau : le candidat le plus méritant sera « le plus lourd ». Cette pesée est le symbole de l'objectivité, comme elle l'est déjà dans Homère (*Iliade*, VIII, 70 sq.).

Ce prologue acerbe, aux images vives, est un témoignage intéressant sur la répugnance des Athéniens du IVe siècle pour les charges publiques. Là encore, ce morceau d'une seule venue se suffit à lui-même.

10. Sur cette obligation, voir la *Notice*, p. 32, n. 4.

11. Image hardie tirée d'une promenade circulaire; voir *Trois. Phil.*, 72.

TABLE DES MATIÈRES

Ce volume,
de la Collection des Universités de France,
publié aux Éditions Les Belles Lettres,
a été achevé d'imprimer
en décembre 2002
sur presse rotative numérique
de Jouve
11, bd de Sébastopol, 75001 Paris

N° d'édition : 4494
Dépôt légal : novembre 2002

Imprimé en France